Michel Lallement

Histoire des idées sociologiques

Tome 1

des origines à Weber

NATHAN

Dans la même collection :

- *Le Système financier français* (2e édition entièrement nouvelle) - J. P. Faugère, C. Voisin
- *Le système économique soviétique : de Brejnev à Gorbatchev* - B. Chavance
- *La Révolution française et l'économie : décollage ou catastrophe ?* - F. Hincker
- *Crises d'hier, crise d'aujourd'hui : 1873..., 1929..., 1973...* - B. Marcel, J. Taïeb
- *La protection sociale : les enjeux de la solidarité* - D. Lamiot, J.-P. Lancry
- *Économie et société brésiliennes : croissance ou développement ?* - E. Taïeb
- *Histoire des idées économiques* (tome 1) *: de Platon à Marx* - J. Boncœur, H. Thouément
- *Le système financier et monétaire international* - J.-P. Faugère, C. Voisin
- *L'économie par le circuit : comprendre la macro-économie* - P. Combemale, J.-J. Quilès
- *L'Europe automobile : virages d'une industrie en mutation* - F. Bricnet, P.-A. Mangolte
- *L'économie du Japon : performances et internationalisation* - L. Schwab, P. Thiercelin
- *Le chômage aujourd'hui : un phénomène pluriel* - B. Marcel, J. Taïeb
- *L'Europe sociale : des institutions et des hommes* - B. Magliulo
- *L'Amérique latine dans la crise : l'industrialisation pervertie* - P. Salama, J. Valier
- *Le mouvement ouvrier : naissance et reconnaissance, XIXe-XXe siècles* - J.-P. Delas
- *Les réformes économiques à l'Est : de 1950 aux années 1990* - B. Chavance
- *Histoire des idées économiques* (tome 2) - J. Boncœur, H. Thouément
- *La pauvreté dans les pays riches : du constat à l'analyse* - S. Milano
- *L'armement en France : genèse, ampleur et coût d'une industrie* - F. Chesnais, C. Serfati
- *L'Europe économique : marchés et politiques* - J.-P. Faugère
- *L'économie britannique : le libéralisme à l'épreuve des faits* - H. Monet, J.-J. Santini
- *Histoire des idées sociologiques* (tome 1) *: des origines à Durkheim et Weber* - M. Lallement
- *Histoire des idées sociologiques* (tome 2) *: de Parsons aux contemporains* - M. Lallement
- *Les destins du Tiers Monde : Analyse, bilan, perspectives* - Th. Coutrot, M. Husson
- *L'Europe financière et monétaire* - D. Perrut
- *L'économie keynésienne : un projet radical* - L. Orio, J.-J. Quilès
- *Stratification et transformations sociales : la société française en mutation* - S. Bosc
- *Comprendre l'entreprise : théorie, gestion, relations sociales* - T. Alberto, P. Combemale
- *La Chine vers l'économie de marché ? : la longue marche de l'après-Mao* - F. Gipouloux
- *La productivité* - P. Combemale, A. Parienty
- *Inflation ou déflation ? actualité d'un dilemme* - Y. Crozet
- *Histoire des faits économiques* (tome 1) - D. Diatkine, J.-M. Gayman

SOMMAIRE

TROISIÈME PARTIE : **FONDATIONS**

Introduction

De la sociologie comme science à la sociologie de la science

Afin d'expliquer la persistance des différends théoriques qui divisent les spécialistes en sciences sociales, il est devenu coutumier aujourd'hui d'évoquer une situation de crise chronique. La sociologie n'échappe pas à la règle. La concurrence entre écoles de pensée et l'existence de doctrines difficilement conciliables sont bien souvent désignées comme les symptômes les plus évidents de ce malaise profond. Pour parer à cette critique, les sociologues ont parfois argué de la relative jeunesse de leur discipline. Il est vrai que si on la compare à d'autres sciences sociales comme le droit, l'histoire ou l'économie politique, la sociologie – en tant que science constituée – est de facture récente. La définition d'un objet propre, la mise en œuvre de méthodes d'investigation scientifiques originales et la reconnaissance institutionnelle (création de revues spécialisées, de chaires à l'Université...) ne sont acquises pour la première fois, dans quelques pays industrialisés, qu'à l'extrême fin du XIXe siècle.

Mais peut-on vraiment, plus de cent cinquante ans après qu'Auguste Comte ait forgé le néologisme de « sociologie », continuer à évoquer crânement une éternelle crise de jeunesse ? Cela est loin d'être sûr. Les batailles d'école, l'existence de paradigmes alternatifs ne sont pas, de surcroît, l'apanage des sociologues. Il n'est qu'à se tourner, pour s'en convaincre, vers des disciplines voisines : l'économie, la psychologie, la linguistique..., elles aussi sont le théâtre d'âpres et incessants débats théoriques.

À l'inverse exact de ceux qui, comme Karl Popper (*La logique de la découverte scientifique*, 1934), s'intéressent à la production et à la validité des théories dans un univers épuré de toute force sociale, nombreux sont les épistémologues et sociologues qui, chacun à leur manière, insistent sur le caractère nécessairement relatif et historique de toute théorie scientifique (Foucault, Bourdieu, école de Francfort...). Dans *La structure des révolutions scientifiques* (1962), T. S. Kuhn explique ainsi qu'au sein même des sciences de la matière, le consensus théorique parmi les chercheurs n'est ni parfait ni permanent. Il évoque l'idée d'une succession de paradigmes dominants (ensemble d'objets, de méthodes, de savoirs... légitimés à un moment donné par une communauté de savants) qui scandent l'histoire des sciences.

De ce dernier point de vue et au même titre que n'importe quelle autre théorie scientifique, les théories sociologiques sont frappées au coin de la relativité et de la fragilité historique. Elles possèdent, cependant, une particularité indéniable : la capacité à user de leurs propres outils pour faire de la science (à commencer par la sociologie elle-même) un objet d'étude privilégié. Récemment, par exemple, la sociologie des sciences de M. Callon et de B. Latour (*La science telle qu'elle se fait*, 1991) s'est érigée avec la ferme volonté de dissoudre l'idée même de coupure entre connaissance savante et connaissance « vulgaire ». En désignant le laboratoire comme un terrain d'étude ethnologique aussi fécond que n'importe quelle tribu amérindienne, les tenants de cette nouvelle sociologie entendent ramener la production d'actes et de connaissances scientifiques à une pratique sociale comme une autre.

Mémoire de la sociologie

Le travail d'enquêtes, d'analyse statistique, de confrontation aux archives... est justement une pratique obligée dans l'apprentissage du métier de sociologue. Car la sociologie est, avant tout, une science empirique. Cette pratique ne serait pourtant guère d'utilité si elle ne s'inscrivait pas dans une œuvre et une mémoire collective que l'histoire des idées contribue, à sa façon, à restituer. « Tout travail, écrit C.W. Mills, tout choix d'études et de méthodes, en sociologie, suppose une « théorie du progrès scientifique ». Tout progrès scientifique est cumulatif ; il n'est pas l'œuvre d'un homme, mais d'une quantité de gens, qui révisent, qui critiquent, qui ajoutent et qui élaguent. Pour faire date, il faut associer son travail à ce qui a été fait et à ce qui se fait. Il le faut pour dialoguer, il le faut pour « l'objectivité ». (*L'imagination sociologique*, Maspéro, 1983, p. 130).

Le point de vue épistémologique de Mills laisse paraître un optimisme quelque peu discutable. Il n'est pas douteux par contre que, forte d'un passé déjà riche, la sociologie est aujourd'hui devenue une discipline de référence et à références. Elle offre, à qui se propose de scruter à la loupe les pratiques et représentations sociales, une boîte dont de nombreux outils ont déjà été souvent éprouvés. Aussi, à peine de réinventer continuellement et naïvement les analyses et concepts clefs de sa discipline, le sociologue ne saurait-il faire fi de l'histoire de sa spécialité. De même lui serait-il impossible de saisir la portée et le sens de toute novation théorique si celle-ci – condition nécessaire mais non suffisante – n'était mise en regard de théories préexistantes. Connaître la sociologie, c'est donc non seulement savoir la pratiquer mais savoir aussi plonger dans son histoire.

Une histoire complexe et toujours en chantier

Contrairement à une vision simpliste et caricaturale du développement des sciences, l'histoire de la sociologie ne peut se concevoir sur le simple modèle d'une accumulation linéaire, régulière et vertueuse d'un savoir que l'on pourrait, une fois pour toutes, conserver au Panthéon des idées. Pourquoi cela ?

Tout d'abord parce que les idées ne se reproduisent pas d'elles-mêmes comme – pour reprendre une métaphore souvent empruntée – les papillons engendrent des papillons. La production des connaissances est liée, en grande partie, à des facteurs contextuels déterminants. Les mouvements de l'histoire et de la société contribuent à créer continuellement de nouveaux problèmes, à invalider certains schémas anciens et à stimuler de nouvelles analyses. Après les catastrophes humaines provoquées par les régimes totalitaires du XXe siècle, par exemple, nos façons de penser l'ordre social ou encore de lire certains penseurs des siècles passés se sont nécessairement modifiées. C'est dire combien il serait illusoire de s'enfermer dans le monde éthéré de l'abstraction pour comprendre la portée et les limites des théories sociologiques.

Plus précisément, c'est un double écueil qu'il convient d'éviter : autant il importe de replacer les idées dans leur contexte social, culturel et institutionnel, autant il serait vain, à l'extrême inverse, de réduire celles-ci à des déterminants purement historiques. Prétendre que les analyses de Marx ou de Weber sont aujourd'hui périmées parce qu'entièrement dominées par les préoccupations de leur époque, c'est tomber dans un travers qui condamne à ignorer que certains outils, certains modes d'interrogation du social peuvent résister à l'usure du temps. Au nom de préceptes méthodologiques qui ont fait leurs preuves, il est ainsi de nombreux sociologues contemporains qui se réclament toujours de Marx, de Weber... sans nécessairement épouser, d'ailleurs, l'ensemble des convictions de ces derniers.

En matière de théorie sociologique, il convient de dissiper une seconde illusion simpliste : celle qui attribue un caractère figé à l'histoire des idées. Chaque époque, en effet, a sa façon de lire et de célébrer des œuvres et des auteurs tout en reléguant des contributions que d'autres générations (re)découvriront peut-être. Dans l'histoire des idées, il en est ainsi de Marx et encore plus récemment de Simmel, auteur dont l'apport proprement sociologique a longtemps été sous-estimé.

Deux exemples permettront d'illustrer le caractère nécessairement relatif d'un ouvrage traitant de l'histoire des idées. Aujourd'hui, Max Weber fait naturellement figure de personnalité scientifique de premier plan dans le sérail des pionniers de la sociologie allemande. Pourtant, en dépit de la valeur intrinsèque de l'œuvre, ce jugement n'allait pas de soi au début du XXe siècle. Comme l'écrit N. Élias, « dans les années vingt, Max Weber était encore loin de se détacher du groupe des spécialistes allemands en sciences sociales, alors qu'aujourd'hui, avec le recul du temps, il est reconnu grâce au tri effectué en silence par les générations suivantes » (*Norbert Élias par lui-même*, Fayard, 1991, p. 118).

Le deuxième exemple montre que les livres peuvent connaître, eux aussi, les aléas de la reconnaissance institutionnelle : aujourd'hui, Le *Suicide* de Durkheim est volontiers présenté aux étudiants comme l'ouvrage majeur du sociologue français, voire comme un ouvrage incontournable de l'histoire de la sociologie. Or, comparée aux autres, cette étude a connu fort peu de succès du vivant de Durkheim, y compris chez les disciples proches.

Invitation à une histoire des idées sociologiques

Si la sociologie s'affirme assez tardivement dans l'histoire des sciences sociales, les considérations sur la société ont toujours accompagné les efforts de réflexions des philosophes et autres penseurs du politique. Aussi, pour comprendre l'originalité des idées que l'on peut qualifier, à compter du XIXe siècle, de « sociologiques » (parce qu'énonçant des points de vue nouveaux sur les hommes vivant en société et parce qu'énoncées par des individus qui vont se reconnaître sociologues), est-il nécessaire d'inscrire leur genèse dans un mouvement de long terme.

Le risque premier d'un tel projet est d'opérer un survol, nécessairement caricatural et émietté, de l'histoire des idées. C'est pourquoi, sans volonté d'exhaustivité (comment cela pourrait-il être possible ?) et avec la claire conscience de l'oubli parfois injuste de certaines théories, de la réduction de certaines analyses subtiles et complexes, de la sous-estimation de certains facteurs institutionnels, cet ouvrage privilégie-t-il non seulement l'approche sociologique *stricto sensu* (aux dépens de la psychologie sociale, de l'anthropologie, de la linguistique....) mais également des auteurs ou des écoles qui semblent aujourd'hui les plus significatifs pour comprendre tant la sociologie contemporaine que le monde moderne. Précisons en second lieu que, destiné à des apprentis-sociologues et à des non-spécialistes, ce livre est avant tout une introduction. Il ne pourrait en aucun cas se substituer à la fréquentation des textes originaux : il se veut, tout au contraire, une invitation au contact direct avec les grandes œuvres de la sociologie, rencontre qu'aucun manuel ne saurait remplacer.

Le présent ouvrage est composé de deux tomes. Le premier est consacré aux précurseurs et aux fondateurs de la sociologie. Le second présentera les développements de la sociologie contemporaine depuis les années 1930. Trois parties structurent le premier tome. La première introduit à l'histoire de l'idée de société dans les multiples philosophies qui jalonnent la période courant de l'Antiquité au siècle des Lumières (chapitres 1 et 2). La seconde partie rend d'abord compte des théories du social telles qu'elles se développent avec la thématique socialiste (chapitre 3). Elle présente, ensuite, les différentes écoles sociologiques qui s'affrontent, dans les pays industrialisés, à la fin du XIXe siècle (chapitre 4). Si les contacts entre sociologues de pays différents ont été noués assez rapidement, c'est en terme de tradition nationale qu'il convient malgré tout, on le verra, de raisonner. La troisième partie, enfin, est consacrée à deux auteurs majeurs, auteurs contemporains l'un de l'autre (mais qui n'ont jamais débattu ensemble !) et qui ont acquis le titre de « pères-fondateurs » en sociologie. Il s'agit respectivement d'Émile Durkheim (chapitre 5) et de Max Weber (chapitre 6).

Groupe d'escaliers ; projet d'architecture de Piranèse (Archives Nathan/Bibliothèque Nationale).

PREMIÈRE PARTIE

PHILOSOPHIE ET SOCIÉTÉ

LA DÉMOCRATIE ATHÉNIENNE

Histoire

Adoptées sous la pression des paysans, artisans et marchands réagissant contre la tyrannie et les inégalités, les réformes de Clisthène (508 av. J.-C.) bouleversent complètement le visage politique de la Grèce antique. Ces réformes créent les conditions d'un régime qui donne le pouvoir au peuple : la démocratie. Le remplacement des anciennes tribus par de nouvelles divisions institue, au sein d'un même corps politique, de réelles unités liées entre elles et situées à égale distance du pouvoir (isonomie). Au Ve siècle, siècle du stratège Périclès, Athènes devient la véritable capitale de la Grèce, lieu de fécondation scientifique, philosophique et artistique. Dans cet ensemble, les historiens Hérodote (484-425) et Thucydide (465-395) – le premier grâce à ses travaux sur les guerres médiques, le second par les multiples remarques « ethnographiques » qui émaillent son *Histoire du Péloponnèse* – font figure de pionniers des sciences sociales. La guerre du Péloponnèse (431-404 av. J.-C.) qui l'oppose à Sparte met fin à la démocratie athénienne. En 404, un gouvernement oligarchique (celui des Trente Tyrans) parvient au pouvoir. Critias, le cousin de la mère de Platon, en est à la tête. En 403 cependant la démocratie est rétablie, c'est ce nouveau gouvernement qui condamnera Socrate.

Organisation

« Pour parler en termes plus conformes à l'usage en matière constitutionnelle, le peuple possédait non seulement l'éligibilité nécessaire pour occuper les charges et le droit d'élire des magistrats, mais aussi le droit de décider en tous les domaines de la politique de l'État et le droit de juger, constitué en tribunal, de toutes les causes importantes, civiles et criminelles, publiques et privées. La concentration de l'autorité dans l'Assemblée, la fragmentation et le caractère rotatif des postes administratifs, le choix par tirage au sort, l'absence de bureaucratie rétribuée, les jurys populaires, tout cela contribuait à empêcher la création d'un appareil de parti et, par voie de conséquence, d'une élite politique institutionnalisée. La direction des affaires était directe et personnelle, et il n'y avait pas place pour de médiocres fantoches, manipulés derrière la scène par les dirigeants “réels”. Les hommes tels que Périclès constituaient, c'est certain, une élite politique, mais cette élite ne se perpétuait pas d'elle-même. (...) Quelques-uns des dispositifs institutionnels que les Athéniens inventèrent avec tant d'imagination perdent leur étrangeté apparente à la lumière de cette réalité politique. L'ostracisme est le plus connu de ces dispositifs : un homme dont l'influence était jugée dangereusement excessive pouvait être exilé pour dix ans, sans perdre toutefois, et cela est important, ses biens ou son statut de citoyen. »

Source : M. I. Finley, *Démocratie antique et démocratie moderne,* Paris, © Payot, 1976, pp. 75-76.

1

L'idée de société de l'Antiquité à l'âge classique

Avec les grecs de l'Antiquité, un système inédit de participation à la vie politique voit le jour : la démocratie. Simultanément éclot une pensée philosophique libre et critique sur la société. Mais si ces réflexions produisent des principes nouveaux d'intelligibilité de la réalité sociale, elles adoptent une position normative (pour dire ce qui doit être), position étrangère à l'esprit de ce qui constituera ultérieurement le point de vue sociologique.

Le Moyen Âge n'est pas propice à l'éclosion de conceptions nouvelles. Au cours de cette longue période, c'est une pensée du social soumise à l'idée de Dieu qui est dominante. Il faut attendre la Renaissance et l'âge classique pour que les hommes cessent progressivement de penser l'ordre de la société en référence à un principe divin qui les transcende. De cette rupture naissent les premières théories du contrat social, théories qui formalisent la constitution de la société comme pur produit de l'action des hommes.

1. Philosophie et politique dans l'Antiquité grecque

Au Ve siècle av. J.-C., les sophistes sont, en Grèce, les premiers à offrir une réflexion sur l'organisation des hommes en société. En son sens premier, le terme de sophiste désigne ceux qui détiennent compétence et sagesse (*sophia*). Puis, progressivement, il sert à qualifier des intellectuels tels Gorgias de Leontium, Hippias d'Elis ou Protagoras d'Abdère qui professent, de cité en cité, l'art de la persuasion par la parole. Les sophistes fustigent l'esclavage et usent abondamment de

L'ALLÉGORIE DE LA CAVERNE

« Maintenant, repris-je, représente-toi de la façon que voici l'état de notre nature relativement à l'instruction et à l'ignorance. Figure-toi des hommes dans une demeure souterraine, en forme de caverne, ayant sur toute sa largeur une entrée ouverte à la lumière ; ces hommes sont là depuis leur enfance, les jambes et le cou enchaînés, de sorte qu'ils ne peuvent bouger ni voir ailleurs que devant eux, la chaîne les empêchant de tourner la tête ; la lumière leur vient d'un feu allumé sur une hauteur, au loin derrière eux ; entre le feu et les prisonniers passe une route élevée : imagine que le long de cette route est construit un petit mur, pareil aux cloisons que les montreurs de marionnettes dressent devant eux et au-dessus desquelles ils font voir leurs merveilles.
Je vois cela, dit-il.
Figure-toi maintenant le long de ce petit mur des hommes portant des objets de toute sorte, qui dépassent le mur, et des statuettes d'hommes et d'animaux, en pierre, en bois, et en toute espèce de matière ; naturellement, parmi ces porteurs, les uns parlent et les autres se taisent.
Voilà, s'écria-t-il, un étrange tableau et d'étranges prisonniers.
Ils nous ressemblent, répondis-je ; et d'abord, penses-tu que dans une telle situation ils aient jamais vu autre chose d'eux-mêmes et de leurs voisins que les ombres projetées par le feu sur la paroi de la caverne qui leur fait face ?
Et comment ? observa-t-il, s'ils sont forcés de rester la tête immobile durant toute leur vie ?
Et pour les objets qui défilent, n'en est-il pas de même ?
Sans contredit.
Si donc, ils pouvaient s'entretenir ensemble, ne penses-tu pas qu'ils prendraient pour des objets réels des ombres qu'ils verraient ?
Il y a nécessité (...)
Maintenant, mon cher Glaucon, repris-je, il faut appliquer point par point cette image à ce que nous avons dit plus haut, comparer le monde que nous découvre la vue au séjour de la prison, et la lumière du feu qui l'éclaire à la puissance du soleil. Quant à la montée dans la région supérieure et à la contemplation de ses objets, si tu la considères comme l'ascension de l'âme vers le lieu intelligible, tu ne te tromperas pas sur ma pensée, puisque aussi bien tu désires la connaître. Dieu sait si elle est vraie. Pour moi, telle est mon opinion : dans le monde intelligible l'idée du bien est perçue la dernière et avec peine, mais on ne la peut percevoir sans conclure qu'elle est la cause de tout ce qu'il y a de droit et de beau en toutes choses ; qu'elle a, dans le monde visible, engendré la lumière et le souverain de la lumière ; que, dans le monde intelligible, c'est elle-même qui est souveraine et dispense la vérité et l'intelligence ; et qu'il faut la voir pour se conduire avec sagesse dans la vie privée et dans la vie publique. »

Source : Platon, *La République*, Livre VII, 514-517.

l'arme critique. Doutant de l'existence des dieux, ils tiennent la justice, comme toute institution qui concourt au maintien de l'ordre social, pour une simple convention humaine. « L'homme est mesure de toutes choses » (Protagoras) : ainsi s'exprime clairement, et de façon lapidaire, ce refus de la transcendance. Platon et Aristote opposeront, chacun à leur manière, une réponse critique aux sophistes.

La cité idéale de Platon

Platon (427-348 av. J.-C.) apparaît sur la scène historique après la chute de la démocratie athénienne. Marqué par les turbulences politiques de son temps et par la condamnation à mort de Socrate (dont il fut l'élève), il cherche avant tout le moyen de parvenir à la cité idéale, modèle de société qui échappe au désordre et à l'usure du temps.

Cet aristocrate athénien rédige *La République*, ouvrage dans lequel il expose les moyens d'atteindre un tel objectif. Jusqu'à sa mort, Platon reste animé de ce même souci de l'ordre. Dans les *Lois*, œuvre de vieillesse, il donne un ensemble d'indications plus détaillées encore (quoique différentes des précédentes) aux fins de réaliser le type de société qu'il juge parfaite. Mais l'apport de Platon ne se réduit pas à ces deux ouvrages. Platon nous a laissé de nombreux autres écrits dont un nombre important sous forme de dialogues (*Apologie de Socrate, Protagoras, Le Banquet...*). Toujours dans un même souci de pédagogie politique, le philosophe fonde enfin l'Académie, sorte d'école destinée à former des hommes d'État. Platon lui-même demeure – à l'exception de deux expériences siciliennes malheureuses aux côtés du tyran Denys de Syracuse – en marge de la vie politique.

L'originalité de Platon est de soutenir d'abord, à l'encontre de Parménide et de Héraclite, qu'il existe un monde des Idées, monde stable et parfait dont la réalité n'est que le reflet changeant. Par réminiscence, les hommes bénéficient de l'expérience d'une vie antérieure, celle d'une âme immortelle et immatérielle tombée dans un corps et qui a bénéficié de la contemplation des Idées de Bien, de Beau... Dans ce monde des Idées se trouve la justice en soi, principe sur lequel les hommes doivent se fonder au cours de leur vie terrestre pour bâtir une cité idéale et assurer le salut de leur âme. L'organisation de la cité – garant du bonheur individuel – n'est donc plus, comme chez les sophistes, affaire d'opinions mais de technique. « Nul n'entre ici s'il

LE MYTHE DES MÉTAUX
(ou la fable platonicienne visant à justifier l'existence de trois classes dans la cité idéale)

« Je vais donc le faire – quoique je ne sache de quelle audace et de quelles expressions j'userai pour cela – et j'essaierai de persuader d'abord aux chefs et aux soldats, ensuite aux autres citoyens, que tout ce que nous leur avons appris en les élevant et les instruisant, tout ce dont ils croyaient avoir le sentiment et l'expérience, n'était, pour ainsi dire, que songe ; qu'en réalité ils étaient alors formés et élevés au sein de la terre, eux, leurs armes et tout ce qui leur appartient ; qu'après les avoir entièrement formés la terre, leur mère, les a mis au jour ; que, dès lors, ils doivent regarder la contrée qu'ils habitent comme leur mère et leur nourrice, la défendre contre qui l'attaquerait, et traiter les autres citoyens en frères, en fils de la terre comme eux.

Ce n'est point sans raison que tu éprouvais de la honte à dire ce mensonge !

Oui, avouai-je. J'avais de fort bonnes raisons ; mais écoute néanmoins le reste de la fable : « Vous êtes tous frères dans la cité, leur dirons-nous, continuant cette fiction ; mais le dieu qui vous a formés a fait entrer de l'or dans la composition de ceux d'entre vous qui sont capables de commander : aussi sont-ils les plus précieux. Il a mêlé de l'argent dans la composition des auxiliaires ; du fer et de l'airain dans celle des laboureurs et des autres artisans. Pour l'ordinaire, vous engendrerez des enfants semblables à vous-mêmes ; mais comme vous êtes tous parents, il peut arriver que de l'or naisse un rejeton d'argent, de l'argent un rejeton d'or, et que les mêmes transmutations se produisent entres les autres métaux. Aussi avant tout et surtout, le dieu ordonne-t-il aux magistrats de surveiller attentivement les enfants, de prendre bien garde au métal qui se trouve mêlé à leur âme, et si leurs propres fils ont quelque mélange d'airain ou de fer, d'être sans pitié pour eux, et de leur accorder le genre d'honneur dû à leur nature en les reléguant dans la classe des artisans et des laboureurs ; mais si de ces derniers naît un enfant dont l'âme contienne de l'or ou de l'argent, le dieu veut qu'on l'honore en l'élevant soit au rang de gardien, soit à celui d'auxiliaire, parce qu'un oracle affirme que la cité périra quand elle sera gardée par le fer ou par l'airain. »

Source : Platon, *La République*, Livre III, 414-415.

LA COMMUNAUTÉ DE BIENS, DE FEMMES ET D'ENFANTS CHEZ LES GARDIENS

« Outre cette éducation, tout homme sensé reconnaîtra qu'il faut leur donner des habitations et des biens qui ne les empêchent pas d'être des gardiens aussi parfaits que possible, et qui ne les portent point à nuire aux autres citoyens.

Vois donc, repris-je, si pour être tels ils doivent vivre et se loger de la façon que je vais dire : d'abord aucun d'eux ne possédera rien en propre, hors les objets de première nécessité (...)

Les femmes de nos guerriers seront communes toutes à tous : aucune d'elles n'habitera en particulier avec aucun d'eux ; de même les enfants seront communs, et les parents ne connaîtront pas leurs enfants ni ceux-ci leurs parents. »

Source : Platon, *ibid.*, Livre III, 417 et V, 457.

n'est géomètre » : telle était la formule gravée au fronton de l'Académie. Cette expression est révélatrice de la rupture introduite par Platon. Avec ce dernier, le politique bascule de la philodoxie (amour de la *doxa*, de l'opinion) vers la philosophie (amour de la sagesse).

Mais qu'est-ce que le modèle de la cité idéale ? C'est une cité juste, répond l'auteur de *La République*. Et ce qui est juste, c'est l'attribution de statuts sociaux en fonction des compétences propres aux individus. Par un système d'éducation étroitement codifié, il convient de sélectionner les individus en vertu de leurs qualités et de les ranger dans trois classes différentes : les artisans (en charge des problèmes économiques), les guerriers (responsables de la défense de la cité) et les classes supérieures dotées d'une sagesse qui les rend aptes à gouverner. Afin de constituer une grande famille unie, les membres de ces deux dernières classes (dirigeants, magistrats...) doivent vivre sans travailler et en communauté complète de biens, de femmes et d'enfants. « Tant que les philosophes ne seront pas rois dans les cités (...), explique Platon, il n'y aura de cesse (...) aux maux des cités, ni, ce me semble, à ceux du genre humain » (*La République*, 473 b).

Cet ordonnancement idéal de la société, tel que l'imagine Platon, n'est que la projection dans l'ordre social de la structure de l'âme humaine. Pour Platon, l'âme se divise en effet en trois parties (désir/cœur/raison) qui correspondent à autant de vertus (tempérance/courage/sagesse). L'équilibre de l'âme trouve son équivalent, grâce à l'établissement des trois classes, dans l'équilibre de la cité. L'indivision, la stabilité, l'autarcie économique et le strict agencement de la société (dont sont exclus les poètes) sont les critères de cette excellence platonicienne.

Aristote et le bien-vivre ensemble

Aristote (384-322 av. J.-C.), élève et disciple de Platon à l'Académie, en est également le principal contradicteur. Fondateur, lui aussi, d'une école (le Lycée), Aristote a produit une œuvre pléthorique qui aborde des domaines multiples comme la logique, la physique ou encore la biologie. Ce sont, bien évidemment, les ouvrages de morale et de politique qui nous intéressent au premier chef : l'*Éthique à Nicomaque* et, surtout, la *Politique*.

QU'EST-CE QU'UNE CITÉ ?

« Nous voyons que toute cité est une sorte de communauté, et que toute communauté est constituée en vue d'un certain bien (car c'est en vue d'obtenir ce qui leur apparaît comme un bien que tous les hommes accomplissent toujours leurs actes) : il en résulte clairement que si toutes les communautés visent un bien déterminé, celle qui est la plus haute de toutes et englobe toutes les autres, vise aussi, plus que les autres, un bien qui est le plus haut de tous. Cette communauté est celle qui est appelée cité, c'est la communauté politique. »

Source : Aristote, *Politique*, I, 1.

LES DIFFÉRENTES SORTES DE CONSTITUTION

« Les termes *constitution et gouvernement* ont la même signification, et le gouvernement est l'autorité souveraine des États, autorité souveraine qui est nécessairement aux mains soit d'un seul, soit d'un petit nombre, soit de la masse des citoyens. Quand le détenteur unique de l'autorité, ou le petit nombre, ou la masse, gouvernent en vue de l'intérêt commun, ces constitutions sont nécessairement des constitutions correctes, tandis que les gouvernements qui ont en vue l'intérêt particulier soit d'un seul, soit d'un petit nombre, soit de la masse, sont des déviations des types précédents. Ou bien, en effet, ceux qui font partie de l'État ne doivent pas être appelés des citoyens ou bien ils doivent participer aux avantages de la communauté.
Parmi les formes de gouvernement de type monarchique, nous avons coutume de désigner du nom de *royauté* celle qui prend en considération l'intérêt commun ; quand l'autorité est exercée par un petit nombre, dépassant toutefois l'unité, c'est une *aristocratie* (appelée ainsi, soit parce que ce sont les meilleurs qui gouvernent, soit parce qu'on y a en vue le plus grand bien pour la cité et ses membres). Quand enfin, c'est la multitude qui administre l'État en vue de l'utilité commune, le gouvernement est appelé du nom commun à toutes les constitutions, à savoir une *république* proprement dite, et c'est là un fait bien naturel : car s'il est possible qu'un seul individu ou un petit nombre d'individus l'emportent en vertu, par contre il est dès lors difficile qu'un nombre d'hommes plus considérable atteigne la perfection en toute espèce de vertu (perfection qui cependant est atteinte dans la valeur militaire, puisque celle-ci surgit au sein des masses ; et par suite c'est dans cette dernière forme de gouvernement que la classe combattante détient le pouvoir suprême et que ceux qui portent les armes ont part au pouvoir).
Les formes dont nous venons de parler subissent des déviations : la tyrannie est une déviation de la royauté, l'oligarchie, de l'aristocratie, et la démocratie, de la république proprement dite. La tyrannie en effet, est une monarchie ayant en vue le seul intérêt du monarque, l'oligarchie a en vue l'intérêt des riches, et la démocratie celui des indigents, et aucune de ces formes de gouvernement n'a égard à l'utilité commune. »

Source : Aristote, *ibid.*, III, 7.

Aristote prend ses distances avec Platon en récusant non seulement le principe de communisme mais également la pertinence de toute opposition entre monde sensible et monde des Idées. Il n'y a pas lieu de séparer forme et matière, âme et corps et *a fortiori* de se mettre en quête d'une justice idéale. Délaissant l'idéalisme platonicien, Aristote défend une attention aux faits sans, pour autant, se réfugier dans la vulgaire empirie. Par-delà la complexité du réel, l'essence des choses est saisissable grâce à la recherche, non de principes perdus dans le ciel des Idées, mais de leur finalité. Le premier, Aristote suit ce principe et définit l'homme comme un être doté de raison, en quête de bonheur terrestre. Pour parvenir à ce but, l'homme doit faire montre de vertu en menant une vie modérée, parfaite et indépendante. Grâce à la volonté, la raison et l'éducation, cet idéal n'est réellement atteint qu'au moment où la vertu est devenue une véritable habitude, sorte de seconde nature qui, spontanément, gouverne au mieux nos actions.

Mais l'homme, estime Aristote, est né avant tout pour vivre en société : c'est un « animal politique ». Doté de la parole, il est apte à délibérer avec ses semblables de façon à dire le juste et l'injuste, à se donner des règles de vie en commun, à chercher de concert le meilleur régime... Ce commerce de la parole s'éprouve par le biais de l'amitié (*philia*) et autorise la recherche du bien vivre ensemble qui fonde toute communauté politique. À la différence de Platon, Aristote est persuadé qu'il n'existe ni système politique parfait en soi ni règles optimales de vie en société. Dans la mesure où ils s'écartent de la tentation tyrannique, trois régimes lui paraissent cependant plus acceptables : la démocratie, l'oligarchie et la monarchie. Le mode de vie et de gouvernement les meilleurs dépendent enfin de certains autres facteurs comme le climat (« L'acropole est oligarchique et monarchique, la plaine est démocratique ») ou la démographie (une forte densité est fauteuse de troubles).

S'il érige ainsi la politique en science reine, Aristote reste prisonnier d'une philosophie qui fait de la nature un modèle absolu pour l'organisation sociale. Premier objet livré par la nature, remarque-t-il, la société est, à l'image du corps, un tout qui prime nécessairement sur les parties qui le constituent. La famille, lieu de production et d'éducation, forme, dans ce système, le groupe social de base. Contrairement à ce que préconise Platon, il ne saurait donc être question pour Aristote de faire éclater cette cellule naturelle ni même de revendiquer l'égalité entre homme et femme. L'organisation sociale doit respecter l'étalon de la nature et il se trouve que, naturellement, l'homme est dominateur et la femme portée à la subordination. C'est au nom de ce même principe que le philosophe se refuse à condamner l'esclavage qui touche, à son sens, les hommes naturellement inférieurs.

2. Le théocentrisme du Moyen Âge

Après la Grèce, c'est Rome qui tient le haut du pavé dans l'histoire occidentale. Mais l'Empire romain, qui mourra de son gigantisme et de son absolutisme, ne produit aucune réflexion politique originale. Victime des invasions barbares, Rome tombe en 410 sous les coups du Wisigoth Alaric. Sur le plan intellectuel, un nom s'impose alors : celui de saint Augustin (évêque d'Hippone).

Les deux cités de saint Augustin (354-430)

Afin de réfuter les thèses païennes qui imputent la chute de Rome à une adhésion progressive au christianisme, saint Augustin rédige, entre 412 et 426, la *Cité de Dieu*. Cet ouvrage est également une façon de prendre le contre-pied des idées millénaristes. Le mouvement millénariste, soutenu par des Pères de l'Église entre le IIe et IVe siècle, s'autorise en effet de l'Évangile pour condamner les inégalités sociales. Sur la foi de l'*Apocalypse* de saint Jean qui annonce la fin de Babylone et l'avènement d'un millénaire de paix et de bonheur, il anticipe et appelle de ses vœux une société juste et heureuse. Parce que persuadé que seule la foi sauve (non les œuvres), saint Augustin s'oppose fortement à cette immixtion religieuse dans la vie politique et sociale.

Mais le cœur de la démonstration qu'effectue saint Augustin dans la *Cité de Dieu* se trouve ailleurs. Il est constitué par une opposition entre deux « sociétés d'hommes » : la cité terrestre et la cité de Dieu. Dans la première, les hommes vivent dans le péché et la dépendance mutuelle, cultivent appétit, violence et amour d'eux-mêmes au mépris de Dieu. La seconde est une cité cosmopolite où les hommes vivent dans l'amour exclusif de Dieu, la foi et l'humilité. Au nom de cette seconde forme de vie, saint Augustin prône le détachement des affaires du monde terrestre et l'observance stricte aux règles, fussent-elles injustes, des institutions existantes.

Livre de chevet de Charlemagne, la *Cité de Dieu* constitue sans aucun doute, et de façon quelque peu paradoxale, une pièce importante pour la pensée et la pratique politique du premier Moyen Âge. De la doctrine augustinienne dérive par exemple la théorie dite « des deux glaives ». Défendue par le pape Grégoire le Grand (540-604), elle revient à reconnaître l'existence sur terre de deux types de pouvoir délégués par Dieu : l'un, spirituel, est dévolu aux autorités ecclésiastiques qui ont toute puissance dans le domaine religieux ; l'autre, temporel, revient au roi qui dispose comme il l'entend de ses sujets.

Les ruptures du Moyen Âge

À la suite de l'invasion de l'Empire romain d'Occident par les Barbares, la période qui court entre le Ve siècle et le Xe siècle se caractérise essentiellement par la ruine et l'émiettement des villes et, concurremment, par une forte croissance de l'insécurité. Les activités industrielles et commerçantes déclinent pour laisser place à une société à nouveau rurale et en voie de christianisation. Dans ce vaste mouvement défavorable à la production d'idées nouvelles, l'Église constitue la seule force de culture restante (conservation de la langue latine, développement des monastères).

Du XIe jusqu'au début du XIVe siècle, l'on assiste à une réelle renaissance et à des bouleversements tant intellectuels qu'économiques et politiques. Même si elle est progressivement normalisée, la relecture des œuvres d'Aristote est d'abord l'occasion de bousculer la doctrine chrétienne dans ses fondements idéalistes et ascétiques. Les principes de la connaissance sont, eux aussi, ébranlés : avec Roger Bacon, l'expérimentation et les mathématiques passent en science au premier rang de l'excellence méthodologique. En matière économique, la prospérité liée à l'essor de techniques agricoles nouvelles, du commerce et de la pratique du prêt à intérêt témoigne de la vigueur de la cité terrestre. Les croisades, enfin, sont sources d'enrichissement et révèlent le nouvel élan de l'Occident face à l'Islam et à Byzance.

Sur le plan politique, en France, le déclin de l'empire de Charlemagne, les invasions arabes, hongroises et normandes du Xe siècle cèdent le pas à la royauté. Hugues Capet, sacré roi en 987, inaugure une dynastie dont la domination ne cessera qu'avec la Révolution française. Jusqu'au règne de Philippe Auguste (1180-1223), le système

POUR UN AUTRE MOYEN ÂGE

« Ce long Moyen Âge est pour moi le contraire du hiatus qu'ont vu les humanistes de la Renaissance et, sauf rares exceptions, les hommes des Lumières. C'est le moment de la création de la société moderne, d'une civilisation moribonde ou morte sous ses formes paysannes traditionnelles, mais vivante par ce qu'elle a créé d'essentiel dans nos structures sociales et mentales. Elle a créé la ville, la nation, l'État, l'université, le moulin et la machine, l'heure et la montre, le livre, la fourchette, le linge, la personne, la conscience et finalement la révolution. Entre le néolithique et les révolutions industrielles et politiques des deux derniers siècles elle est – au moins pour les sociétés occidentales – non un creux ni un pont mais une grande poussée créatrice – coupée de crises, nuancée de décalages selon les régions, les catégories sociales, les secteurs d'activité, diversifiée dans ses processus. »

Source : J. Le Goff, *Pour un autre Moyen Âge*, Paris, © Gallimard, 1977, p.10.

LES TROIS ORDRES DE LA SOCIÉTÉ MÉDIÉVALE

« L'ordre clérical est caractérisé par la prière, ce qui indique peut-être une certaine primauté accordée à l'idéal monastique, à celui plutôt d'un certain monachisme, mais qui se réfère surtout à la nature essentielle du pouvoir clérical, qui vient de sa capacité spécialisée d'obtenir par l'exercice professionnel de la prière l'aide divine. Roi des *oratores*, le monarque participe d'une certaine façon de la nature et des privilèges ecclésiastiques et religieux et d'autre part entretient avec l'ordre clérical les relations ambivalentes de protecteur et de protégé de l'Église que le clergé carolingien a mises au point au IXe siècle.

L'ordre militaire n'est peut-être pas lui non plus aussi simple à appréhender qu'il semble à première vue. Son unité, sa cohérence concrètes sont sans doute encore plus éloignées de la réalité que celles de l'ordre clérical. Le terme de *milites* qui, à partir du XIIe siècle, aura tendance à désigner habituellement l'ordre militaire dans le schéma triparti, correspondra sans doute à l'émergence de la classe des chevaliers au sein de l'aristocratie laïque, mais apportera plus de confusion que de clarté dans les rapports entre la réalité sociale et les thèmes idéologiques prétendant l'exprimer. Il reste que, du IXe au XIIe siècle, l'apparition des *bellatores* dans le schéma triparti correspond à la formation d'une nouvelle noblesse et, à cette époque de profonde transformation de la technique militaire, à la prépondérance de la fonction guerrière chez cette nouvelle aristocratie (...)

Si, malgré cette complexité, on voit aisément qui désignent les deux premiers termes du schéma de la société tripartie, il n'en va pas de même avec le troisième terme. Qui sont les *laboratores* ? S'il est clair, comme l'attestent les équivalents *agricolae* ou *rustici* que nous avons rencontrés, qu'il s'agit, à l'époque que nous considérons et dans les régions où ces textes ont été écrits, de ruraux, il est plus difficile de déterminer quel ensemble social est ici désigné. On considère en général que ce terme désigne le reste de la société, l'ensemble de ceux qui travaillent, c'est-à-dire en fait essentiellement la masse paysanne. »

Source : J. Le Goff, *ibid.*, p. 34, p. 86.

féodal organisé autour des trois ordres (prêtres, guerriers, paysans) limite l'action du pouvoir royal. Tel n'est plus le cas, à compter du XIIe siècle, grâce notamment à l'organisation des communes urbaines et à la constitution des premiers services centraux de la monarchie. Si la réforme grégorienne qui vise à assurer l'indépendance de l'Église – et à laquelle le pape Grégoire VII (1073-1085) prête son nom – ne rencontre pas d'obstacle en France, les pouvoirs laïques allemands et anglais, quant à eux, s'opposent à Rome.

De saint Thomas à Ibn Khaldoun

Toutes ces mutations ne manquent pas d'interroger l'Église. La *Somme théologique* écrite, à la demande du pape, par saint Thomas d'Aquin (1225-1274) servira en la matière de nouveau fondement doctrinal. Saint Thomas y réaffirme d'abord le principe de Dieu créateur et s'applique à donner de nouvelles preuves théoriques de son existence. Dans le sillage d'Aristote, il ne dissocie pas le corps et l'âme et reconnaît l'intérêt d'une analyse rationnelle de la vie sociale. Mais, parce que Dieu est celui qui a enfanté la nature, cette analyse doit être placée sous dépendance des principes de la théologie surnaturelle.

De là découlent de nombreux préceptes thomistes. Sur le plan économique, c'est la légitimation de la propriété, la réhabilitation du travail manuel (Dieu a fait don de la création aux hommes pour qu'ils puissent dominer les êtres qui lui sont inférieurs), la doctrine du juste prix (dans l'échange, un prix objectif doit être fixé grâce à l'estimation de personnes raisonnables) ou encore la prohibition du taux d'intérêt (l'intérêt rémunère le temps, or ce dernier n'appartient qu'à Dieu seul). Dans le registre politique, saint Thomas reconnaît la monarchie comme le meilleur des régimes (il assure, comme Dieu, l'unité dans la multiplicité) et revendique la supériorité de la théologie sur le politique, la soumission des rois aux prêtres.

À l'image de la doctrine thomiste, la pensée occidentale reste, avant la Renaissance, largement soumise à la théologie chrétienne. Aussi convient-il de quitter les terres du christianisme et de porter son attention vers l'Islam pour voir se dessiner à ce moment la silhouette d'un grand précurseur des sciences de la société : Ibn Khaldoun (1332-1406). Dans ses *Prolégomènes* à l'histoire universelle, ce dernier se révèle un prodigieux analyste des situations sociales de l'Afrique du Nord.

LA RÉFORME PROTESTANTE

« Même dans les pays où le choix est celui d'une Église tout entière (Danemark, Norvège, Suède, Angleterre), *a fortiori* en Allemagne, en Suisse, aux Pays-Bas, en France, la Réforme est perçue comme un retour à une manière d'être ancienne plus fidèle de l'Église, un remodelage, une Reformation sur la Parole immuable de Dieu : elle marque donc un changement dans la perception de la durée. Au départ, il y a commencement, recommencement, rupture, modification dans la transmission de l'acquis. Cet élément, bien sûr, est très inégalement perçu. Il intervient à peine là où la structure épiscopalienne a été maintenue. La modification est peu sensible en Scandinavie, dans les Églises luthériennes épiscopaliennes d'Europe centrale, en Angleterre, dans l'Allemagne baltique. La rupture est fortement perçue dans l'Europe nombreuse touchée par la modalité humaniste, calvinienne ou zwinglio-calvinienne, en Suisse, aux Pays-Bas, en France. Elle l'est encore dans le non-conformisme anglais où la rupture est perçue par rapport à l'Église d'Angleterre. Cette "Église protestante établie par la Loi" a si bien réussi à maintenir le principe d'une continuité traditionnelle que le besoin de nouvelle naissance se satisfait au-dehors, dans les Églises et les sectes du *Dissent*. Dans une partie de l'Europe où la Réforme calvinienne contrariée a donné naissance à des Églises très minoritaires, la Réforme est essentiellement rupture et rénovation. En raison des solidarités qui jouent dans le camp réformé, quand la contre-Réforme "catholique" de l'Église met en avant l'argument de continuité, une sorte de conscience commune de la mutation régénératrice passe de l'Europe "protestante", des Églises minoritaires de la rupture vers les Églises protestantes majoritaires des évolutions insensibles sans heurts. La rupture n'est pas perçue partout au même degré. On pourrait même esquisser une typologie autour de la perception de rupture. Il n'est, toutefois, de Réforme protestante, sans un niveau minimal de perception de solution de continuité rénovatrice.

La Réforme protestante c'est donc l'*autorité de l'Écriture sainte, la Justification par la loi et la conscience d'une rénovation* ; donc, *une modification dans la perception de la durée*. Sans le multiplicateur de l'imprimerie, sans la prolifération des opuscules en langue vulgaire, sans le seuil des dix pour cent de lisants atteint dans une partie importante de l'Europe, la réformation était possible, non le succès, à cette échelle. Dans la devise genevoise naïve et prétentieuse "*Post tenebras, Lux*", il y a l'expression d'un changement dans la durée. Toute l'Europe intelligente a eu le sentiment – qu'on songe à Pantagruel – d'un changement de rythme. L'orgueil extrême de la génération de Marignan correspond à un ensemble convergent de modifications importantes et, sans doute, capitales. Le vrai démarrage démographique (1515-1530) correspond, ici et là, à un nouveau climat de la vie, à une espérance devant la vie, parce que la mort recule, qui a tant gagné après 1330 et 1348 et qui garde son emprise sur le XVe siècle. Les pays où la Réforme protestante l'a emporté capitalisent, dans un grand élan religieux, ce changement de perception et cette nouvelle espérance modificatrice. Toutes les conditions sont remplies pour une vie nouvelle dans un espace nouveau. »

Source : P. Chaunu, *Le temps des réformes, II. La réforme protestante*, Paris, © Complexe, 1984, pp. 472-473.

Il se refuse surtout à défendre un quelconque point de vue normatif : « L'histoire, écrit-il, a pour véritable objet de nous faire comprendre l'état social de l'homme, c'est-à-dire la civilisation » (cité par G. Bouthoul, *Histoire de la sociologie*, P.U.F., 1958). Sans lier les sociétés à un quelconque principe constitutif qui les transcenderait, Ibn Khaldoun échafaude une véritable science sociale en appliquant les mathématiques à l'organisation humaine. Bien avant Pareto, il fonde également une théorie des cycles sociaux, cycles rythmés par la domination de groupes, partis ou dynasties qui finissent, au bout d'un siècle environ, par s'épuiser au pouvoir.

3. La pensée sociale et politique aux Temps modernes

Indéniablement, le XIVe siècle et toute la première moitié du XVe siècle sont à inscrire au tableau noir de l'histoire (épidémie de la peste noire en Europe en 1359, guerre de Cent Ans, dépressions économiques). La période qui lui succède pour s'étaler jusqu'aux débuts du XVIIIe siècle est marquée par contre par une série d'inflexions positives qui, lentement, consomment la rupture avec le Moyen Âge. L'essor économique se confirme et les grandes découvertes se succèdent (en 1492, Christophe Colomb découvre l'Amérique). De nouvelles richesses sont tirées des régions lointaines. Avec le mercantilisme, s'ouvre le débat sur les sources de la grandeur économique, s'impose, par exemple, l'idée que la puissance d'un pays se juge à la quantité de métaux précieux qu'il détient ou encore que l'État doit intervenir afin de favoriser l'enrichissement du pays. Sur fond de crises et guerres récurrentes, l'ordre social se transforme également. Les liens de patronage de la société féodale se dissolvent tandis que s'affirment progressivement les États-nations.

La double contestation de l'Église

Sur le plan intellectuel, l'évolution du XVIe siècle est marquée par deux grands bouleversements : la Renaissance et la Réforme. La Renaissance prend sa source en Italie (avec Pétrarque) puis se diffuse aux Pays-Bas (Érasme), en France (Rabelais, Montaigne) et en Angleterre. L'humanisme enthousiaste de la Renaissance célèbre – à travers la redécouverte de la philosophie grecque – la beauté multiforme des œuvres d'art, l'épanouissement de l'homme, l'éducation et la liberté intellectuelle. La Renaissance est, enfin, un curieux mélange

LA VILLE D'AMAUROTE EN UTOPIE

« Une ceinture de murailles hautes et larges enferme la ville, et, à des distances très rapprochées, s'élèvent des tours et des forts. Les remparts, sur trois côtés, sont entourés de fossés toujours à sec, mais larges et profonds, embarrassés de haies et de buissons. Le quatrième côté a pour fossé le fleuve lui-même.

Les rues et les places sont convenablement disposées, soit pour le transport, soit pour abriter contre le vent. Les édifices sont bâtis confortablement ; ils brillent d'élégance et de propreté, et forment deux rangs continus, suivant toute la longueur des rues, dont la largeur est de vingt pieds.

Derrière et entre les maisons se trouvent de vastes jardins. Chaque maison a une porte sur la rue et une porte sur le jardin. Ces deux portes s'ouvrent aisément d'un léger coup de main, et laissent entrer le premier venu.

Les Utopiens appliquent en ceci le principe de la possession commune. Pour anéantir jusqu'à l'idée de la propriété individuelle et absolue, ils changent de maison tous les dix ans, et tirent au sort celle qui doit leur tomber en partage.

Les habitants des villes soignent leurs jardins avec passion ; ils y cultivent la vigne, les fruits, les fleurs et toutes sortes de plantes. Ils mettent à cette culture tant de science et de goût, que je n'ai jamais vu ailleurs plus de fertilité et d'abondance réunies à un coup d'œil plus gracieux. Le plaisir n'est pas le seul mobile qui les excite au jardinage ; il y a émulation entre les différents quartiers de la ville, qui luttent à l'envi à qui aura le jardin le mieux cultivé. Vraiment l'on ne peut rien concevoir de plus agréable ni de plus utile aux citoyens que cette occupation. Le fondateur de l'empire l'avait bien compris, car il appliqua tous ses efforts à tourner les esprits vers cette direction. »

Source : T. More, *L'Utopie* (1516), Paris, 1982, © Éd. Sociales, pp. 129-130.

L'ÉNIGME DE LA SERVITUDE VOLONTAIRE

« C'est chose estrange d'ouir parler de la vaillance que la liberté met dans le cœur de ceux qui la defendent ; mais ce qui se fait en tous pais, par tous les hommes, tous les jours, qu'un homme mastine cent mille, et les prive de leur liberté, qui le croiroit s'il ne faisoit que l'ouir dire et non le voir ; et s'il ne se faisoit qu'en pais estranges et lointaines terres, et qu'on le dit, qui ne penseroit que cela fut plustost feint et trouvé que non pas veritable ? Encores ce seul tiran, il n'est pas besoin de le combattre, il n'est pas besoin de le defaire ; il est de soymesme defait, mais que le pais ne consente à sa servitude ; il ne faut pas luy oster rien, mais ne lui donner rien ; il n'est pas besoin que le pais se mette en peine de faire rien pour soy, pourveu qu'il ne face rien contre soy. Ce sont donc les peuples mesmes qui se laissent ou plustost se font gourmander, puisqu'en cessant de servir ils en seroient quittes ; c'est le peuple qui s'asservit, qui se coupe la gorge, qui aiant le chois ou d'estre serf ou d'estre libre quitte sa franchise et prend le joug : qui consent a son mal ou plustost le pourchasse. S'il lui coustoit quelque chose a recouvrer sa liberté je ne l'en presserois point ; combien qu'est ce que l'homme doit avoir plus cher que de se remettre en son droit naturel, et par maniere de dire de beste revenir homme ? »

Source : E. de la Boétie, *Discours de la servitude volontaire* (1549), Paris, © Payot, 1985, pp. 110-111.

où se mêlent invention de l'imprimerie, développement des sciences (Léonard de Vinci, Copernic) et engouement pour l'ésotérisme et les parasciences.

La Réforme est inaugurée en 1517 par un moine augustinien allemand, Martin Luther, qui dénonce la corruption de l'Église. Luther est persuadé que seule la foi sauve et qu'il est par conséquent inutile de chercher à acheter son salut auprès de l'Église. La Réforme connaît un souffle nouveau avec celui qui fait plus que relayer l'action de Luther : Jean Calvin. Ce dernier partage avec Luther la double conviction que les dons en argent ne sauraient remplacer la foi et que les hommes sont prédestinés, quoi qu'ils fassent, quant à leur devenir *post mortem* (salut ou damnation). Par contre, à la différence de Luther, Calvin concède le bien-fondé de l'action économique et sociale des hommes dans le monde.

Si la Réforme a une dimension de masse, la Renaissance est davantage le fait de quelques doctes éclairés. C'est malgré tout avec cette dernière qu'apparaissent les idées les plus novatrices en matière politique et sociale. Avec la Renaissance, en effet, c'est une conception nouvelle de la philosophie politique qui s'impose conjointement à l'affirmation croissante des pouvoirs centraux. Dans *Le Prince* (1516), adressé aux Médicis, Machiavel marque la scission entre politique et religieux. En revendiquant cette autonomie du politique, il énonce concurremment le principe d'un gouvernement fort et puissant, apte à faire fi de toute considération morale et religieuse pour fonder et maintenir la cohésion de la collectivité des hommes. Jean Bodin (1530-1596), juriste et économiste français, se fait à la suite de Machiavel le théoricien de la monarchie absolue. Dans ses *Six livres de la République* (1576), il explique que la société (la République) est une communauté qui ne peut tenir que gouvernée par une « puissance souveraine » qui la dépasse. Cette puissance, absolue et indivisible, c'est l'État.

Cet assujettissement politique ne va pourtant pas de soi. Tel est le message des premières formes de pensées utopiques qui, après Platon, questionnent l'ordre établi et engendrent de nouveaux idéaux politiques et sociaux. Avec Tommaso Campanella, Thomas More (1480-1535) est certainement celui qui représente le mieux ce type de discours. Dans l'*Utopie* qu'il publie en 1516, Thomas More mène une critique acerbe du régime politique de son temps. En adoptant la méthode platonicienne du dialogue entre un personnage et un voyageur, il montre que la misère est

LES IDOLES

« Non seulement les idoles et les notions fausses qui, s'étant emparées de l'entendement humain, s'y sont fixées profondément, assiègent l'esprit au point que la vérité y trouve un accès difficile ; mais encore, une fois cet accès ouvert et concédé, elles accourront de nouveau, dans la restauration même des sciences, et feront encore obstacle, à moins qu'étant avertis les hommes ne s'en protègent, autant qu'il est possible.
De quatre genres sont les idoles qui assiègent l'esprit humain. Pour plus de clarté, nous leur avons donné des noms distincts : nous appellerons celles du premier genre les idoles de la race, celles du second les idoles de la caverne, celles du troisième les idoles de la place publique, et celles du quatrième genre les idoles du théâtre.
Les idoles de la race ont leur fondement dans la nature humaine elle-même, dans la race, dans la souche des hommes. C'est à tort en effet qu'on affirme que les sens humains sont la mesure des choses ; bien au contraire, toutes les perceptions, des sens comme de l'esprit, ont proportion à l'homme, non à l'univers. Et l'entendement humain ressemble à un miroir déformant qui, exposé aux rayons des choses, mêle sa propre nature à la nature des choses, qu'il fausse et brouille.
Les idoles de la caverne sont celles de l'homme considéré individuellement. En effet (outre les aberrations de la nature humaine, prise comme genre), chacun a une sorte de caverne, d'antre individuel qui brise et corrompt la lumière de la nature, par suite de différentes causes : la nature propre et singulière de chacun ; l'éducation et le commerce avec autrui ; la lecture des livres et l'autorité de ceux qu'on honore et admire ; ou encore les différences des impressions, selon qu'elles rencontrent une disposition prévenue et déjà affectée, ou au contraire égale et paisible, et ainsi de suite (...)
Il y a aussi les idoles qui naissent, pour ainsi dire du rapprochement, et de l'association des hommes entre eux ; et, à cause de ce commerce et de cet échange, nous les nommons les idoles de la place publique. Car les hommes s'associent par les discours ; mais les mots qu'ils imposent se règlent sur l'appréhension du commun. De là, ces dénominations pernicieuses et impropres, qui assiègent l'entendement humain de manière si surprenante (...)
Il y a enfin des idoles qui, propagées par les systèmes des philosophies et aussi par les règles défectueuses des démonstrations, sont venues s'implanter dans l'esprit des hommes. Nous les appelons les idoles du théâtre. Car autant de philosophies reçues ou inventées, autant, à nos yeux, de fables mises en scène et jouées, qui ont créé des mondes fictifs et théâtraux. »

Source : Francis Bacon, *Novum Organum* (1620), Paris, © P.U.F., 1986, pp. 110-111-112.

imputable aux nobles qui passent leur vie à ne rien faire, aux propriétaires fonciers qui transforment leurs champs en pâturages ou encore aux moines mendiants. En contrepoint, il décrit – par la bouche du navigateur – une île bienheureuse, celle d'Utopie, dont la communauté de biens et la démocratie sont les deux principes fondateurs.

Plus directement encore que Thomas More, Étienne de La Boétie (un proche de Montaigne) s'interroge sur la raison de l'obéissance, la nature du rapport entre gouvernants et gouvernés qui s'instaure notamment dans la plénitude de la puissance étatique. Sans livrer de réponse tranchée, La Boétie attire l'attention dans son *Discours de la servitude volontaire* (1549) sur l'énigme majeure que constitue le charme de l'Un ; autrement dit, sur cette relation politique qui assure de façon si troublante l'obéissance de tous les hommes, libres pourtant par nature, à un seul d'entre eux.

Raison et individu à l'âge classique

Le XVIIe siècle est marqué par l'ascension conjointe de deux formes inédites de représentation du monde : le rationalisme et l'individualisme. Les écrits de Francis Bacon (1561-1626) illustrent, les premiers, la place nouvelle accordée à la raison. L'auteur du *Novum Organum* (1620) inscrit l'exigence scientifique au carrefour du théorique (la raison) et du pratique (l'expérimentation). À l'instar de Descartes, Bacon définit ensuite la connaissance comme le moyen de rendre l'homme maître de la nature. Mais, surtout, Bacon a le mérite de nous mettre vivement en garde contre les paresses de l'esprit, celles qui nous font succomber aux idoles, images qui brouillent la perception que nous pouvons avoir des choses.

Dans la logique initiée par Bacon, la révolution de l'âge classique s'incarne également avec la philosophie de Spinoza. La réflexion de ce dernier est, à l'encontre exacte du point de vue de Pascal, entièrement tendue vers la disjonction radicale entre foi et raison, théologie et philosophie. Spinoza traque, au nom de la liberté de penser, les croyances religieuses et politiques. Plus encore, explique ce philosophe de l'immanence, en raison des liens de causalité multiples qui lient les phénomènes, ce que nous avons coutume de nommer Dieu n'est rien d'autre que la Nature (*« Deus sive natura »*), Nature que Spinoza qualifie doublement de naturante (elle est la puissance-cause) et naturée (le réel).

DU LÉVIATHAN

« D'elles-mêmes en effet, en l'absence d'un pouvoir qui les fasse observer par l'effroi qu'il inspire, les lois de nature (comme la *justice*, l'*équité*, la *modération*, la *pitié*, et d'une façon générale, *faire aux autres ce que nous voudrions qu'on nous fît*) sont contraires à nos passions naturelles, qui nous portent à la partialité, à l'orgueil, à la vengeance, et aux autres conduites de ce genre. Et les conventions, sans le glaive, ne sont que des paroles, dénuées de la force d'assurer aux gens la moindre sécurité. C'est pourquoi, nonobstant les lois de la nature (que chacun n'observe que s'il en a la volonté et s'il peut le faire sans danger), si aucun pouvoir n'a été institué, ou qu'il ne soit pas assez grand pour assurer notre sécurité, tout homme se reposera (chose pleinement légitime) sur sa force et sur son habileté pour se garantir contre tous les autres (...)
La seule façon d'ériger un tel pouvoir commun, apte à défendre les gens de l'attaque des étrangers, et des torts qu'ils pourraient se faire les uns aux autres, et ainsi à les protéger de telle sorte que par leur industrie et par les productions de la terre, ils puissent se nourrir et vivre satisfaits, c'est de confier tout leur pouvoir et toute leur force à un seul homme, ou à une seule assemblée, qui puisse réduire toutes leurs volontés, par la règle de la majorité, en une seule volonté. Cela revient à dire : désigner un homme, ou une assemblée, pour assumer leur personnalité ; et que chacun s'avoue et se reconnaisse comme l'auteur de tout ce qu'aura fait ou fait faire, quant aux choses qui concernent la paix et la sécurité commune, celui qui a ainsi assumé leur personnalité, que chacun par conséquent soumette sa volonté et son jugement à la volonté et au jugement de cet homme ou de cette assemblée. Cela va plus loin que le consensus, ou concorde : il s'agit d'une unité réelle de tous en une seule et même personne, unité réalisée par une convention de chacun avec chacun passée de telle sorte que c'est comme si chacun disait à chacun : *j'autorise cet homme ou cette assemblée, et je lui abandonne mon droit de me gouverner moi-même, à cette condition que tu lui abandonnes ton droit et que tu autorises toutes les actions de la même manière*. Cela fait, la multitude ainsi unie en une seule personne est appelée une **république**, en latin **civitas**. Telle est la génération de ce grand **Léviathan**, ou plutôt pour en parler avec plus de révérence, de ce *dieu mortel*, auquel nous devons, sous le *Dieu immortel*, notre paix et notre protection. Car en vertu de cette autorité qu'il a reçu de chaque individu de la République, l'emploi lui est conféré d'un tel pouvoir et d'une telle force, que l'effroi qu'ils inspirent lui permet de modeler les volontés de tous, en vue de la paix à l'intérieur et de l'aide mutuelle contre les ennemis de l'extérieur. En lui réside l'essence de la République, qui se définit : *une personne unique telle qu'une grande multitude d'hommes se sont faits, chacun d'entre eux, par des conventions mutuelles qu'ils ont passées l'un avec l'autre, l'auteur de ses actions, afin qu'elle use de la force et des ressources de tous, comme elle le jugera expédient, en vue de leur paix et de leur commune défense*.
Le dépositaire de cette personnalité est appelé **souverain**, et l'on dit qu'il possède le *pouvoir souverain* ; tout autre homme est son **sujet**. »

Source : Thomas Hobbes, *Léviathan - Traité de la matière, de la forme et du pouvoir de la république ecclésiastique et civile* (1651), Paris, © Sirey, 1971, p. 173, pp. 177-178.

L'âge classique, c'est enfin l'affirmation de l'individu en tant que sujet autonome. Cette autonomie est gagnée sur des registres aussi divers que le vrai, le beau ou le juste. Ces notions n'ont de sens dorénavant qu'en référence à l'entendement, à la sensibilité ou aux conventions des hommes et ne se mesurent plus à l'aune d'une quelconque entité divine. Descartes (1596-1650) montre ainsi que l'homme seul est sujet de vérité et que la science n'est fondée que sur ce qui est naturel, rationnel et mathématisable. Parallèlement, dans le champ de l'esthétique, ne conjugue-t-on plus à l'identique (comme pouvait le faire Boileau) le beau et le vrai. L'excellence artistique se dégage de toute tentation à la recherche de lois générales. Comme le soutient, l'un des premiers, l'abbé Dubos (*Réflexions critiques sur la poésie, la peinture et la musique*, 1719), le goût devient simplement affaire de jugement subjectif.

Appliqué à l'analyse de la société, ce moment rupteur, par lequel l'individu se trouve érigé en nouveau centre de gravité, prend la forme suivante : la légitimité et l'autorité politiques ne sont plus, dans l'esprit des analystes du droit, d'ordre théologique mais elles relèvent de conventions purement humaines. Tel est le point de départ des doctrines du droit naturel. Il revient à deux jurisconsultes, Grotius (*Du droit de la guerre et de la paix*, 1625) et Pufendorf (*Devoirs de l'homme et du citoyen*, 1673), d'avoir énoncé les principes fondateurs de ce que l'on peut également nommer les premières théories du contrat social.

État de nature et contrat social

La démonstration de Grotius, tout d'abord, repose sur un postulat simple : nés indépendants et égaux, les hommes sont la source de toute souveraineté et sont naturellement dotés d'une forme de sociabilité qui les pousse, dans la considération respectueuse d'autrui, à passer contrat pour former une société. Le contrat est noué entre citoyens et engage ces derniers au respect des droits d'autrui ainsi qu'à l'obéissance à l'État-société. Pufendorf affinera quelque peu ce schéma en distinguant deux contrats fondateurs. Grâce au premier (*pactum societatis*), les hommes quittent l'état de nature pour entrer en société. Grâce au second (*pactum subjectionis*), les gouvernés s'engagent à obéir aux dirigeants, gouvernants qui ont pour mission d'œuvrer en vue du bien commun. Aussi séduisantes soient-elles, ces théories rencontrent cependant un vrai problème de fond : à qui avoir recours et comment justifier la résistance civile lorsque les gouvernants manquent à leur devoir contractuel ?

DU CONTRAT (JOHN LOCKE) AU MARCHÉ (ADAM SMITH) : LA GENÈSE DE L'IDÉOLOGIE ÉCONOMIQUE

La première originalité de Locke est de s'écarter de la définition hobbesienne de l'état de nature. Pour Locke, la liberté dont Dieu a crédité les hommes prend forme grâce aux droits naturels que sont, respectivement, le droit à l'intégrité personnelle et le droit à la propriété de biens acquis par le travail. Dans l'état de nature, les individus s'attribuent juste ce dont ils ont besoin. Mais certains signes comme la monnaie favorisent les échanges et l'accumulation privative de biens. Il en résulte alors des tensions qui compromettent la bonne marche de la communauté des hommes. Aussi convient-il, grâce au contrat social, de substituer l'usage de la force de chacun par la force de tous. Ainsi sera assuré en société, grâce au pouvoir public, le respect des droits naturels.

La philosophie lockienne liant état de nature, travail et propriété est reprise à leur manière par les premiers économistes libéraux. Certes, c'est déjà au nom de la nature, mais d'une nature produit d'un ordre divin, que l'école physiocratique – avec à sa tête François Quesnay, auteur du *Tableau économique* (1758) – avait déduit le seul principe de politique économique valable : « laisser faire, laisser passer ».

Le chaînon intermédiaire entre les théories du droit naturel et l'économie politique classique est forgé, non par Quesnay, mais par Mandeville. Dans *La fable des abeilles* (1705), critique indirecte de la philosophie politique de Locke, Mandeville met en valeur un sophisme de composition qui fera date en économie : le luxe et l'enrichissement des uns, explique-t-il, est nécessaire au maintien de l'activité des autres. Épuré de références divines, ce schéma conduit à la loi de l'harmonisation spontanée, grâce au marché, des intérêts individuels. Pour Adam Smith *(Recherches sur la nature et les causes de la richesse des nations*, 1776), tout se passe sur ce modèle comme si en vertu de l'action d'une « main invisible », la somme des intérêts particuliers composait, par le jeu de la régulation marchande, l'intérêt général. Ainsi se trouve fondé, en raison, le libéralisme économique.

P. Rosanvallon *(Le capitalisme utopique*, 1979) estime que ce passage du contrat au marché comme mode fondateur de la société s'explique notamment par les difficultés liées aux théories du contrat social : « la notion de main invisible permet de dépasser cette difficulté du fondement de l'obligation dans le pacte social sans revenir à une conception despotique. Elle permet de penser une société sans centre, d'abolir pratiquement la distinction entre l'intérieur et l'extérieur, entre l'individu et la société » (p. 46).

Sur ces théories du marché (dont on connaît ensuite la fortune) se grefferont, en économie politique, différentes versions de ce qu'il est convenu de nommer l'utilitarisme. La première et la plus célèbre est redevable à Jeremy Bentham (1748-1832) *(An introduction to the principles of moral and legislation*, 1789), brillant représentant de l'école anglaise du radicalisme philosophique. Inspiré par Helvétius – lequel soutenait dans *De l'Esprit* (1758) que nos pensées sont le produit de nos impressions sensibles – Bentham se représente l'homme comme un animal sensible au plaisir et à la douleur. Fondateur d'une arithmétique sociale et pénale, il ouvre la voie aux théories de l'utilité et au principe d'un calcul relatif à la conduite humaine.

En élaborant une forme nouvelle de théorie du contrat social, Thomas Hobbes (1588-1679) répond en partie à cette question. Pour ce penseur anglais, partisan de la monarchie absolue qui écrit dans une période politiquement troublée (1648 est la date de la révolution anglaise, le roi Charles 1er est exécuté en 1649), l'interrogation porte naturellement sur la citoyenneté, le droit à la révolte et la légitimité du prince. Intellectuellement, le développement des sciences exactes et du paradigme mécaniciste influence grandement Hobbes. Son projet vise, de manière analogique, à scientifiser la philosophie politique. Fidèle à la méthode cartésienne qui préconise de décomposer le tout en ses éléments les plus simples pour reconstruire ce tout, Hobbes postule que l'état de nature correspond au moment de déconstruction du social. Pour lui, la nature n'est plus un étalon, une référence (comme cela était le cas dans la philosophie grecque). Désormais, elle est pensée comme un état de guerre de tous contre tous, état qu'il s'agit de dépasser pour construire la société.

Selon l'auteur du *Léviathan* (1651), l'état de nature oppose en effet des hommes, machines désirantes dont les actions sont guidées par la compétition, la méfiance et la gloire. Dans cette situation « l'homme est un loup pour l'homme » et chacun ressent une peur irrépressible de la mort. Aussi, afin de bénéficier de leur droit naturel à la vie, les individus contractent-ils au profit d'un tiers non partie prenante de la convention. Ce tiers, c'est l'État (le Léviathan *i.e.* la baleine). En contrepartie, et grâce à la puissance publique, celui-ci garantit la sécurité à tous. L'État a intérêt à jouer le jeu, car si la tentation tyrannique le prenait (si donc l'insécurité se faisait à nouveau jour), alors les fondements mêmes du contrat disparaîtraient.

L'œuvre de John Locke (1632-1704), théoricien de la seconde révolution anglaise de 1688 (celle qui marque l'avènement de la monarchie parlementaire), s'inscrit elle aussi dans la lignée des théories du contrat social. La philosophie politique de Locke (*Deuxième traité du gouvernement civil*, 1690) a bénéficié, en son époque, d'un réel crédit. Parce qu'elle légitime notamment la propriété privée, elle influe grandement les pères de l'économie politique. Mais elle s'avère également une arme redoutable contre l'absolutisme. Elle peut en effet se lire comme une justification du droit à la désobéissance civile, droit de résistance du peuple lorsque le pouvoir en place ne respecte pas les droits naturels.

« Le XVIIIe siècle est pénétré de la foi en l'unité et l'immuabilité de la raison. La raison est une et identique pour tout sujet pensant, pour toute nation, toute époque, toute culture. De toutes les variations des dogmes religieux, des maximes et des convictions morales, des idées et des jugements théoriques, se détache un contenu ferme et immuable, consistant, et son unité et sa consistance sont justement l'expression de l'essence propre de la raison (...)

C'est ainsi que le phénomène du mouvement planétaire, que Kepler avait pris pour un tout, se révèle comme un édifice complexe. La théorie newtonienne le ramène à deux types de loi fondamentaux : à la loi de la chute libre et à la loi du mouvement centrifuge. Chacun d'eux avait été étudié séparément et d'une manière rigoureusement concluante par Galilée et Huyghens : tout le problème était alors de faire la synthèse de leurs découvertes en les ramenant à un principe *unique* d'intelligibilité. L'exploit de Newton est dans cette synthèse (...)

La philosophie du XVIIIe siècle tient de toutes parts à l'exemple privilégié, au paradigme méthodologique de la physique newtonienne. Mais elle en généralise aussitôt l'application. Elle ne se contente pas de comprendre l'analyse comme le grand outil intellectuel de la connaissance physico-mathématique, elle y voit l'instrument nécessaire et indispensable de toute pensée en général. Vers la moitié du siècle, le triomphe de cette conception est assuré. Si tant est que certains penseurs ou certaines écoles divergent dans leurs *résultats*, tous s'accordent cependant sur ces prémisses de la théorie de la connaissance. *Le Traité de Métaphysique* de Voltaire, le *Discours préliminaire* de l'*Encyclopédie* de d'Alembert, les *Recherches sur la clarté des principes de la Théologie et de la Morale* de Kant parlent à ce propos le même langage. Tous proclament que la vraie méthode de la métaphysique s'accorde au fond avec celle que Newton a introduite en physique et qui y a porté de si grands fruits. Voltaire déclare que l'homme qui se méconnaît au point de prétendre pénétrer l'essence intérieure des choses, les connaître dans la pureté de leur en-soi, prend aussitôt conscience de la limite de ses facultés : il se voit dans la position d'un aveugle qui devrait juger de la nature des couleurs. La bienveillance de la nature a toutefois placé une canne entre les mains de l'aveugle qui est l'analyse. Armé de cette canne, il va pouvoir se frayer un chemin parmi les apparences, être informé de leurs effets, sûr de leur ordonnance. Et il n'a besoin de rien d'autre pour s'orienter intellectuellement, pour aménager sa vie et la science. »

Source : Ernst Cassirer, *La philosophie des Lumières*, Paris, © Fayard, Agora, 1966, pp. 44, 50-52.

2

Des philosophies de l'histoire aux précurseurs de la sociologie

Dans l'élan philosophique de l'âge classique, le XVIIIe siècle – le siècle des Lumières – célèbre la raison. Mais c'est désormais une raison épurée de toute scorie métaphysique. Il n'est plus question à la façon, par exemple, d'un Leibniz (1646-1716) de confondre raison, logos absolu et Dieu. La « révolution copernicienne » de Kant assoit définitivement l'homme au centre du monde. Avec Kant, le réel s'épuise dans le phénomène, la connaissance dans l'expérience. La vérité n'existe plus, à proprement parler, que construite par l'homme : « Aie le courage de te servir de ton propre entendement ! Voilà la devise des Lumières » (Kant, *Was ist Aufklärung ?,* 1794).

Cette nouvelle posture intellectuelle explique l'intérêt porté aux méthodes et systèmes de connaissance. Sous l'impulsion de Diderot et d'Alembert, l'*Encyclopédie* – dont la parution s'étale entre 1751 et 1773 – fait l'état des connaissances humaines. La raison scientifique s'emploie à formaliser le réel au travers des filtres mécanistes et naturalistes tels qu'ils sont magnifiés par les philosophes matérialistes (d'Holbach, Helvétius, La Mettrie, Maupertuis). Grâce à l'importation des schémas de la physique newtonienne, la société devient une mécanique que l'on peut, en esprit, monter et démonter. À l'image du « bon sauvage », le naturel constitue une forme de « présocial ». Ce n'est ainsi pas par hasard si Rousseau est un fervent lecteur du naturaliste Buffon (1707-1788) qui est l'auteur d'une vaste et synthétique *Histoire naturelle* dans l'esprit des encyclopédistes.

Comment parcourir le chemin complexe et chaotique qui conduit de l'esprit des Lumières aux précurseurs de la sociologie ? Pour suivre

TROIS ESPÈCES DE GOUVERNEMENTS

« Les premiers gouvernements furent divins ; les Grecs les appelèrent théocratiques ; sous ces gouvernements, les hommes étaient persuadés que tout relevait d'un commandement divin ; ce fut aussi l'époque des oracles, cette institution la plus ancienne que nous trouvions dans l'histoire des peuples.

Les seconds furent héroïques ou aristocratiques, autant dire "gouvernements des meilleurs", dans le sens de "gouvernements des plus forts" ; ce furent en Grèce les Héraclides, ou gouvernements des descendants d'Hercule, c'est-à-dire des nobles ; répandus à travers toute la Grèce ancienne, on en a un exemple avec le gouvernement de Sparte ; il en est de même des Curètes que les Grecs signalèrent comme répandus en Saturnie – nom de l'Italie ancienne – en Crète et en Asie ; à Rome, ce furent les gouvernements des Quirites, c'est-à-dire des prêtres jouissant du droit de porter des armes dans les assemblées publiques. Sous ces gouvernements, les droits civils étaient exclusivement réservés aux ordres régnants des héros vu leur titre de noblesse qu'ils attribuaient, comme on l'a vu, à leur origine divine ; quant aux plébéiens réputés d'origine bestiale, on ne leur permettait que la satisfaction des besoins de la vie et l'usage de la liberté.

Les troisièmes gouvernements furent humains ; par l'effet du partage égal de l'intelligence laquelle est le propre de la nature humaine, les hommes y connaissent l'égalité devant la loi ; les cités les y ont en effet vus naître libres, qu'il s'agisse de cités à régime de liberté populaire ou monarchique ; dans le premier cas tous les citoyens ou la majorité tiennent en mains les forces légitimes de la cité qui en font les maîtres de la liberté populaire ; en régime monarchique, les souverains assurent par leurs lois l'égalité des sujets et disposant seuls de la force militaire, ils sont seuls à se distinguer des autres sur le plan civil. »

Source : G. Vico, *Principes d'une science nouvelle relative à la nature commune des nations* (1725), Paris, © Nagel, 1986, p. 367.

un tel trajet, il faut d'abord noter que les Lumières se conjuguent avec le progrès (ce sont les philosophies de l'histoire), l'ordonnancement raisonné (Montesquieu) et volontaire (Rousseau) de la société. La Révolution française a parfois été présentée comme l'expression historique de ce mouvement. Au nom de la tradition, elle est pourtant vivement désavouée. De façon quelque peu surprenante, c'est justement aux carrefours multiples des Lumières et de la critique traditionnaliste, des révolutions politiques et des mutations industrielles que doit être située la genèse de la sociologie. Auguste Comte est, sans conteste aucun, le porte-parole le plus percutant de cette synthèse nouvelle entre tradition et modernité, étrange alchimie qui donnera vie aux premières théories sociologiques.

1. Histoire et société

Les philosophies de l'histoire

L'idée de raison se décline d'abord, au XVIIIe siècle, sur le mode du progrès. Les philosophies de l'histoire – terme forgé par Voltaire en 1765 – s'efforcent de formaliser le progrès de sociétés qui accumulent connaissance et sagesse. L'*Idée d'une histoire universelle au point de vue cosmopolitique* (1784) de Kant est révélatrice de cette foi optimiste des Lumières en une raison apte à déchiffrer, pour l'améliorer, le code qui organise l'ordre de la nature et des hommes.

Dans les grandes synthèses de philosophie de l'histoire que livrent les Lumières (Voltaire, Turgot, Chastellux, Herder...), deux hommes occupent une place de choix : Giambattista Vico (1668-1744) et le marquis de Condorcet (1743-1794). Le premier est l'auteur des *Principes d'une science nouvelle relative à la nature commune des nations* (1725). Son souci des faits, sa volonté de mettre en œuvre une histoire des faits généraux, des institutions et du langage font de Vico un philosophe attentif à ce que l'on nommera ultérieurement l'histoire lourde, celle qui se déroule selon une logique qui transcende l'événementiel. Véritable inventeur d'une « théologie laïque de la providence divine » (F. Jonas), Vico estime que l'humanité se déploie selon une logique cyclique ternaire. À chacun des trois âges qui rythment l'évolution de l'humanité correspondent des natures humaines déterminées mais également des espèces de droit, de gouvernement, de langues, de raison...

CHARLES DE MONTESQUIEU (1689-1755)

Charles de Montesquieu est né noble, propriétaire terrien, en 1689 au château de La Brède (Bordeaux) sous le nom de Charles-Louis de Secondat. Montesquieu suit des études de droit et devient avocat puis conseiller au parlement de Bordeaux. Il fréquente ensuite les milieux libertins de Paris et publie anonymement, en 1721, les *Lettres persanes*. Dans cet ouvrage, correspondance fictive entre des voyageurs persans qui découvrent l'Europe et notamment Paris, Montesquieu se livre à une virulente critique sociale (du despotisme de Louis XIV tout particulièrement). Il y soutient, par exemple, que le divorce est normal car il est bon qu'une femme qui s'ennuie puisse changer de mari afin d'avoir de nouveaux enfants ; ou encore que la démocratie est, en théorie, le meilleur des systèmes politiques mais, dans la réalité, le plus fragile et le plus difficile à maintenir car les hommes sont peu disposés naturellement à s'imposer la discipline de la vertu politique (c'est le fameux apologue des Troglodytes).

Après avoir démissionné de ses fonctions, Montesquieu voyage à travers l'Europe et constate la diversité des législations selon les pays. Il rédige alors *Considérations sur les causes de la grandeur et de la décadence des Romains* (1734) puis *De l'esprit des lois* (1748), ouvrage qui obtiendra un immense succès en dépit de sa condamnation par l'Église. Promises à la renommée, les subtiles analyses de Montesquieu sont notamment stigmatisées par un utopiste, Morelly, auteur d'un *Code de la nature* (1755). Au nom d'une critique de la propriété et de l'État, Morelly allègue qu'il convient moins de tirer des leçons des hommes tels qu'ils sont que de la façon dont la nature les a formés.

Ces trois âges sont : l'âge divin (celui des poètes, théologiens, créateurs de légende); l'âge des héros (où domine l'esprit aristocratique); c'est le stade des Achille et Romulus, hommes qui se tiennent pour héros et fils de dieux ; l'âge des hommes, de la « nature humaine et intelligente », enfin. Ce stade est caractérisé par l'esprit égalitaire, la pensée, la raison et le devoir.

Avec le marquis de Condorcet, nous avons affaire à un passionné de mathématiques, rationaliste convaincu et militant de l'égalité des sexes et des races. Condorcet est l'homme d'un livre écrit, pendant la Terreur, dans la précipitation et l'attente de la condamnation : *Esquisse d'un tableau historique des progrés de l'esprit humain* (1795). Dans cet ouvrage, véritable condensé des acquis majeurs de la philosophie du XVIIIe siècle, Condorcet détaille les dix étapes par lesquelles l'humanité est passée pour se diriger vers « la vérité et le bonheur ». Dans le spectre de l'histoire humaine, la Révolution française occupe la fin de la neuvième période. Grâce au progrès des Lumières et de la vertu, le dernier moment sera celui de l'état social, celui des droits de l'homme et de l'égalité sociale.

Condorcet partage avec Vico cet optimisme des Lumières qui le conduit à dérouler le fil de l'histoire dans le sens du progrès. Mais comme lui également, il participe d'une intuition : celle des sciences de la société. Sa mathématique sociale (arithmétique politique), l'analyse linguistique et le recours aux documents sont autant d'instruments de rationalisation du social dont hériteront les sociologues.

Raison et ordonnancement social

Sans renoncer au principe de raison, Montesquieu rompt avec les lectures évolutionnistes et progressistes de l'histoire à la Vico ou à la Condorcet. Parce qu'il se démarque alors de tout point de vue normatif, Montesquieu est considéré par beaucoup comme le véritable précurseur de la sociologie.

Pour prendre la mesure de la réelle singularité des idées de ce dernier, il convient de restituer les termes du débat intellectuel qui, à l'articulation des XVIIe et XVIIIe siècles, oppose les libertins (Bayle, Fontenelle) et l'Église, ou plus précisément encore les prédicateurs (Bossuet).

Des lois en général

« Les lois dans la signification la plus étendue, sont les rapports nécessaires qui dérivent de la nature des choses : et, dans ce sens, tous les êtres ont leurs lois ; la Divinité a ses lois ; le monde matériel a ses lois ; les intelligences supérieures à l'homme ont leurs lois ; les bêtes ont leurs lois ; l'homme a ses lois.
Ceux qui ont dit qu'*une fatalité aveugle a produit tous les effets que nous voyons dans le monde*, ont dit une grande absurdité ; car quelle plus grande absurdité qu'une fatalité aveugle qui aurait produit des êtres intelligents ?
Il y a donc une raison primitive ; et les lois sont les rapports qui se trouvent entre elle et les différents êtres, et les rapports de ces divers êtres entre eux »

Source : C. de Montesquieu, *De l'esprit des lois* (1748), in *Œuvres complètes,* Paris, © Seuil, 1964, p. 530.

Des lois positives

« La loi, en général, est la raison humaine, en tant qu'elle gouverne tous les peuples de la terre ; et les lois politiques et civiles de chaque nation ne doivent être que les cas particuliers où s'applique cette raison humaine.
Elles doivent être tellement propres au peuple pour lequel elles sont faites, que c'est un très grand hasard si celles d'une nation peuvent convenir à une autre.
Il faut qu'elles se rapportent à la nature et au principe du gouvernement qui est établi, ou qu'on veut établir ; soit qu'elles le forment, comme font les lois politiques ; soit qu'elles le maintiennent, comme font les lois civiles.
Elles doivent être relatives au *physique* du pays ; au climat glacé, brûlant ou tempéré ; à la qualité du terrain, à sa situation, à sa grandeur ; au genre de vie des peuples, laboureurs, chasseurs ou pasteurs ; elles doivent se rapporter au degré de liberté que la constitution peut souffrir ; à la religion des habitants, à leurs inclinations, à leurs richesses, à leur nombre, à leur commerce, à leurs mœurs, à leurs manières. Enfin elles ont des rapports entre elles ; elles en ont avec leur origine, avec l'objet du législateur, avec l'ordre des choses sur lesquelles elles sont établies. C'est dans toutes ces vues qu'il faut les considérer.
C'est ce que j'entreprends de faire dans cet ouvrage. J'examinerai tous ces rapports : ils forment tous ensemble ce que l'on appelle l'*esprit des lois.*
Je n'ai point séparé les lois politiques des civiles : car, comme je ne traite point des lois, mais de l'esprit des lois, et que cet esprit consiste dans les divers rapports que les lois peuvent avoir avec diverses choses, j'ai dû moins suivre l'ordre naturel des lois, que celui de ces rapports et de ces choses. »

Source : C.de Montesquieu, *ibid.,* p. 532.

Les libertins, inlassables pourfendeurs des systèmes métaphysiques et théologiques, se plaisent les premiers à souligner l'extrême diversité des modes d'organisation des hommes en société. Ce que mettent en évidence ainsi ces libres penseurs, c'est le caractère nécessairement relatif – voire irrationnel – des institutions humaines. Militants de la tolérance, ils montrent l'absurdité des systèmes qui érigent une valeur ou une institution en absolu.

Du côté de l'orthodoxie catholique, on conjugue foi et raison, contingence et nécessité. Pour Bossuet, contrairement aux libertins, le désordre des sociétés humaines n'est qu'apparence. En effet, qui sait s'élever au-dessus du lacis désordonné des événements verra que l'action des hommes n'est point guidée par le caprice mais par un dessein providentiel. « C'est ainsi que Dieu règne sur tous les peuples. Ne parlons plus de hasard ni de fortune, ou parlons-en simplement comme d'un nom dont nous couvrons notre ignorance. Ce qui est hasard à l'égard de nos conseils incertains, est un dessein concerté dans un conseil plus haut, c'est-à-dire dans ce conseil éternel qui renferme toutes les causes et tous les effets dans un même ordre. De cette sorte tout concourt à la même fin ; et c'est faute d'entendre le tout, que nous trouvons du hasard ou de l'irrégularité dans les rencontres particulières » (Bossuet, *Discours sur l'histoire universelle*, 1681, partie III, chapitre 8). Puisque l'ordre du monde est un pur produit de Dieu, conclut Bossuet, il n'est qu'une attitude possible pour tous les mortels (y compris les princes) : s'y soumettre.

L'esprit des lois

Montesquieu croit, lui aussi, que la réalité sociale est ordonnée et qu'elle obéit à une logique. Mais cette connaissance n'est pas affaire de foi ou de morale. L'intelligence du monde social suppose d'abord qu'on abandonne définitivement, à la manière des libertins, toute croyance en un dessein providentiel au profit d'une analyse des causes qui mettent en forme le monde social. Il s'agit, en second lieu, de « décrire ce qui est, non ce qui doit être ». « J'ai d'abord examiné les hommes, écrit Montesquieu dès la préface de l'*Esprit des lois*, et j'ai cru que, dans cette infinie diversité de lois et de mœurs, ils n'étaient pas uniquement conduits par leur fantaisie. » Voilà donc le trait de génie sociologique de Montesquieu. Alors que ce dernier recense un ensemble de coutumes, de mœurs, d'usages, de croyances... il met à jour un tout ordonné auquel quelques causes profondes donnent sa cohérence.

LA THÉORIE POLITIQUE DE MONTESQUIEU

Parce qu'à ses yeux « une société ne saurait subsister sans un gouvernement », Montesquieu choisit de comprendre le monde humain à partir de sa mise en ordre politique. Il propose de distinguer trois espèces de gouvernement – le républicain, le monarchique et le despotique – qu'il définit par leur nature (qui est détenteur de la souveraineté ?) et leur principe (le moteur de l'action politique).

Régime	Républicain	Monarchique	Despotique
Nature	Le peuple est souverain	Le roi est souverain, gouverne selon des lois fixes et s'appuie sur des pouvoirs intermédiaires	Le despote gouverne sans lois, sans règles ni pouvoirs intermédiaires
Principe	Vertu	Honneur	Crainte

Le régime républicain fonctionne grâce à la vertu, autrement dit l'amour de la chose publique (*res publica*), le sens du collectif. Selon que le peuple détient en partie ou en totalité la souveraineté, le régime est aristocratique ou démocratique. Montesquieu prendra clairement parti pour le régime aristocratique au motif principal que le peuple en son entier est peu apte à gérer de façon optimale les affaires publiques. Dans le régime monarchique, il faut des « canaux par où coule la puissance ». Le pouvoir intermédiaire revient à ce titre à la noblesse. Mais pour que celle-ci participe au jeu politique, il faut la pousser à l'effort. Tel est le rôle du système de l'honneur, ensemble de prééminences et de distinctions qui satisfont à la vanité naturelle de la noblesse.

Afin d'éviter la tentation despotisque, Montesquieu vante par ailleurs les vertus de la séparation des pouvoirs (exécutif, législatif, judiciaire) car, écrit-il, « le pouvoir arrête le pouvoir ». Remarquant que la puissance de juger ne pose pas de problèmes d'affectation car elle n'est pas donnée à une chambre, Montesquieu propose d'attribuer le pouvoir exécutif au monarque et le pouvoir législatif à un corps de représentants du peuple et à un corps de représentants de la noblesse, dont les décisions s'équilibrent. Comme l'a souligné Louis Althusser (*Montesquieu : la politique et l'histoire*, Paris, P.U.F., 1959), ce diagramme reflète au mieux les intérêts d'un aristocrate libéral qui visait à protéger sa classe tant contre les excès de la monarchie que contre la subversion démocratique.

Dans ses *Considérations sur les causes de la grandeur et de la décadence des Romains* (1734), Montesquieu avait déjà laissé entendre que « ce n'est pas la Fortune qui gouverne le monde », autrement dit que l'histoire n'est pas réductible à des causes particulières. « Les Romains parvinrent à commander à tous les peuples, non seulement pour l'art de la guerre, mais aussi par leur prudence, leur sagesse, leur constance, leur amour pour la gloire et pour la Patrie » (chap. XVIII). Si Rome a été vaincue, cela ne s'explique donc pas à l'aide de petites causes (de simples défaillances militaires par exemple) mais tout simplement par la perte de la prudence, de la sagesse... L'expansion de l'Empire a vicié les vertus politiques et civiques qui fondaient son art militaire. Elle a ainsi entraîné Rome dans le tourbillon de la décadence. À l'exemple de cette analyse socio-historique, la recherche des causes conduit Montesquieu à étudier les lois, « rapports nécessaires qui dérivent de la nature des choses ». Le terme de loi revêt pour lui une double signification. Il désigne d'abord, dans la logique des travaux de Newton, des lois physiques qui sont des relations invariables entre phénomènes naturels. Mais les lois sont aussi des règles, issues de l'activité du législateur, qui nous contraignent et ordonnent la vie sociale : ce sont les lois positives.

À vrai dire, ce qui intéresse Montesquieu, ce ne sont pas tant les lois que l'esprit des lois. Montrer qu'il y a de l'esprit dans les lois revient à mettre en évidence l'agencement cohérent entre les lois humaines et la « nature des choses ». Si elles varient et sont en général propres aux sociétés qui les ont édictées, les lois positives dépendent en effet de certains facteurs déterminants : la forme de gouvernement, la liberté politique, le climat, la nature du terrain, les mœurs, le commerce, les révolutions, la monnaie, la démographie, la religion et l'ordre des choses sur lesquelles statuent les lois. Montesquieu explique par exemple (livre XV) pourquoi l'esclavage est lié au climat : dans les pays chauds, la chaleur est telle qu'elle diminue la volonté de travailler. Les tâches pénibles ne peuvent donc être exécutées que « sous la crainte du châtiment » !

Parce qu'il affirme ainsi que la connaissance des sociétés est affaire de science, non de croyances, Montesquieu fait figure aujourd'hui de véritable précurseur de la sociologie. À ses côtés s'impose également, mais pour de tout autres motifs, le nom de Jean-Jacques Rousseau.

JEAN-JACQUES ROUSSEAU (1712-1778)

Fils d'horloger genevois, Rousseau est abandonné dès sa naissance et élevé sous la houlette de Mme de Warens. Rousseau demeure longtemps dans la misère avant d'être secrétaire d'ambassade à Venise, puis caissier d'un financier... S'il est artiste (en 1752, il fait représenter un opéra comique et une comédie qui ont du succès), c'est surtout par ses écrits que Rousseau s'impose encore aujourd'hui. À partir de 1741, il fréquente les salons parisiens et fait la connaissance de philosophes. Mais ses habitudes et manières de vivre le sépareront toujours de ce milieu littéraire. En 1749, il répond à une question mise au concours par l'Académie de Dijon : *Si le progrès des sciences et des arts a contribué à corrompre ou à épurer les mœurs*. Prenant le contre-pied des positions en vogue, Rousseau affirme que le progrès des sciences et des arts a dénaturé les mœurs. Son discours, vivement discuté, lui apporte la célébrité. Ami de Diderot, Rousseau collabore ensuite à l'*Encyclopédie* et rédige notamment en 1755 l'article « Économie politique ». En 1755, paraît également le *Discours sur l'origine et le fondement de l'inégalité parmi les hommes*.

En 1761 et 62, Rousseau livre *La Nouvelle Héloïse*, *Du contrat social* et l'*Émile*. Ce dernier ouvrage déchaîne les passions contre lui : le parlement de Paris le fait poursuivre et il est condamné par l'archevêque de Paris. Cet ouvrage a ceci de proprement révolutionnaire que Rousseau défend une conception nouvelle : celle de l'homme en tant que perfectibilité infinie. Contre les théories de l'éducation par le dressage ou par le jeu, Rousseau (comme Kant) préconise le travail comme méthode active d'apprentissage. Le travail permet en effet à l'enfant de gagner sa liberté en intériorisant le monde extérieur. Dans l'*Émile*, Rousseau recommande une éducation en deux temps :

– une éducation domestique (de la naissance à 15 ans) qui a pour but de favoriser le développement de l'homme naturel. Il importe donc de privilégier la mise en relation avec les choses (et non avec les hommes), d'éviter de développer les capacités abstraites de l'esprit, de donner à lire... Ainsi peut se forger un individu authentique qui refusera de s'enfermer dans des rôles sociaux et qui à l'autorité préférera toujours l'appel à la raison ;

– une éducation sociale qui permet enfin d'apprendre à connaître les hommes pour vivre avec eux en bonne intelligence.

Dans la suite de sa vie, et sous le coup de nombreuses persécutions, Rousseau ne cesse d'émigrer de pays en pays pour s'installer, finalement et définitivement, à Paris à partir de 1770. Isolé, il meurt en 1778 après avoir publié *Les confessions* et les *Rêveries d'un promeneur solitaire*.

Nature et société

Dans une perspective généalogique, les réflexions de Rousseau doivent être resituées dans le droit fil des théories du droit naturel. Car c'est d'abord une réponse originale à la question du contrat social que nous livre Rousseau. Commençons par écarter les faits, écrit-il, dans le *Discours sur l'origine et le fondement de l'inégalité parmi les hommes* (1755) et imaginons l'existence fictive d'un état de nature qui aurait précédé l'entrée des hommes en société. Au sein de l'état de nature, l'homme – que Rousseau nomme homme naturel ou homme sauvage – est solitaire, indépendant et bon. Ne disposant pas de la raison, il ne distingue pas le bien du mal.

Dans l'état de société (état civil), l'homme est, à l'inverse, entièrement déterminé par son appartenance sociale et toujours tenté de nuire à autrui. Lorsqu'il rédige son *Discours* de 1755, Rousseau vise précisément l'ordre de la société civile qui s'impose à lui comme à tous ses contemporains. Dans cet espace, il dénonce vivement les nombreuses et monstrueuses inégalités qui séparent les individus, inégalités d'origine sociale, morale et politique et qui ne sont que pures conventions humaines. Rousseau se prend alors à regretter l'état de nature, état marqué par l'absence de propriété, de misère et de corruption. Car, constate-t-il, si l'entrée en société a bien produit de bonnes choses (la raison, la conscience, le sentiment moral, les sciences, les arts...), l'état civil a également enfanté tout le cortège des inégalités, servitudes, lois et autres guerres qui divisent et contraignent les hommes.

Selon Rousseau, loin d'être le produit de la nécessité, l'état civil s'est imposé au gré des hasards. Les accidents se sont succédé dans l'histoire : l'apparition de la division du travail, le progrès des techniques ou encore l'émergence de la propriété ont précipité le déchirement entre riches et pauvres, puissants et opprimés. « Le premier qui, ayant enclos un terrain, s'avisa de dire "ceci est à moi" et trouva des gens assez simples pour le croire fut le vrai fondateur de la société civile » (*Discours... op. cit.,* seconde partie).

Du contrat social à la souveraineté du peuple

Pour tenter d'effacer tout caractère inique à la vie en société, et contrairement à une légende tenace, Rousseau ne s'épuise pas à

DU PACTE SOCIAL

« Je suppose les hommes parvenus à ce point où les obstacles qui nuisent à leur conservation dans l'état de nature l'emportent, par leur résistance, sur les forces que chaque individu peut employer pour se maintenir dans cet état. Alors cet état primitif ne peut plus subsister ; et le genre humain périrait s'il ne changeait de manière d'être (...)
"Trouver une forme d'association qui défende et protège de toute la force commune la personne et les biens de chaque associé, et par laquelle chacun, s'unissant à tous, n'obéisse pourtant qu'à lui-même, et reste aussi libre qu'auparavant." Tel est le problème fondamental dont le *Contrat social* donne la solution.

Les clauses de ce contrat (...) se réduisent toutes à une seule : savoir, l'aliénation totale de chaque associé avec tous ses droits à toute la communauté : car, premièrement, chacun se donnant tout entier, la condition est égale pour tous ; et la condition étant égale pour tous, nul n'a intérêt de la rendre onéreuse aux autres (...)

Enfin chacun se donnant à tous ne se donne à personne ; et comme il n'y a pas un associé sur lequel on n'acquière le même droit qu'on lui cède sur soi, on gagne l'équivalent de tout ce qu'on perd, et plus de force pour conserver ce qu'on a.
Si donc on écarte du pacte social ce qui n'est pas de son essence, on trouvera qu'il se réduit aux termes suivants : "Chacun de nous met en commun sa personne et toute sa puissance sous la suprême direction de la volonté générale ; et nous recevons encore chaque membre comme partie indivisible du tout."

À l'instant, au lieu de la personne particulière de chaque contractant, cet acte d'association produit un corps moral et collectif, composé d'autant de membres que l'assemblée a de voix, lequel reçoit de ce même acte son unité, son *moi* commun, sa vie et sa volonté. Cette personne publique, qui se forme ainsi par l'union de toutes les autres, prenait autrefois le nom de *cité*, et prend maintenant celui de *république* ou de *corps politique*, lequel est appelé par ses membres État quand il est passif, *souverain* quand il est actif, *puissance* en le comparant à ses semblables. À l'égard des associés, ils prennent collectivement le nom de *peuple*, et s'appellent en particulier *citoyens*, comme participant à l'autorité souveraine, et *sujets*, comme soumis aux lois de l'État. Mais ces termes se confondent souvent et se prennent l'un pour l'autre ; il suffit de les savoir distinguer quand ils sont employés dans toute leur précision »

Source : J.-J. Rousseau, *Du contrat social* (1762), in *Œuvres politiques*, Paris, © Bordas, 1973, pp. 257-259.

défendre un retour en arrière au nom du « mythe du bon sauvage ». Il sait que l'homme civilisé doit vivre en société. Mais comment vivre dans un tel état tout en étant libre et en soumettant chacun à la même loi ? Afin de répondre à cette question, Rousseau propose aux hommes, dans le *Contrat social* (1762), de pactiser afin de trouver une forme d'association « par laquelle chacun s'unissant à tous n'obéisse pourtant qu'à lui-même ».

La solution de ce paradoxe apparent ? Lors du contrat social, l'individu doit céder tous ses droits au souverain, le souverain n'étant rien moins que le peuple lui-même. Dans ce mouvement, l'homme – devenu citoyen – gagne une liberté civile totale. En effet, « chacun se donnant à tous ne se donne à personne ». La conséquence politique d'une telle aliénation contractuelle est importante. La loi, édictée par et pour tous, n'apparaît plus comme le produit d'un particularisme mais comme l'expression de ce que Rousseau nomme la volonté générale. Cette volonté générale, manifestation de l'intérêt public, est supérieure à la somme des volontés particulières, à la simple agrégation des intérêts égoïstes.

Rousseau déduit de ce schéma la conception idéale d'organisation politique qui demeure la plus fidèle à la souveraineté du peuple. Cela ne va pourtant pas de soi car, reconnaît-il, « s'il y avait un peuple de dieux, celui-ci se gouvernerait démocratiquement. Un gouvernement si parfait ne convient pas à des hommes » (*ibid.,* livre III, chap. IV). Dans les faits, ajoute-t-il, l'important est que la puissance législative revienne au peuple qui, en tant que souverain absolu, peut seul se représenter lui-même : toute loi que le peuple en personne n'a pas ratifiée est nulle ; ce n'est point une loi.

Armé de ce principe, l'auteur du *Contrat social* se fait fort de dénoncer tous les modes de représentations indirectes, à commencer par la députation. Aussi, et à l'inverse exact de Montesquieu, Rousseau juge-t-il sévèrement le parlementarisme à l'anglaise. « Le peuple anglais pense être libre, il se trompe fort ; il ne l'est que durant l'élection des membres du Parlement : sitôt qu'ils sont élus, il est esclave, il n'est rien. » (*ibid.,* livre III, chap. XV). Quant il aborde le problème du pouvoir exécutif, Rousseau se fait cette fois disciple de Montesquieu. Avec ce dernier, il reconnaît volontiers qu'il n'existe pas dans l'absolu de meilleur gouvernement.

LES DANGERS DE LA RÉVOLUTION FRANÇAISE

« Pour faire la Révolution française, il a fallu renverser la religion, outrager la morale, violer toutes les propriétés, et commettre tous les crimes : pour cette œuvre diabolique, il a fallu employer un tel nombre d'hommes vicieux, que jamais peut-être autant de vices n'ont agi ensemble pour opérer un mal quelconque. Au contraire, pour rétablir l'ordre, le Roi convoquera toutes les vertus ; il le voudra, sans doute ; mais, par la nature même des choses, il y sera forcé. Son intérêt le plus pressant sera d'allier la justice à la miséricorde ; les hommes estimables viendront d'eux-mêmes se placer aux postes où ils peuvent être utiles ; et la religion, prêtant son spectre à la politique, lui donnera les forces qu'elle ne peut tenir que de cette sœur auguste.

Je ne doute pas qu'une foule d'hommes ne demandent qu'on leur montre le fondement de ces magnifiques espérances ; mais croit-on donc que le monde politique marche au hasard, et qu'il ne soit pas organisé, dirigé, animé par cette même sagesse qui brille dans le monde physique ? Les mains coupables qui renversent un État, opèrent nécessairement des déchirements douloureux ; car nul agent libre ne peut contrarier les plans du Créateur, sans attirer, dans la sphère de son activité, des maux proportionnés à la grandeur de l'attentat ; et cette loi appartient plus à la bonté du grand Être qu'à sa justice.

Mais, lorsque l'homme travaille pour rétablir l'ordre, il s'associe avec l'auteur de l'ordre ; il est favorisé par la *nature*, c'est-à-dire par l'ensemble des choses secondes, qui sont les ministres de la Divinité. Son action a quelque chose de divin ; elle est tout à la fois douce et impérieuse ; elle ne force rien, et rien ne lui résiste ; en disposant, elle rassainit : à mesure qu'elle opère, on voit cesser cette inquiétude, cette agitation pénible qui est l'effet et le signe du désordre ; comme sous la main du chirurgien habile, le corps animal luxé est averti du remplacement par la cessation de la douleur. »

Source : J. de Maistre, *Considérations sur la France* (1796), Paris, © Complexe, pp. 132-133.

2. Révolutions et ordre social

Par application à l'analyse de la société du principe de raison, principe étroitement lié au basculement individualiste qui fonde les théories du contrat social, les Lumières marquent un tournant dans l'histoire des idées. Mais le point de vue sociologique ne s'affirme réellement qu'à la confluence des changements décisifs qui marquent la fin du XVIIIe siècle et l'ensemble du XIXe. De nouveaux schémas d'analyse, tout d'abord, se font jour en science (chimie et biologie) et marquent durablement la sociologie naissante (cf. chap. 4). Deux autres mutations jouent un rôle plus décisif encore dans la lente constitution de la discipline. Il s'agit des révolutions politiques et industrielles.

La sociologie, fille des révolutions

À maints égards, la Révolution française – mais aussi les nombreux autres soubresauts politiques qui secouent l'Europe au XIXe siècle – se présente comme l'aboutissement historique de l'esprit des Lumières. Par la rupture avec la hiérarchie et la tradition au profit de la liberté et de l'égalité, les hommes font montre de leur capacité prométhéenne à façonner leur histoire. La Révolution française entérine ainsi la rupture avec un régime fondé sur les ordres et les privilèges. Magnifiée par les libéraux, contestée par les réactionnaires, cette Révolution est une source d'étude inépuisable pour ceux qui réfléchissent – en premiers les sociologues – sur le lien social et politique (Tocqueville, Comte).

Le point de vue réactionnaire sur la Révolution française

En opposition complète aux Lumières, se forge après la Révolution française un discours réactionnaire. Les opinions qui convergent aux fins de dénoncer la rupture politique de 1789 (mais aussi, sur le plan économique, l'imposition de l'ordre du marché) diagnostiquent toutes un véritable traumatisme. Ce choc, dont fera grandement écho la tradition sociologique (à commencer par Durkheim), est celui de la dilution du lien social.

En la matière, la première critique d'importance provient de l'étranger. Nous la devons à la plume d'un conservateur anglais,

« L'homme ne naît pas, comme la brute, vêtu et armé ; il n'a pas reçu de la nature cet instinct de conservation personnelle, qui, sans éducation de leçon, ni même d'exemple, fait discerner à l'animal ce qui lui est utile ou ce qui lui est nuisible, et lui fait chercher sa proie ou éviter son ennemi ; l'animal, je le répète, naît *parfait*, et ce que nous lui apprenons est pour nos besoins ou nos plaisirs, et non pour les siens : l'homme naît *perfectible* ; il faut qu'il apprenne à vivre, qu'il *juge* par son *intelligence* tout ce qui est nécessaire à sa conservation, qu'il *combatte* par l'action de ses propres *organes* tout ce qui s'oppose à l'accomplissement de ses besoins ou au développement de ses facultés. Il faut donc qu'il apprenne tout de ceux qui l'ont précédé dans la carrière de la vie, qu'il apprenne à parler pour apprendre à exprimer ses pensées, et pour les autres et pour lui-même ; il faut donc qu'il écoute et qu'il *obéisse* ; et je le demande aux matérialistes, qui ne voient dans l'homme qu'un animal un peu mieux organisé que les autres, comment expliqueront-ils ce pouvoir paternel, cette tendresse maternelle, ce respect filial dont la grossière apparence ne survit pas dans l'animal, au temps si court de la gestation et de l'allaitement, après lequel père, mère, petits ne se reconnaissent même plus, et qui, dans l'homme civilisé, plus encore peut-être dans l'homme sauvage, forment, entre les membres d'une même famille, des nœuds si étroits, des liens si doux et si forts, aussi durables que la vie des enfants, et qui survivent même à la mort des parents ? Je demanderai à ces philosophes qui ont enseigné que l'enfant ne devait rien à ses parents, qui, dans leur union, loin de songer à lui, n'avaient pensé qu'à leur satisfaction personnelle, pourquoi tous ces sentiments d'obéissance et de respect, qui ne semblent pas dans la nature de l'homme et coûtent souvent à ses inclinations ? N'en doutons pas, une voix puissante a été entendue d'un pôle à l'autre : "Tu honoreras ton père et ta mère" ; elle retentira jusqu'à la fin des temps, et elle seule a tiré la famille humaine de l'animalité, et l'a élevée au rang de société. »

Source : L. A. de Bonald, *Démonstration philosophique du principe constitutif de la société*, Paris, © Leclère, 1830, p. 97.

Edmund Burke (1729-1797). Dans une lettre qu'il adresse aux Français, l'auteur des *Réflexions sur la Révolution française* (1790) juge sévèrement les événements de 1789 : « la tyrannie qui se met au-dessus des lois est moins à craindre que celle qui s'en fait un manteau ». La Révolution française, poursuit-il, n'est que la « prostitution de la raison elle-même ». Burke présente ainsi 1789 comme une démesure irrationaliste, comme l'expression d'une volonté insensée : celle de reconstruire artificiellement la société à partir de cette abstraction que sont les droits de l'homme.

Cette idée est également au centre des réflexions conduites par Joseph de Maistre (1753-1821), qui affirme que la nature de l'homme est d'être sociable. L'erreur de la philosophie des Lumières et de la Révolution française est de l'avoir considéré à l'inverse comme un homme abstrait, séparé de toute attache sociale. « La constitution de 1795, tout comme ses aînées, est faite pour l'*homme*, or, il n'y a point d'*homme* dans le monde. J'ai vu, dans ma vie des Français, des Italiens, des Russes, etc., je sais même, grâce à Montesquieu, *qu'on peut être Persan* ; mais quant à l'*homme*, je déclare ne l'avoir rencontré de ma vie ; s'il existe, c'est bien à mon insu. » (*Considérations sur la France*, 1797, chap. VI). Pour De Maistre, les conclusions à tirer sont immédiates : le fondement et la stabilité d'une société reposent non sur l'action de la raison mais sur la tradition, non sur l'individu mais sur la communauté.

Le vicomte Louis de Bonald (1754-1840), auteur de la *Théorie du pouvoir politique et religieux dans la société démontrée par le raisonnement et par l'histoire* (1796), s'inscrit lui aussi dans cette lignée anti-révolutionnaire et anti-individualiste. Non seulement Bonald tient pour évidente la fondation religieuse des sociétés humaines mais il estime surtout qu'en cherchant à s'affranchir de toute contrainte pour construire une société nouvelle, les révolutionnaires oublient que la société prime sur l'individu. Or, l'individu n'existe que parce qu'il est enserré dans un maillage complexe (groupes de métiers, famille, nation) qui le fait exister en tant qu'être social. On mesure ici tant l'absurdité que le danger d'un geste qui, se voulant émancipateur, dissout le fondement même de toute vie en société.

Pour Louis de Bonald, comme pour Joseph de Maistre d'ailleurs, le développement de l'esprit critique, le rayonnement du protestantisme (auquel est associée la doctrine du libre examen) sont les raisons qui ont provoqué l'entrée en crise de la tradition et de l'Église. Il

ÉGALITÉ ET LIBERTÉ EN DÉMOCRATIE

« L'égalité peut s'établir dans la société civile, et ne point régner dans le monde politique. On peut avoir le droit de se livrer aux mêmes plaisirs, d'entrer dans les mêmes professions, de se rencontrer dans les mêmes lieux ; en un mot, de vivre de la même manière et de poursuivre la richesse par les mêmes moyens sans prendre tous la même part au gouvernement.

Une sorte d'égalité peut même s'établir dans le monde politique, quoique la liberté politique n'y soit point. On est l'égal de tous ses semblables, moins un, qui est, sans distinction, le maître de tous, et qui prend également, parmi tous, les agents de son pouvoir.

Il serait facile de faire plusieurs autres hypothèses suivant lesquelles une fort grande égalité pourrait aisément se combiner avec les institutions plus ou moins libres, ou même avec les institutions qui ne le seraient point du tout. Quoique les hommes puissent devenir absolument égaux sans être entièrement libres, et que par conséquent l'égalité, dans son degré le plus extrême, se confonde avec la liberté, on est donc fondé à distinguer l'une de l'autre.

Le goût que les hommes ont pour la liberté et celui qu'ils ressentent pour l'égalité sont, en effet, deux choses distinctes, et je ne crains pas d'ajouter que, chez les peuples démocratiques, ce sont deux choses inégales. »

Source : A. de Tocqueville, *De la démocratie en Amérique*, Paris, © Gallimard, Folio, 1961, II, p. 138.

DES VERTUS DE L'ASSOCIATION

« La première fois que j'ai entendu dire aux États-Unis que cent mille hommes s'étaient engagés publiquement à ne pas faire usage de liqueurs fortes, la chose m'a paru plus plaisante que sérieuse, et je n'ai pas bien vu d'abord pourquoi ces citoyens si tempérants ne se contentaient point de boire de l'eau dans l'intérieur de leur famille.

J'ai fini par comprendre que ces cent mille Américains, effrayés des progrès que faisait autour d'eux l'ivrognerie, avaient voulu accorder à la sobriété leur patronage. Ils avaient agi précisément comme un grand seigneur qui se vêtirait très uniment afin d'inspirer aux simples citoyens le mépris du luxe. Il est à croire que si ces cent mille hommes eussent vécu en France, chacun d'eux se serait adressé individuellement au gouvernement, pour le prier de surveiller les cabarets sur toute la surface du royaume.

Il n'y a rien, suivant moi, qui mérite plus d'attirer nos regards que les associations intellectuelles et morales de l'Amérique (...)

Dans les pays démocratiques, la science de l'association est la science mère ; le progrès de toutes les autres dépend des progrès de celle-là.

Parmi les lois qui régissent les sociétés humaines, il y en a une qui semble plus précise et plus claire que toutes les autres. Pour que les hommes restent civilisés ou le deviennent, il faut que parmi eux l'art de s'associer se développe et se perfectionne dans le même rapport que l'égalité des conditions s'accroît. »

Source : A. de Tocqueville, *ibid.*, pp. 159-160.

est urgent, estiment ces réactionnaires, de mettre un frein à cela : redonnons droit à la religion catholique, restaurons les systèmes communautaires, tels sont les mots d'ordre des contre-révolutionnaires. Bref, c'est un véritable retour à la société d'Ancien Régime, à une monarchie de droit divin qui est ici exigé.

Libéralisme, individualisme et démocratie

Le libéralisme, qui se développe en France essentiellement entre 1818 et 1840, prend le contre-pied de la position réactionnaire en cela qu'il défend explicitement les valeurs et institutions issues de la Révolution française. Loin de se confondre avec sa forme économique (celle qui prône les vertus de la concurrence et de la libre entreprise), le libéralisme est une doctrine d'ensemble qui magnifie les droits de l'homme en tant qu'individu. Aux côtés de François Guizot et de Benjamin Constant, les philosophes Victor Cousin et Théodore Jouffroy, sont souvent désignés comme les porte-drapeaux de ce libéralisme, sensible avant toute chose à la liberté individuelle. Pour Constant, par exemple, alors que la liberté des Anciens (celle des Grecs) reposait sur la participation collective aux affaires publiques, la liberté des Modernes est celle qui donne libre cours aux pôles d'intérêts personnels (industrie, religion, opinions...). La seule tâche de l'État, en déduit Constant, doit être de garantir la jouissance des droits individuels.

L'aristocrate Alexis de Tocqueville (1805-1859) peut, d'une certaine façon, être inclus dans cette mouvance individualiste. Mais, à la différence des auteurs précédents, celui qui fut juge-auditeur à Versailles est avant tout un théoricien de la démocratie. Lorsqu'il évoque la démocratie, Tocqueville entend démontrer l'existence d'un mouvement historique inéluctable qui produit l'égalisation des conditions au sein de la société. En démocratie, les hommes sont pris dans un système où la mobilité sociale permet à tous d'avoir accès à n'importe quel poste ou à n'importe quel rang. À la différence de l'Ancien Régime français qui reposait sur la hiérarchie et les privilèges, le régime démocratique se fonde sur le principe d'égalité.

Tocqueville n'ignore pas la fragilité de ce système politique qu'il exalte. Il sait pertinemment que toute démocratie peut succomber à la centralisation ou virer au despotisme. Aussi cherchera-t-il dans le

AUGUSTE COMTE, FONDATEUR DU NÉOLOGISME « SOCIOLOGIE »

Fils d'employé, Auguste Comte (1798-1857) est d'abord un jeune et brillant polytechnicien qui est renvoyé au cours de ses études, avec quelques autres de ses condisciples, pour raison d'agitation. Assistant de Casimir Périer puis de Saint-Simon, Comte mène, en marge des institutions, une vie d'intellectuel solitaire. Mais il ne laisse pas indifférent : l'anglais John Stuart Mill lui vouera longtemps, par exemple, grande amitié et grande admiration.

C'est à Auguste Comte que l'on doit le terme de « sociologie », mot qu'il substitue à celui de « physique sociale ». Comte forge ce néologisme en réaction au Belge Adolphe Quételet qui se sert de la notion de physique sociale afin de désigner les travaux de statistiques appliquées à la criminalité et à la démographie. Parce qu'il ne croit pas à l'application des probabilités dans le champ des phénomènes sociaux, Comte invente la « sociologie » (du latin *socius* qui signifie associé et du grec *logos*), terme qui apparaît pour la première fois dans la 47e leçon des *Cours de philosophie positive* (1830-1842).

Auteur d'une œuvre pléthorique et parfois aride, Comte développe une pensée aussi forte qu'évolutive. Sur la fin de sa vie, il voudra par exemple constituer une véritable religion nouvelle : la « religion positive ». Avec cette dernière, il espère pouvoir remédier aux désordres sociaux et rétablir une communauté spirituelle (*Système de politique positive ou Traité de sociologie instituant la religion de l'Humanité*, 1851-1854). Dans cette nouvelle religion qui imite formellement les rites de l'Église catholique, l'Humanité (ou le Grand-Être) remplace Dieu. Appliqué à la société positiviste, le schéma comtien devient le suivant : les industriels et banquiers se substituent à l'aristocratie, la science et la religion de l'Humanité à la religion et, enfin, la république à la monarchie.

Outre Emile Littré (1801-1881), disciple qui goûtera peu aux derniers rebondissements intellectuels du maître, la pensée d'A. Comte fera surtout école au Brésil où se constituent des groupes de positivistes qui érigent, jusqu'en 1940, de nombreuses chapelles de l'Humanité.

LA HIÉRARCHIE DES SCIENCES SELON AUGUSTE COMTE

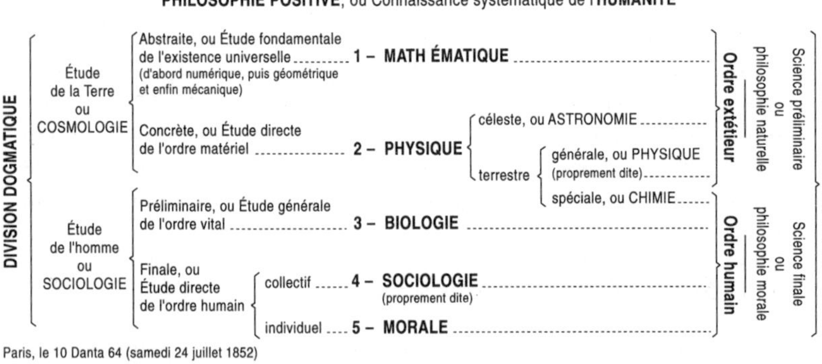

Source : A. Comte, *Catéchisme positiviste* (1852), Paris, Garnier, p. 98.

modèle américain de démocratie libérale les moyens possibles d'échapper à pareille dérive. D'un séjour outre-Atlantique, Tocqueville tire matière à *De la démocratie en Amérique* (1835), ouvrage majeur dans lequel il démontre que l'absence d'aristocratie terrienne et la mise en place progressive d'institutions favorisant la souveraineté populaire ont contribué au succès politique du régime américain. Ce système, celui de la constitution fédérale, est efficace parce qu'il rassemble les avantages propres aux petites et aux grandes nations. La division des pouvoirs, la liberté associative et son usage effectif et, enfin, l'association intime entre esprit religieux et esprit de liberté, voilà les contre-poisons dont ont su se doter les Américains pour écarter les risques de la servitude.

Qu'en est-il pour la France ? Dans ce pays, explique celui qui y réalise une carrière politique de député et de ministre (abandonnée après le coup d'État napoléonien du 2 décembre 1851), la Révolution a eu des effets ambivalents. Si elle a bien engendré des droits nouveaux, elle n'a pas rompu avec le centralisme et le bureaucratisme. Tel est l'un des thèmes majeurs de *L'Ancien Régime et la Révolution* (1856). « Si la centralisation, écrit Tocqueville, n'a point péri dans la Révolution, c'est qu'elle était elle-même le commencement de cette Révolution et son signe. ».

Alors que la démocratie s'accompagne d'une égalisation des conditions, le problème majeur que décèle Tocqueville est l'émergence simultanée, en France, d'une société atomisée. La passion pour l'égalité se paye au prix fort : c'est le risque de privation de liberté. Sous l'Ancien Régime, en effet, une pluralité de pouvoirs régionaux et de corps (aristocratie, clergé, noblesse de province...) faisaient contrepoids à l'État centralisé. La Révolution ayant contribué à dissoudre ces corps, les individus sont devenus incapables de constituer des contre-pouvoirs et de résister à la tendance dominatrice de l'État. Aussi, pour instaurer une véritable démocratie libre, Tocqueville propose-t-il d'ériger un pouvoir judiciaire « fort et indépendant » et de promouvoir, à l'instar du modèle américain, tant les associations que la décentralisation politique.

Le positivisme d'Auguste Comte

Auguste Comte, inventeur du néologisme «sociologie» et père du positivisme, est lui aussi sensible aux mutations des sociétés européennes du XIXe siècle. Comte perçoit dans ce mouvement d'ensemble

L'ESPRIT POSITIF

« Depuis que la subordination constante de l'imagination à l'observation a été unanimement reconnue comme la première condition fondamentale de toute saine spéculation scientifique, une vicieuse interprétation a souvent conduit à abuser beaucoup de ce grand principe logique, pour faire dégénérer la science réelle en une sorte de stérile accumulation de faits incohérents, qui ne pourrait offrir d'autre mérite essentiel que celui de l'exactitude partielle. Il importe donc de bien sentir que le véritable esprit positif n'est pas moins éloigné, au fond, de l'empirisme que du mysticisme ; c'est entre ces deux aberrations, également funestes, qu'il doit toujours cheminer : le besoin d'une telle réserve continue, aussi difficile qu'importante, suffirait d'ailleurs pour vérifier, conformément à nos explications initiales, combien la vraie positivité doit être mûrement préparée, de manière à ne pouvoir nullement convenir à l'état naissant de l'Humanité. C'est dans les lois des phénomènes que consiste réellement la *science*, à laquelle les faits proprement dits, quelque exacts et nombreux qu'ils puissent être, ne fournissent jamais que d'indispensables matériaux. Or, en considérant la destination constante de ces lois, on peut dire, sans aucune exagération, que la véritable science, bien loin d'être formée de simples observations, tend toujours à dispenser, autant que possible, de l'exploration directe, en y substituant cette prévision rationnelle, qui constitue, à tous égards, le principal caractère de l'esprit positif, comme l'ensemble des études astronomiques nous le fera clairement sentir. Une telle prévision, suite nécessaire des relations constantes découvertes entre les phénomènes, ne permettra jamais de confondre la science réelle avec cette vaine *érudition* qui accumule machinalement des fait sans aspirer à les déduire les uns des autres. Ce grand attribut de toutes nos saines spéculations n'importe pas moins à leur utilité effective qu'à leur propre dignité ; car l'exploration directe des phénomènes accomplis ne pourrait suffire à nous permettre d'en modifier l'accomplissement, si elle ne nous conduisait pas à le pouvoir convenablement. Ainsi, le véritable esprit positif consiste surtout à *voir pour prévoir*, à étudier ce qui est, afin d'en conclure ce qui sera, d'après le dogme général de l'invariabilité des lois naturelles. »

Source : A. Comte, *Discours sur l'esprit positif* (1844), extrait de *La science sociale*, Paris, © Gallimard, 1972, pp. 235-237.

le basculement d'une société « militaire et théocratique » vers une société « industrielle et scientifique ». Mais l'accouchement de ce monde nouveau ne se fait pas sans douleurs : comme de nombreux observateurs de son époque, Comte diagnostique une crise profonde de la société occidentale. Afin d'y remédier, il entend se consacrer à une tâche de réformateur scientifique (*Plan des travaux scientifiques nécessaires pour réformer la société*, 1822). Ce faisant, et à l'instar de Hobbes auquel il emprunte le terme de « physique sociale », Comte s'attelle à une tâche fondatrice pour les sciences sociales : celle qui consiste à élever la politique au rang de science.

De manière à résoudre la crise sociale, Comte ne milite pas, contrairement aux contre-révolutionnaires, en faveur d'un retour de l'histoire sur elle-même. À l'inverse des socialistes également, il ne cherche pas plus à transformer le monde par une quelconque action pratique. C'est un nouvel ordre social, fondé non sur des « croyances théologiques » mais sur les acquis de la philosophie positive, que Comte appelle de ses vœux. Ce positivisme se décline en deux règles élémentaires : observer les faits à l'écart de tout jugement de valeur et énoncer des lois. « Savoir pour prévoir et prévoir pour pouvoir » est la formule qui, aujourd'hui encore, résume le mieux l'esprit de la philosophie positiviste. En vertu de ces préceptes, Comte rejette l'économie politique classique qu'il considère trop abstraite mais aussi la philosophie et la psychologie d'un Victor Cousin, qui en appelle à l'introspection pour en déduire les « principes de l'intelligence ».

Comte est persuadé qu'en combinant ordre et progrès, le positivisme dépasse la théologie et la révolution. Son secret ? L'érection d'une société unie, d'une religion de l'humanité qui consolide et améliore les fondements de la société (c'est-à-dire la religion, la famille, le langage, la propriété...). Ainsi se trouve définie la mission de la sociologie, discipline qui tire parti des acquis de la méthode scientifique en application à l'observation et à l'énoncé de lois relatives aux phénomènes sociaux.

Inspiré par la biologie moderne naissante mais conscient des limites de l'analogie, Comte compare l'objet de la sociologie – la société – à un corps où les efforts sont coordonnés afin de réaliser un but unique. Le tout l'emporte donc sur la partie : la société est nécessairement première, elle est l'alpha et l'oméga du social. « La société se compose de familles et non d'individus. (...) une société n'est donc

TABLEAU DE L'HISTOIRE DE L'HUMANITÉ SELON COMTE

- **ÉTAT THÉOLOGIQUE**
  - **Fétichisme** (plus spontané) *Première causalité*
    - Fétichisme général
    - Astrolâtrie
    - → Initiation générale (organique) *Première série de nos ancêtres :* **La Théocratie** *L'Orient théocratique*
  - **Théologisme** proprement dit (plus fictif) *Deuxième causalité*
    - Polythéisme (Le vrai théologisme)
      - Polythéisme conservateur ou sacerdotal
      - Polythéisme progressif ou militaire
        - Intellectuel : **L'élaboration grecque (13 siècles) (XIIe av. – Ier ap.)** → Première transition *(intellectuelle)*
        - Social : **L'incorporation romaine (11 siècles) (VIIe av. – IIIe ap.)** → Deuxième transition *(active)*
    - Le IVe siècle après J.-C. : siècle « équivoque»
    - Monothéisme : **La civilisation catholico-féodal (9 siècles) (V^e^ – XIIIe)** → Troisième transition *(affective)*
    - (Première, Deuxième et Troisième transitions) → Transitions organiques
- **ÉTAT MÉTAPHYSIQUE**
  - **La révolution occidentale (5 siècles) (XIVe – XVIIIe)** → Transition critique
  - (Transitions organiques et Transition critique) → Préparations spéciales *Deuxième série de nos ancêtres :* **Les Transitions** *L'Occident militaire* (30 siècles) (XIIe av. – XVIIIe ap.)
- **ÉTAT POSITIF**
  - → État final **La Sociocratie**

Source : A. Comte, *Système de politique positive* (1852-1854) in *Sociologie – Textes*, © PUF, 1957, pp. 76-77.

pas plus décomposable en individus qu'une surface géométrique ne l'est en lignes ou une ligne en points » (*Système de politique positive ou Traité de sociologie instituant la religion de l'Humanité*, 1851-54, II, 181).

En disciple de Hobbes, Auguste Comte assigne par ailleurs une place centrale à la force (force du nombre et/ou de la richesse) dans l'ordonnancement social. L'ordre se trouve maintenu à l'aide d'un pouvoir, que Comte qualifie de « temporel ». Tel est le cas, par exemple, du pouvoir royal. Dans la société industrielle, ce pouvoir est entre les mains de ceux qui ont fait montre d'une réelle compétence (industriels, banquiers) pour diriger les autres. Mais cette puissance, dont ne bénéficie qu'un petit nombre, demande à être équilibrée par un pouvoir « spirituel ». Pour Comte, celui-ci revient de droit à ceux qui ont percé le secret de l'ordre social (prêtres, savants, sociologues). L'exercice de ce pouvoir a pour but de faire accepter le monde réel tel qu'il est, de provoquer l'amour des chefs, mais aussi de rappeler à ces derniers les limites de leurs fonctions.

La loi des trois états

En fondant la sociologie, le véritable tour de force d'Auguste Comte est d'opérer une réconciliation entre deux traditions que tout oppose : les nostalgiques de la communauté perdue (à la façon de De Maistre ou de Bonald) d'une part, les tenants de l'idée de raison et de progrès d'autre part. Comte réussit à s'approprier dans le même temps ces deux problématiques lorsqu'il assigne à la sociologie un double champ d'étude : la statique et la dynamique sociales. Empruntant à l'opposition anatomie/physiologie des biologistes, il définit la statique en tant qu'étude des déterminants de l'ordre et du consensus social. La religion, la propriété et l'activité économique, la famille et le langage participent à ce titre d'un équilibre cher aux contre-révolutionnaires et qui, aux yeux de Comte, s'avère le préalable au développement gradué et progressif de l'ordre social.

L'étude du progrès de l'esprit humain et des sociétés est précisément l'objet de la dynamique sociale. Dès son troisième opuscule (*Plan...*) puis à nouveau dans la première leçon de son *Cours de philosophie positive* (1830-1842), Comte postule que le développement de l'esprit humain passe par trois états. Parce que les états de la société ne font que refléter l'état des idées,

LE PROLÉTARIAT, CLASSE DANGEREUSE ?

À plus forte raison, en cette première moitié du XIXe siècle, ce mot, prolétariat, considéré, non dans les dictionnaires où il n'a pas encore pris place, mais dans les documents littéraires et sociaux du temps, ainsi que dans les faits, est-il encore marqué de caractères autres qu'économiques, mal épuré de ces antagonismes ethniques et physiques qui animent les violences que nous décrivons, concurrencé par d'autres mots ou par d'autres images qui expriment mieux les caractères biologiques des luttes sociales. Ainsi apparaît-il dans l'œuvre de Balzac, où le prolétariat est moins une classe qu'une race et évoque moins une répartition professionnelle et des caractères économiques qu'une manière sauvage et barbare de vivre et de mourir. Ainsi apparaît-il dans l'analyse de Fregier qui, plaçant le chiffonnier dans les classes dangereuses, écrit, non sans une hésitation et une gêne qu'il nous faut retenir : « Quand, au lieu d'atténuer la misère par la sobriété et l'économie, le prolétaire, car il est bien permis d'user de cette qualification en parlant du chiffonnier et du vagabond, le prolétaire, dis-je, aspire à boire dans la coupe des plaisirs réservés à la classe riche et aisée, quand il cherche non pas à humecter ses lèvres dans cette coupe, mais à s'y abreuver jusqu'à l'ivresse par un fol orgueil, il se dégrade d'autant plus qu'il veut s'élever davantage ».
D'autres mots, en effet, l'emportent encore. Ce sont ceux qu'emploie Lecouturier, écrivant en 1848 : « Il n'y a pas de société parisienne, il n'y a pas de Parisiens. Paris n'est qu'un campement de nomades » ; ou Jules Breynat, écrivant en 1849, dans *les Socialistes modernes* : « La bourgeoisie ou, pour mieux dire, le peuple arrivé à l'aisance par l'ordre et le travail, devait être la victime de ces barbares... Ivre de désordre et de carnage, cette populace que le peuple repoussait de son sein, assiégea le pouvoir. » (...)
L'attitude des populations bourgeoises envers les classes laborieuses emprunte ainsi la plupart de ses caractères à l'attitude ancienne envers une population qui était considérée comme n'appartenant pas à la ville, comme suspecte de tous les crimes, de tous les maux, de toutes les épidémies, de toutes les violences, non seulement par ses caractères propres, mais par ce seul fait de son origine extérieure à la ville : par cette immigration, où l'on avait tôt fait de voir une prolifération de l'ancienne mendicité. Comment ne pas évoquer cet étonnant rapport d'un préfet de la Seine, cité par Morogues, où l'essor manufacturier de la capitale est décrit comme ayant peuplé la ville – non pas d'ouvriers, comme on pourrait le croire et pour le plus grand profit des employeurs – mais de mendiants occupés de vivre aux crochets de la bourgeoisie ?

Source : Louis Chevalier, *Classes laborieuses et classes dangereuses,* Paris, © Plon, 1958, pp. 458-460.

l'histoire des hommes est scandée, elle aussi, par ce rythme ternaire :

– Le premier état est théologique ou fictif. Dans celui-ci, l'esprit humain se « représente les phénomènes comme produits par l'action directe et continue d'agents surnaturels ». Le fétichisme (croyance en une vie propre dont seraient dotés les objets), le polythéisme et le monothéisme ponctuent de cette manière l'enfance de l'humanité où culmine le Moyen Âge. Cette époque, caractérisée par sa stabilité, est dominée par un système féodal et militaire.

– Le deuxième état est l'état métaphysique ou abstrait. À ce stade où se trouve parvenu l'esprit humain, les « agents surnaturels de la société théologique sont remplacés par des forces abstraites » comme la Nature. Appliquée à la société, cette phase adolescente, transitoire et désordonnée, correspond à un état militaire et industriel.

– Enfin, vient l'état scientifique ou positif. Arrivé à maturité, l'esprit humain rejette la recherche de toute cause ultime pour considérer les faits et « leurs lois effectives, c'est-à-dire leurs relations invariables de successions et de similitudes ». Sur le plan historique, cet état s'accorde avec la société industrielle. En son sein, l'ordre et le consensus peuvent à nouveau s'imposer. Les industriels ayant supplanté les guerriers, les hommes ne feront plus la guerre pour obtenir puissance et richesse mais coopéreront pour dominer la nature et produire en abondance pour tous.

Révolution industrielle et invention du social

La révolution industrielle qui commence par gagner l'Angleterre à la fin du XVIIIe siècle est révélatrice d'un autre mouvement émancipateur, celui des hommes contre la nature. Mais ce volontarisme économique a des conséquences multiples. L'industrialisation et l'urbanisation diluent les liens sociaux traditionnels et bouleversent tant les techniques que les mœurs. Avec l'émergence du prolétariat – classe nouvelle, mouvante et parfois rebelle – surviennent des problèmes inédits : conditions de travail difficiles, promiscuité et manque d'hygiène, alcoolisme, prostitution, délinquance, concubinage et naissances illégitimes... Afin de remédier à ce que l'on nomme au XIXe siècle la « question sociale », de contribuer à l'augmentation « de l'utilité et du bien-être » mais aussi de mieux contrôler un pan de la société qui semble leur échapper, les classes dirigeantes et les autorités politiques s'emploient à une meilleure connaissance de ce monde nouveau.

LES PREMIÈRES MESURES DES FAITS SOCIAUX EN FRANCE (1780-1830)

« Au début du XIXe siècle, la statistique connaît en France un essor considérable. Elle s'étend à des domaines nouveaux, tels que l'alphabétisation, la taille des conscrits, la délinquance. D'économique et démographique qu'elle était surtout, elle se fait "morale" selon une expression née dans les années 1830. L'engouement pour la quantification devient même une mode : il pleut des statistiques – des cafés, des coulisses de théâtre, des goûts sur la beauté chez les différents peuples – comme il fleurit des "physiologies". Le statisticien, nouveau géomètre, devient avec le médecin, autre visage de la science ordonnatrice, le grand expert social, capable de prendre la mesure de toute chose.

D'autre part, la statistique se veut scientifique. Sous l'influence d'une école mathématique particulièrement brillante et dynamique, elle affine ses méthodes de calcul, s'attaque aux problèmes des moyennes, des écarts, développe les probabilités, l'usage de la représentation graphique et propose des applications multiples à la vie sociale (...)

Très tôt, Quételet, mathématicien et astronome, manifeste son intérêt pour la statistique. Durant son séjour à Paris en 1823, il est en relation avec "les savants statisticiens et économistes de ce temps", fréquente "leurs réunions périodiques" et constate ce "goût de la statistique" si développé parmi eux. L'influence de Fourier est sur lui décisive. Lorsqu'il fonde *La Correspondance mathématique et physique*, en 1825, il y ouvre une rubrique "Statistique"qu'il rédige la plupart du temps et dont le contenu, d'abord consacré aux questions démographiques ("lois de la mortalité", natalité, mariages) s'élargit surtout à partir de 1827 à l'instruction, aux prisons, à la mesure de la taille moyenne, à la statistique de la librairie et des journaux, aux prix, aux institutions de bienfaisance, etc., au point de susciter les protestations d'un lecteur inquiet de ce débordement du nombre. Les premiers commentaires de Quételet sur la statistique criminelle apparaissent dans un mémoire présenté en 1828 à l'Académie belge et publié en 1829 sous le titre *Recherches statistiques sur le royaume des Pays-Bas*. La partie la plus importante concerne les délits et les crimes. Quételet compare les résultats du *Compte* français pour 1825-1826 à ceux des statistiques des Pays-Bas. Pour la première fois, il parle de "l'effrayante exactitude avec laquelle les crimes se reproduisent" et donne un tableau qui "pourrait indiquer *le penchant au crime* aux différents âges de la vie, du moins pour la France, considérée dans son état actuel" (...)

La naissance de la statistique et de la sociologie criminelle est riche d'enseignements. Elle se situe au carrefour d'une conjoncture économique et sociale et d'une conjoncture scientifique. Que la "science de l'homme" ait commencé par être "science du crime" est exemplaire à la fois des mutations urbaines et des psychologies sociales qui valorisent la propriété, l'ordre, la continence sexuelle. Elle est née d'une fascination du crime, désordre dans une société rationnelle de production.

Et une autre fascination : celle du nombre. L'idée que seul ce qui se laisse dénombrer est certitude, que la quantification et la mesure statistique sont l'aune de la vérité montrent le prestige dont jouissent les mathématiques. L'ère des polytechniciens commence. »

Source : M. Perrot, *Pour une histoire de la statistique*, © INSEE, 1977, p. 125 et p. 134.

Les administrations et autres sociétés savantes multiplient alors observations de terrain et enquêtes. En France, l'Académie des sciences morales et politiques chargera Villermé, Benoiston de Chateauneuf, Buret... d'étudier la classe ouvrière. Même s'il est quelque peu contesté aujourd'hui (en raison d'une méthodologie d'observation relativement lâche et d'un fort moralisme), le *Tableau de l'état physique et moral des ouvriers employés dans les manufactures de coton, de laine et de soie* (1840) dressé par Villermé, constitue un des exemples les plus célèbres de ces radiographies sociales du monde ouvrier.

La « statistique morale » se développe également. La criminalité, expression manifeste du « dérèglement social », est le premier objet qui donne lieu à production de séries statistiques annuelles. Rapidement, le champ d'investigation s'étend vers la démographie, l'industrie, l'éducation, la nutrition... En Angleterre, au début des années trente, est fondée la Statistical Society of London, en France le Bureau de la statistique générale (1834). Cette mesure des faits sociaux s'enrichit par ailleurs, sur le plan scientifique, en s'attachant les travaux de mathématiciens brillants comme le Belge Quételet. Ce dernier énonce une théorie normative du « juste milieu », ou plus exactement de « l'homme moyen ». Quételet entend ainsi identifier les normes, les façons d'être idéales aux comportements moyens mis à nu par le travail statistique.

Vue générale d'un phalanstère, organisé d'après les théories de Charles Fourier. Dessiné par Jules Arnout d'après les plans de Morize (1847). (Bibliothèque Nationale, Cabinet des Estampes).

DEUXIÈME PARTIE

GENÈSES

QU'EST-CE QUE LE SOCIALISME ?

Le socialisme n'est pas une sociologie en miniature

« Le socialisme n'est pas une science, sociologie en miniature, c'est un cri de douleur et, parfois, de colère, poussé par les hommes qui sentent le plus vivement notre malaise collectif. Il est aux faits qui le suscitent ce que sont les gémissements du malade au mal dont il est atteint et aux besoins qui le tourmentent. Or que dirait-on d'un médecin qui prendrait les réponses ou les désirs de son patient pour des aphorismes scientifiques ? D'ailleurs, les théories qu'on oppose d'ordinaire au socialisme ne sont pas d'une autre nature et ne méritent pas davantage la qualification que nous leur refusons. Quand les économistes réclament le laisser-faire, demandent qu'on réduise à rien l'influence de l'État, que la concurrence soit affranchie de tout frein, ils n'appuient pas d'avantage leurs revendications sur des lois scientifiquement induites (...)
Après avoir discuté les définitions reçues et avoir fait voir leur insuffisance, nous avons cherché nous-mêmes à quels signes on pouvait reconnaître le socialisme et le distinguer de ce qui n'est pas lui et, par une comparaison objective des différentes doctrines qui ont pour objet les choses sociales, nous sommes arrivé à la formule suivante : on appelle théories socialistes toutes celles qui réclament le rattachement plus ou moins complet de toutes les fonctions économiques ou de certaines d'entre elles, même diffuses, aux organes directeurs et conscients de la société. »

Source : E. Durkheim, *Le socialisme*, Paris, © Alcan, 1928, p. 6 et p. 27.

Le socialisme contre le marché

« Le socialisme est au premier chef la tendance inhérente d'une civilisation industrielle à transcender le marché autorégulateur en le subordonnant consciemment à une société démocratique. C'est la solution qui vient naturellement aux ouvriers, qui ne voient pas pourquoi la production ne doit pas être directement réglée, ni pourquoi les marchés doivent être plus qu'un élément utile, mais secondaire, d'une société libre. Du point de vue de la communauté prise dans son ensemble, le socialisme est simplement une manière de poursuivre l'effort pour faire de la société un système de relations véritablement humaines entre les personnes qui, en Europe occidentale, a toujours été associée à la tradition chrétienne. Du point de vue du système économique, il est au contraire une rupture radicale avec le passé immédiat, dans la mesure où il rompt avec la tentative de faire des gains pécuniaires privés le stimulant général des activités productrices et où il ne reconnaît pas aux personnes privées le droit de disposer des principaux instruments de production. Voilà pourquoi, en fin de compte, les partis socialistes ont de la peine à réformer l'économie capitaliste, même lorsqu'ils sont bien déterminés à ne pas toucher au système de la propriété. »

Source : K. Polanyi, *La grande transformation* (1944), Paris, © Gallimard, 1973, pp. 302-303.

3

Théories sociales et socialisme

Tout au long du XIXe siècle, les doctrines socialistes se forgent en réaction aux multiples bouleversements qui travaillent le corps des pays européens. Outil pour l'action ou simple expression rêvée d'une rupture radicale, le socialisme, ensemble au demeurant fort composite, fleurit principalement dans trois pays : « l'Allemagne, qui, par la Réforme, a donné au monde la liberté spirituelle ; la France, qui lui a donné la liberté politique par la Révolution ; l'Angleterre qui achève l'œuvre de libération en apportant au monde l'égalité sociale » (Moïse Hess, *La triarchie européenne,* 1841).

Dans leur engagement au sein du mouvement révolutionnaire naissant, Karl Marx et Friedrich Engels ont réussi un véritable coup de force théorique en englobant sous les termes de socialistes « utopistes » un ensemble d'analystes (Saint-Simon, Fourier, Owen, Cabet, Weitling...) qu'ils prétendaient dépasser par la mise en œuvre d'une étude scientifique de la société bourgeoise. Marx est en fait largement redevable des aventures intellectuelles de son époque. En une formule célèbre, Lénine estime ainsi que Marx est « le successeur légitime de tout ce que l'humanité a créé de meilleur au XIXe siècle : la philosophie allemande, l'économie politique anglaise, le socialisme français ». Ramener le marxisme à ce simple triptyque est certainement réducteur. En fait, qu'il emprunte la voix des « utopistes », celle de Marx ou de ses héritiers, le discours socialiste intéresse l'historien des idées sociologiques dans la mesure où il a été surtout l'occasion d'énoncer de nombreux points de vue critiques et normatifs sur une société en transformation profonde.

LE CHARTISME

« La grande période du chartisme comme agitation populaire de masse s'étend de 1836 à 1848. On peut la diviser en trois phases distinctes. La première phase débute vers 1835-1836 et atteint son point culminant en 1838-1839. La seconde période, beaucoup plus courte, va de 1840 à 1842. Enfin, après un creux, l'agitation renaît pour s'épanouir en 1847-1848 et s'achever par une série d'échecs d'avril à juin 1848.

Le chartisme est né sous la pression de plusieurs facteurs : déceptions ouvrières à la suite des agitations politiques de 1832 et syndicales de 1834, mise en application de la nouvelle loi des pauvres de 1834, crise des vieux métiers artisanaux, vitalité de la tradition radicale d'émancipation démocratique. Une hostilité viscérale aux deux "bastilles jumelles", l'usine et l'asile (*factory and workhouse*), libère un potentiel révolutionnaire qui vient s'investir dans un mouvement de revendication politique que les radicaux s'efforcent de canaliser à leur profit, mais auquel les ouvriers fièrement et jalousement gardent un caractère de combat social indépendant. En 1836 un groupe d'artisans londoniens, parmi lesquels on trouve des radicaux, les owenistes et des syndicalistes, fonde la *London Working Men's Association* (Association des travailleurs de Londres). À la tête de ce groupe, deux militants, William Lovett (1800-1877) et Henry Hetheringhton (1792-1849), déclenchent une campagne d'agitation pour le suffrage universel. Ils espèrent ainsi rallier la classe ouvrière à un programme qui ferait l'union de tous les mécontents et, en cas de succès, la réforme politique ouvrirait la voie aux réformes économiques et sociales. Avec Francis Place ils rédigent la *Charte du Peuple* (1838), qui donne son nom au mouvement. Elle comporte six revendications – toutes politiques.

Ces six points sont :

1) le suffrage universel (masculin) ;
2) le renouvellement annuel du Parlement ;
3) le scrutin secret ;
4) une indemnité parlementaire pour les députés ;
5) la suppression du cens pour pouvoir être élu député ;
6) l'équivalence des circonscriptions électorales.

Des associations se forment dans tout le pays, à l'imitation de l'Association des Travailleurs de Londres et de l'Union politique de Birmingham (*Birmingham Political Union*), dirigée par Thomas Attwood (1783-1856). La Charte, cri de ralliement du mouvement, suscite un écho extraordinaire parmi les travailleurs, dont beaucoup considèrent qu'ils ne doivent compter que sur eux-mêmes pour faire aboutir leurs revendications. »

Source : J. Droz, *Histoire générale du socialisme,* t.I., Paris, © P.U.F., 1972, pp. 321-322.

1. Socialisme, utopie et anarchie

Ainsi que le suggère Karl Polanyi, le socialisme moderne se présente avant tout comme un mouvement de reconstruction volontaire de la société dans un contexte particulier, celui du développement d'une économie de marché. Les conséquences d'un tel essor marchand sont ravageuses : c'est la destruction des relations sociales traditionnelles, le désencastrement de l'économique hors du social. Au siècle des Lumières, il est vrai, s'est déjà constitué un corpus de réflexions tournées vers un mythe régulateur : celui de la cité communautaire. En France, des penseurs comme Morelly, Mably, Meslier... cherchent l'idéal social en fondant – sur le modèle de la nature – des épures de sociétés utopiques, communautés de biens enfin débarrassées de l'égoïsme des hommes.

La genèse de l'idée socialiste en Angleterre

Mais c'est bel et bien au XIXe siècle que la doctrine socialiste prend toute son ampleur. La révolution industrielle et l'essor concomittant d'un prolétariat urbain créent les conditions économiques de l'émergence de cette idée nouvelle. Deux pays sont particulièrement concernés par cet état de fait : l'Angleterre et la France. En Allemagne, parce que la rupture économique est moins forte que dans les deux autres pays, l'idée socialiste est davantage explorée par les intellectuels.

En Angleterre, premier pays à industrialisation rapide, le mouvement chartiste se forme en 1836 et mène une action efficace jusqu'en 1848. Pour caractériser le mouvement socialiste anglais naissant, il faut d'abord noter que ses principaux théoriciens sont, à de rares exceptions près, issus de la classe dirigeante. Leurs conceptions se forgent au contact d'un ensemble de doctrines parfois antagonistes comme le radicalisme, l'utilitarisme ou encore le romantisme politique. En second lieu, la pratique socialiste paraît hésitante : elle oscille constamment entre action politique (revendication du suffrage universel) et luttes sociales (revendications contre les lois sur la pauvreté et en faveur d'une législation du travail). À cela s'ajoute l'incertitude quant au type d'alliance à nouer (faut-il être avec ou contre la bourgeoisie radicale ?). L'ensemble donne l'image d'un mouvement bégayant et peu percutant tant en pratique qu'en théorie.

QUELQUES GRANDES FIGURES DE L'IDÉOLOGIE SOCIALISTE EN ANGLETERRE

W. Godwin (1756-1836) : l'auteur de *Enquête sur la justice politique et son influence sur la moralité et le bonheur* (1793) peut être considéré comme le véritable précurseur du socialisme anglais. Du siècle des Lumières, le pasteur Godwin hérite d'une solide foi rationaliste qu'il met au service d'un projet de communisme anarchiste. À la société qui contraint, Godwin cherche à substituer une organisation sociale décentralisée respectueuse de la liberté et des choix individuels. Godwin prône la suppression de la propriété privée qu'il considère comme intrinsèquement porteuse d'inégalités et d'égoïsme mais aussi la suppression du mariage, expression de la « pire de toutes les propriétés ».

T. Spence (1750-1814) et **T. Paine** (1737-1809) : au nom des droits de l'homme, Spence, instituteur militant, rejoint Godwin pour dénoncer la propriété privée. En contrepoint, il propose la collectivisation des terres au profit d'un État fédéral et redistributeur. Également défenseur acharné des droits de l'homme, Paine est un publiciste qui milite en la faveur d'une démocratie qui combinerait redistribution des revenus, système de retraite et taxation sur la propriété foncière. À bien des égards, Paine fait figure d'inspirateur de ce qui deviendra ultérieurement la doctrine du *Welfare State.*

Les néo-ricardiens : ces économistes critiques, fortement inspirés de l'œuvre de David Ricardo, travaillent à une critique du capitalisme industriel. W. Thompson (1783-1833), célèbre parce qu'il fut le premier à utiliser le terme de plus-value, s'inscrit au confluent de l'utilitarisme benthamien et de l'économie ricardienne. Militant pour un socialisme coopérateur, dénonciateur des rapports de domination sous lesquels sont placés les travailleurs, il cherche le moyen, par l'accumulation de richesses et une juste répartition des revenus, d'aboutir à la plus grande quantité de bonheur pour les hommes. T. Hodgkin (1787-1869), officier de marine qui a souvent été présenté comme un relai entre Ricardo et Marx, s'est illustré par le fait qu'il considère le travail comme seule source de valeur et par sa vivacité militante (appel à la lutte des classes). Individualiste, il prône l'action des syndicats et de l'éducation.

Les écrivains romantiques : pour mener sa critique sociale, tout entière teintée de romantisme, Coleridge, le premier, prend pour modèle non le siècle des Lumières mais le Moyen Âge, moment historique où l'individu est encore en fusion avec les communautés de base (comme les corporations). Il attribue à l'Église la responsabilité d'organiser la nouvelle société. Sensible à l'impact de l'industrie, le philosophe Carlyle est lui aussi nostalgique du Moyen Âge (il idéalise ainsi la vie monacale). Dans *Past and Present* (1843), il attaque vivement le capitalisme industriel. Pourfendeur de l'économie politique classique, science sinistre car pleine d'abstractions, il s'avère un critique farouche d'un capitalisme qui conjugue pauvreté et inégalités. Carlyle en appelle non à une révolte politique, mais à une révolte sociale et morale, à une forme de socialisme réactionnaire où l'État et l'aristocratie joueraient un rôle de premier plan.

Dans ce vaste ensemble, Robert Owen (1771-1858) est celui qui symbolise le mieux le socialisme à l'anglaise. Propriétaire d'une fabrique textile à New Lanark (Écosse), cet industriel, auteur de *A new view of society* (1813-1814), met en place un système éducatif et productif fondé sur des convictions qu'il tire de la philosophie des Lumières. Rationaliste éclairé, Owen croit aux vertus de l'éducation comme remède au gâchis social ; partisan des thèses déterministes (l'homme est le produit des circonstances, de son milieu), il milite en faveur d'une religion rationnelle et d'une science sociale de la production, de la pédagogie et du gouvernement qui libèrent les hommes.

C'est fort de ces croyances qu'il dirige avec succès son usine modèle où il innove en matière d'éducation des enfants, de réduction du temps de travail, de lutte contre la pauvreté... En 1824, Owen tente une nouvelle aventure : la fondation, en Amérique, d'une communauté « d'égalité parfaite » (New Harmony). Mais c'est l'échec et Owen rentre en 1829 pour s'engager aux côtés des mouvements ouvriers et coopératifs. Il participe ainsi, en 1833, à la création de la première confédération nationale de Grande-Bretagne.

Le socialisme en France

La France a été, elle aussi, une terre fertile pour le socialisme. Gracchus Babeuf (1760-1797), Étienne Cabet (1788-1856) ou encore Flora Tristan (1803-1844), farouche zélatrice des idées féministes, sont quelques uns des nombreux noms qui marquent la genèse du mouvement ouvrier. L'apparition de ce mouvement prend en fait beaucoup de temps : on ne peut en repérer de véritables traces qu'à compter de la Restauration puis sous la Monarchie de Juillet (révoltes des canuts lyonnais au début des années 1830). Sur le plan théorique, le premier à donner un grand souffle à l'idée socialiste est un aristocrate français (Saint-Simon) qui, dès la Restauration, entreprend de réfléchir et d'agir en faveur de la classe laborieuse, « la plus nombreuse et la plus pauvre ».

Après 1830, se développe un néo-catholicisme (Ballanche, Chateaubriand) qui cherche à greffer la conception ordinaire de la foi catholique sur une philosophie du changement. C'est dans cette dynamique qu'il faut inscrire le socialisme d'inspiration chrétienne. Sa visée n'est autre que le changement de la société aux fins de rendre conforme cette dernière aux principes chrétiens de fraternité : Félicité

« Ce qui est difficile, aujourd'hui, ce n'est pas de constituer le système industriel et scientifique, préparé par tous les progrès de la civilisation dans les siècles antérieurs ; c'est, au contraire, de l'empêcher de se constituer, c'est de rétablir le système féodal et théologique, sapé dans ses fondements depuis six siècles, et successivement détruit dans toutes ses parties pendant cette période, d'une manière si complète, que la génération présente cherche vainement dans les débris de ce système une voie pour se faire une faible image de ce qu'il était. Voilà ce qui est non seulement difficile, mais absolument chimérique, et au-dessus de tout pouvoir humain.

Votre Majesté reconnaîtrait bientôt la justesse de cette assertion, si elle adoptait le principe politique général que j'ai l'honneur de lui proposer.

Sa conduite irriterait sans doute toute la troupe des frelons, qui feraient cesser immédiatement leurs dissensions intestines, leurs querelles de famille, pour unir toutes leurs forces contre un tel plan. Mais ce même plan mettrait sur-le-champ en activité, et ferait concourir avec la royauté, les véritables forces politiques, celles des savants, des chefs industriels, et du peuple ; forces qui sont, pour ainsi dire, des troupes fraîches en politique, car elles n'ont jamais lutté jusqu'à présent avec leur véritable caractère fondamental. Soutenue par de tels appuis, Votre Majesté pourrait entendre sans s'émouvoir les vaines criailleries des gentilshommes, des tonsurés, des militaires, des propriétaires fainéants et des légistes. D'ailleurs, si les bourdonnements des frelons prenaient un caractère trop séditieux, les abeilles sauraient leur apprendre que si leur fonction est de fabriquer le miel, elles n'en ont pas moins un aiguillon pour punir les perturbateurs de la ruche (...)

Sire, le principe fondamental établi par le devin auteur du christianisme commande à tous les hommes de se regarder comme des frères, et de coopérer le plus complètement possible au bien-être les uns des autres. Ce principe est le plus général de tous les principes sociaux. Il comprend dans ses conséquences, non seulement toute la morale, mais aussi toute la politique. Il est le véritable principe constituant (...)

Dieu a donc commandé, lorsqu'il a donné aux hommes le principe général du christianisme, que le premier degré de considération sociale finirait par appartenir aux savants, aux artistes et aux industriels ; que la direction de la société passerait entre leurs mains ; en un mot, que le système industriel et scientifique, ou le christianisme définitif et complet, ce qui est la même chose, serait constitué quand il aurait été suffisamment préparé. Cette condition est aujourd'hui remplie. »

Source : Saint-Simon, *Du système industriel*, Paris, Renouard, 1821, repris in *Le Nouveau Christianisme*, Paris, © Point-Seuil, 1969, pp. 103-105.

de Lamennais (*Paroles d'un croyant,* 1834), Philippe Buchez (saint-simonien, promoteur du mouvement coopératif) en sont les deux fers de lance. Leur pensée est loin cependant d'être originale et ils sont relativement isolés dans l'Église. D'autres auteurs influent sur la réflexion et l'action sociales. Tel est le cas d'Auguste Blanqui, qui tente de s'emparer du pouvoir en 1839, ou encore de Louis Blanc qui, dans *Organisation du travail* (1839), préconise le rassemblement des coopérations ouvrières d'une même branche dans une organisation unique. Tous ces hommes jouent un rôle important dans la révolution de 1848. En fait, après Saint-Simon, ce sont Fourier et Proudhon qui s'imposeront comme les penseurs les plus originaux.

En référence au XVIIIe siècle, qui cherche à caractériser les doctrines socialistes à la française doit raisonner en terme de continuité et de rupture. Marquées fortement par l'esprit de 1789, ces doctrines possèdent en commun avec la philosophie des Lumières un projet émancipateur : la construction d'une société fonctionnant sans référent transcendant (divin notamment). Mais, et là se situe une rupture majeure avec les Lumières, des penseurs comme Saint-Simon fondent des formes nouvelles de christianisme et reprennent à leur compte, ce faisant, le schéma catholique d'organisation sociale au sein duquel les fondateurs de la science sociale tiennent la place de l'Église.

Le second trait caractéristique de ces doctrines prend forme avec la claire volonté de défendre une politique scientifique de la société. L'objectif est clair : trouver et livrer les clefs – souvent empruntées à la physique de Newton, au naturalisme de Cuvier et Linné... – de la création d'une société artificielle où les individus seront spontanément en accord. Dernier élément important enfin : c'est le lien parfois ambigu que nouent les socialistes avec les conservateurs (comme Bonald). Comme ces derniers, ils font montre d'une certaine nostalgie de la communauté perdue et affichent une réelle hostilité à l'égard de l'ordre du marché, forme de régulation qui détruit les mécanismes de solidarité.

De l'industrialisme saint-simonien...

Saint-Simon (1760-1825), et telle est son originalité majeure, impose d'abord l'idée socialiste en France en lui adjoignant une vision « industrialiste » de la société. Saint-Simon est un noble qui a séjourné et combattu en Amérique. Actif pendant la Révolution française, il subit

LES SAINT-SIMONIENS

L'église saint-simonienne
(1828-1832)

Sous l'égide de Prosper Enfantin et de Saint-Amand Bazard, se constitue une église saint-simonienne qui infléchit la doctrine du maître vers le sentiment religieux, sentiment conçu comme facteur de régénération de l'humanité. Les saint-simoniens revendiquent ainsi un modèle de vie fondé sur l'amour et la fraternité. L'altruisme est, pour eux, la base de toute vraie sociabilité. Constitué en communauté à Ménil-Montant, le groupe saint-simonien prend vite une allure de secte avec ses Pères et ses schismes. Suspecté d'outrage à la morale publique, le groupe se déchire rapidement et Enfantin connaîtra même la prison pendant un an.

Pierre Leroux (1797-1871)

Pierre Leroux est un dissident du saint-simonisme. Ce prote d'imprimerie qui fonde *Le Globe* (journal saint-simonien) rompt avec l'église saint-simonienne en 1831 et se fait élire député en 1848. On trouve chez lui trois grands axes de réflexions. Leroux condamne d'abord fort sévèrement la philosophie de Victor Cousin, le philosophe « officiel » de la Monarchie de Juillet. Dans *Réfutation de l'ecclectisme* (1839), il dénonce l'ecclectisme en tant que philosophie de l'égoïsme calculateur mâtinée de passivité. En opposition à l'individualisme, Pierre Leroux forge vers 1831 le terme de « socialisme ». Leroux conteste, en second lieu, la volonté saint-simonienne de reconstruire un savoir total à partir de la loi de l'attraction universelle. Pour lui, il existe des ordres différents du réel (physique, social) irréductibles les uns par rapport aux autres. Aussi cherche-t-il à lier tradition et progrès à l'aide d'une forme nouvelle de théologie politique. Leroux critique enfin violemment la ploutocratie, gouvernement de l'argent et de la richesse qui règne en France et qui exclut le travail de la cité : le culte du dieu Ploutos a remplacé, selon Leroux, celui du prolétaire Jésus (*De la ploutocratie*, 1843).

même le baptême républicain. Auteur d'une dizaine d'ouvrages qui introduisent notamment à la « physiologie sociale », Saint-Simon clôt son œuvre avec un *Nouveau Christianisme* (1825), livre qui en appelle à une régénération de la religion chrétienne au service du prolétariat.

Pour le reste, loin d'être figée, la pensée saint-simonienne est fortement marquée par une philosophie cyclique de l'histoire qui décline l'évolution humaine en périodes organiques – l'unité règne parmi les hommes – et critiques – périodes d'anarchie, de division et d'irreligion – (*Introduction aux travaux scientifiques du XIXe siècle,* 1807). Dans cette optique, Saint-Simon procède à l'analyse de son temps. En opposition au dynamisme de l'Amérique, jeune nation qui promeut l'égalité et la liberté, le vieux continent présente des symptômes et défauts propres aux époques critiques. Il s'agit, en l'occurrence, de la lourdeur de l'appareil étatique et du parasitisme social des classes oisives.

Dans l'esprit de Saint-Simon, l'opposition entre oisifs (« les frelons ») et producteurs (« les abeilles ») est précisément au fondement historique de tous les antagonismes de classes. À ce titre, Saint-Simon dénonce la foncière inutilité des militaires, légistes, métaphysiciens et autres bourgeois rentiers. À l'inverse, il ne tarit pas d'éloge envers la classe des producteurs, celle qui comprend les patrons-industriels, les commerçants, les cultivateurs, les chefs de travaux et les ouvriers.

Ce panégyrique est au service d'une thèse : l'intérêt général de la société coïncide avec celui des producteurs. La fameuse parabole parue dans *L'organisateur* (1819-1820) illustre bien le point de vue ici défendu. Si la France, explique Saint-Simon, perdait dans chaque science, chaque art, chaque industrie, chaque métier les cinquante personnalités les plus importantes, elle deviendrait un corps sans âme. Par contre, si elle perdait le même jour tous les proches parents du roi, tous les ministres, tout le haut clergé, les préfets... et les dix mille propriétaires les plus riches « cet accident affligerait certainement les Français parce qu'ils sont bons mais il n'en résulterait aucun mal politique pour l'État. » (*Œuvres*, t.2, p. 21). Remplacer le gouvernement des hommes par l'administration des choses – autrement dit gérer l'industrie, fondement de la société, de façon scientifique et rationnelle hors de la contrainte étatique – tel est l'impératif sur lequel débouche, finalement, la réflexion saint-simonienne.

SÉRIES ET ANALOGIE

« Il n'est pas pressant de faire connaître ce nouvel ordre auquel je donnerai les noms de *sectes progressives* ou *séries de groupes, séries passionnées*.

Je désigne par ces mots un assemblage de plusieurs groupes associés qui s'adonnent aux diverses branches d'une même industrie ou d'une même passion (...)

La théorie des *séries passionnées* ou *sectes progressives* n'est pas imaginée arbitrairement comme nos théories sociales. L'ordonnance de ces sectes est en tout point analogue à celle des séries géométriques dont elles ont toutes les propriétés, comme la balance de rivalités entre les groupes extrêmes et les groupes moyens de la série (...)

Lorsque j'eus reconnu que les sectes progressives assurent un plein développement aux passions des deux sexes, des divers âges et des diverses classes ; que dans ce nouvel ordre, on acquerra d'autant plus de vigueur et de fortune qu'on aura plus de passions, je conjecturai de là que si Dieu avait donné tant d'influence à l'attraction passionnée et si peu à la raison son ennemie, c'était pour nous conduire à cet ordre des sectes progressives qui satisfait en tout sens l'attraction : je pensai dès lors que l'attraction, tant décriée par les philosophes, était interprète des vues de Dieu sur l'ordre social, et j'en vins au *calcul analytique et synthétique des attractions et répulsions passionnées* ; elles conduisent en tout sens à l'association agricole ; on aurait donc découvert les lois de l'association sans les chercher, si l'on se fût avisé de faire l'analyse et la synthèse de l'attraction : c'est à quoi personne n'a songé, pas même dans ce XVIIIe siècle, qui voulant fourrer partout les méthodes analytiques, n'a pas essayé de les appliquer à l'attraction.

La théorie des attractions et répulsions passionnées est fixe et applicable en entier aux théorèmes de géométrie : elle sera susceptible de grands développements, et pourra devenir l'aliment des penseurs qui, je crois, sont fort en peine d'exercer leur métaphysique sur quelque sujet lumineux et utile.

Je continue sur la filiation des nouvelles sciences. Je reconnus bientôt que les lois de l'attraction passionnée étaient en tout point conformes à celles de l'attraction matérielle, expliquées par Newton et Leibniz ; et qu'il y avait *unité du système de mouvement pour le monde matériel et spirituel.*

Je soupçonnai que cette analogie pouvait s'étendre des lois générales aux lois particulières ; que les attractions et propriétés des animaux végétaux et minéraux étaient peut-être coordonnées au même plan que celles de l'homme et des astres ; c'est de quoi je fus convaincu après les recherches nécessaires. Ainsi fut découverte une nouvelle science fixe : *l'analogie des quatre mouvements matériel, organique, animal et social, ou analogie des modifications de la matière avec la théorie mathématique des passions de l'homme et des animaux.*

La découverte de ces deux sciences fixes m'en dévoila d'autres dont il serait inutile de donner ici la nomenclature ; elles s'étendent jusqu'à la littérature et aux arts, et établiront des méthodes fixes dans toutes les branches des connaissances humaines. »

Source : C. Fourier, *Théorie des quatre mouvements et des destinées générales* (1808), Paris, © J.-J. Pauvert, 1967, pp. 77-79.

...aux phalanstères fouriéristes

Imprégné, tout comme Saint-Simon, d'une forme de scientisme, Charles Fourier (1772-1837), fils de commerçant lyonnais, développe une philosophie sociale qui repose sur le principe de l'attraction passionnée, manifestation au sein de la société des hommes de la loi universelle dont Newton avait révélé l'action dans le monde physique. Dans l'univers, avance Fourier, l'ensemble des formes d'existences (des insectes aux astres) sont reliées par un mécanisme de relations analogiques. Il doit donc exister, en conséquence, une unité du système de mouvement qui anime le monde matériel et spirituel. Ainsi se trouvent établies les bases canoniques d'une nouvelle science, celle de l'analogie des quatre mouvements : matériel, organique, animal et social. Dans ce cadre, et sans jamais réellement distinguer imagination et prévision, Fourier recense plusieurs principes éternels et, surtout, trois passions humaines essentielles : la papillonne qui correspond à un besoin de variété périodique, la composite qui est la réunion du bonheur des sens et de l'âme et, enfin, la cabaliste (manie d'intrigue).

Forte de cette dynamique, l'humanité doit aboutir en huit étapes (période primitive, sauvagerie, patriarcat, barbarie, civilisation, demi-association, sociantisme, harmonie) à la plénitude : celle du monde sociétaire. S'il la juge nécessaire pour atteindre l'harmonie, l'étape de la civilisation n'en demeure pas moins sujette à de nombreuses critiques. Fourier n'a pas de mots trop durs pour fustiger le commerce (activité de parasites), l'industrie (qui produit la misère en même temps que la richesse). De même blâme-t-il sévèrement le mariage bourgeois, expression d'une immense hypocrisie sociale.

Pour dépasser ces multiples limites, cet homme, aussi bougon que calculateur et minutieux, envisage une organisation sociale alternative. Il la bâtit à l'aide d'une mathématique sociale, celle des séries passionnées. Par série, Fourier entend un regroupement d'individus où chacun exerce une activité circonscrite. L'ordre sociétaire dont rêve Fourier – et pour lequel il attendit vainement, jusqu'à sa mort, quelque mécène – repose sur cet art de composer « par calcul » des ordonnancements sociaux. Ces compositions doivent prendre forme au sein des communautés organisées que Fourier nomme phalanstères.

Quelques tentatives plus ou moins réussies ont bien vu le jour : c'est le phalanstère de Condé-sur-Vesgre (1832) que Fourier s'empresse

« LA PROPRIÉTÉ, C'EST LE VOL ! »

« Si j'avais à répondre à la question suivante : *Qu'est-ce que l'esclavage ?* et que d'un seul mot je répondisse : *C'est l'assassinat,* ma pensée serait d'abord comprise. Je n'aurais pas besoin d'un long discours pour montrer que le pouvoir d'ôter à l'homme la pensée, la volonté, la personnalité, est un pouvoir de vie et de mort, et que faire un homme esclave, c'est l'assassiner. Pourquoi donc à cette autre demande : *Qu'est-ce que la propriété ?* ne puis-je répondre de même : *C'est le vol*, sans avoir la certitude de n'être pas entendu, bien que cette seconde proposition ne soit que la première transformée ?
J'entreprends de discuter le principe même de notre gouvernement et de nos institutions, la propriété ; je suis dans mon droit : je puis me tromper dans la conclusion qui ressortira de mes recherches ; je suis dans mon droit : il me plaît de mettre la dernière pensée de mon livre au commencement ; je suis toujours dans mon droit.
Tel auteur enseigne que la propriété est un droit civil, né de l'occupation et sanctionné par la loi ; tel autre soutient qu'elle est un droit naturel, ayant sa source dans le travail : et ces doctrines, tout opposées qu'elles semblent, sont encouragées, applaudies. Je prétends que ni le travail, ni l'occupation, ni la loi ne peuvent créer la propriété ; qu'elle est un effet sans cause : suis-je répréhensible ?
Que de murmures s'élèvent !
– *La propriété, c'est le vol !* Voici le tocsin de 93 ! voici le branle-bas des révolutions !...
– Lecteur, rassurez-vous : je ne suis point un agent de la discorde, un boute-feu de sédition. J'anticipe de quelques jours sur l'histoire ; j'expose une vérité dont nous tâchons en vain d'arrêter le dégagement ; j'écris le préambule de notre future constitution. Ce serait le fer conjurateur de la foudre que cette définition qui vous paraît blasphématoire, l*a propriété, c'est le vol*, si nos préoccupations nous permettaient de l'entendre ; mais que d'intérêts, que de préjugés s'y opposent !... La philosophie de changera point, hélas ! le cours des événements : les destinées s'accompliront indépendamment de la prophétie : d'ailleurs, ne faut-il pas que justice se fasse, et que notre éducation s'achève ?
– *La propriété, c'est du vol !*... Quel renversement des idées humaines ! *Propriétaire* et *voleur* furent de tout temps expressions contradictoires autant que les êtres qu'elles désignent sont antipathiques ; toutes les langues ont consacré cette antilogie. Sur quelle autorité pourriez-vous donc attaquer le consentement universel et donner le démenti au genre humain ? qui êtes-vous, pour nier la raison des peuples et des âges ?
– Que vous importe, lecteur, ma chétive individualité ? Je suis comme vous, d'un siècle où la raison ne se soumet qu'au fait et à la preuve ; mon nom, aussi bien que le vôtre est *chercheur de vérité* ; ma mission est écrite dans ces paroles de la loi: *Parle sans haine et sans crainte ; dis ce que tu sais* (...)
Du reste, je ne fais pas de système : je demande la fin du privilège, l'abolition de l'esclavage, l'égalité des droits, le règne de la loi. Justice, rien que justice ; tel est le résumé de mon discours ; je laisse à d'autres le soin de discipliner le monde. »

Source : P.-J. Proudhon, *Qu'est-ce que la propriété ?* (1840), Paris, © A. Lacroix, Verboeckhoven & Cie Éd., 1867, pp. 13-15.

de dénoncer ou encore le familistère de Guise (Aisne) fondé par le fabricant de fourneaux Godin sur la base de l'association entre travail et capital... Mais les phalanstères demeurent avant tout un mode d'organisation sociale qui reste accroché aux nuages du rêve fouriériste. Cependant, grâce à sa dimension subversive longtemps occultée et à l'action de fidèles disciples comme Victor Considérant, le fouriérisme exercera une influence non négligeable sur le mouvement socialiste et irriguera tout particulièrement de nombreuses doctrines libertaires au XIXe et XXe siècles.

Critique sociale et anarchie

Après la révolution de 1848, ce sont les écrits du socialiste Pierre Joseph Proudhon (1809-1865) qui produisent l'impact le plus profond sur le mouvement ouvrier français. Fils de tonnelier, né à Besançon, Proudhon produit une œuvre pléthorique, contradictoire et tout empreinte de passion pour la justice et l'égalité. Sa critique contre le système économique mais aussi contre les formes utopistes de socialisme l'amène à prôner une philosophie du mutuellisme et une émancipation de la classe ouvrière par la justice et la capacité politique. Sa première critique, la plus célèbre, se résume en une petite phrase empruntée à Brissot : « la propriété, c'est le vol ». Cette citation qui inaugure le *Mémoire sur la propriété* (1840) vaudra d'ailleurs les assises à Proudhon (il sera acquitté).

Mais que signifie exactement une telle maxime ? Contrairement à ce que peut laisser croire une interprétation hâtive, Proudhon ne prétend pas que la propriété est le produit du vol. Il ne dénonce pas la propriété mais l'organisation de cette propriété telle qu'elle est autorisée par le droit napoléonien. À ses yeux, en effet, la libre disposition des fruits du travail et de l'épargne est l'essence même de la liberté. C'est pourquoi le régime institutionnel de la propriété est critiquable puisqu'il permet au propriétaire de percevoir un revenu sans travailler.

La seconde critique importante que développe Proudhon porte sur le contrat et la rémunération du travail. Il reconnaît bien volontiers que le travailleur est rémunéré en vertu d'un contrat individuel conclu librement. Pourquoi parler, dans ces conditions, de spoliation ? Proudhon s'autorise un tel diagnostic en distinguant productivité du travail individuel et productivité du travail collectif. « Deux cents

En dépit d'un marxisme tenté par le double label de la science et de l'action révolutionnaire, se perpétue pendant tout le XIXe siècle des idées inspirées d'une tradition utopiste ou encore des préceptes proudhoniens. Exemplaire, à cet égard, est le populisme russe, doctrine socialiste qui aboutit à la constitution d'une société secrète et activiste en 1878. En Angleterre, c'est William Morris (1834-1896) qui s'impose comme figure emblématique du socialisme libertaire. Ce bourgeois anticonformiste et amateur d'art écrit un *Manifeste aux travailleurs d'Angleterre* et fonde la Ligue socialiste en 1884. Grandement influencé par des romantiques comme Carlyle et Ruskin, Morris décrit dans ses *Nouvelles de nulle part* (1890) une société utopique débarrassée des scories de la révolution industrielle.

La rêverie anarchiste de Proudhon n'est pas sans laisser, elle non plus, de trace dans le mouvement ouvrier. L'action de Michel Bakounine (1814-1876), révolutionnaire russe, ancien « hégélien de gauche » et opposant de Marx au sein de la 1re Internationale, doit s'inscrire dans cette tradition. Il en est de même pour son successeur, le prince russe Kropotkine (1842-1921). Bakounine défend un athéisme radical et mène une critique violente de l'État dont il postule le caractère nécessairement contraignant. Persuadé de l'existence, au sein des espaces microsociaux comme les communautés villageoises, d'une solidarité naturelle entre les hommes, Bakounine se fait défenseur, à la suite de Proudhon, du principe fédéraliste. Il plaide alors pour une forme de communisme libertaire qui mêle commune libre et gestion collective des entreprises.

Déconsidéré par le mouvement marxiste comme par les révisionnistes, pris dans un étau entre un capitalisme en pleine expansion et l'accroissement des « pouvoirs impérialistes » à la fin du XIXe siècle, l'anarchisme résiste pourtant. Il inspire Labriola (1843-1904) en Italie ou encore Sorel, polytechnicien et philosophe français qui, d'abord disciple de Renan et Proudhon, se fait finalement marxiste hérétique. Auteur de *Réflexions sur la violence* (1906) et farouche critique de Durkheim, Sorel jette les bases d'un syndicalisme révolutionnaire et du socialisme autogestionnaire. Longtemps suspect d'accointances avec l'extrême-droite, Sorel préconise l'auto-émancipation du prolétariat à l'aide de la violence, de la grève générale et d'un instrument de classe : le syndicalisme. Outre les actes terroristes qu'il a pu contribuer à légitimer, l'influence la plus profonde de l'anarchisme sur le mouvement ouvrier passe justement par le syndicalisme (en Italie et en France notamment). Dans ce dernier pays, la constitution des Bourses du travail (auxquelles il faut attacher le nom de Pelloutier), la revendication de l'amélioration des conditions de travail, l'indépendance affichée vis-à-vis des partis politiques (charte d'Amiens de 1906) sont quelques-unes des manifestations de cette action d'auto-émancipation qui échappe à l'allégeance de la puissance étatique.

grenadiers, écrit-il dans un exemple devenu célèbre, ont en quelques heures dressé l'obélisque de Louqsor sur sa base ; suppose-t-on qu'un seul homme en deux cents jours en serait venu à bout ? Cependant, au compte du capitaliste, la somme des salaires eût été la même » (*Mémoire sur la propriété*). Pour Proudhon, le contrat de travail, en supposant qu'il soit juste, rémunère la valeur du produit individuel du travail, le capitaliste garde pour lui le supplément (profit) qui est dû au produit de la force collective et dont les travailleurs sont exclus.

Cette double critique juridique et économique s'articule logiquement avec un projet et une doctrine politique à laquelle Proudhon donne ses lettres de noblesse : l'anarchie. L'État est, pour lui, une source de réflexion inépuisable. C'est avec l'établissement du second Empire que Proudhon découvre l'étendue de la centralisation étatique. L'État obéit à une véritable loi interne d'extension et d'envahissement. Cette institution est non seulement l'arbitre des conflits sociaux mais elle est également l'organe politique de domination de la classe capitaliste. Pis, il existe des tendances immanentes à tout État centralisé (qu'il soit monarchique, républicain, communiste...), mouvements centrifuges qui conduisent à la destruction des libertés, au renforcement des bureaucraties, des polices et des armées.

Alors que Saint-Simon, Fourier et, plus tard, Marx parient sur la production pour bâtir une société alternative, Proudhon – telle est son originalité – fait le choix de l'échange. Avec lui, le socialisme se présente, non sous les traits d'un collectivisme qu'il réprouve, mais sous la forme d'une multitude de contrats qui lient les individus. Aux mouvements d'action directe et aux grèves, Proudhon préfère également la coopération, l'auto-organisation ouvrière. Proudhon milite en ce sens pour une philosophie du mutuellisme par l'échange. Au nom de la réciprocité, de l'égalité des situations, de la sauvegarde de la liberté et de la justice, il préconise l'organisation du prêt gratuit des capitaux. Pour cela, Proudhon met en place hâtivement, lors de la révolution de 1848, une banque d'échange qui connaît vite l'échec. Dans son projet, en lieu et place d'une société contrainte par l'appareil d'État devaient succéder des associés libres et assurant le crédit par un engagement mutuel. Projeté dans le champ politique, ces préceptes prennent la forme du fédéralisme (*Du principe fédératif*, 1863). Libre association de collectivités politiques, l'organisation fédérale s'avère, pour Proudhon, l'alternative la plus juste et la plus efficace face au centralisme étatique.

KARL MARX (1818-1883) ET FRIEDRICH ENGELS (1820-1895)

Né d'un père avocat israélite, Karl Marx poursuit des études de droit et de philosophie à l'université de Bonn puis, rapidement, à celle de Berlin. Il soutient une thèse de philosophie à l'université d'Iena en 1841 sur la *Différence de la philosophie de la nature chez Démocrite et Épicure*. Journaliste, Marx collabore puis devient rédacteur en chef de la *Gazette rhénane*, journal libéral éminemment critique envers le pouvoir prussien. Pour cette raison, le journal est interdit de parution en 1843. Privé d'emploi, Marx entreprend une longue série de voyages qui rythmeront désormais toute sa vie. Après un mariage avec une jeune aristocate, il fonde à Paris les *Annales franco-allemandes*, entame une réflexion scientifique et développe son engagement militant. Auparavant, en 1842, il rencontre à Cologne un jeune industriel qui lui fera découvrir la situation économique et sociale de l'Angleterre : Friedrich Engels. Travailleur acharné et militant convaincu, Marx publie, en 1845, *La Sainte Famille*, ouvrage critique envers les jeunes hégéliens auxquels il avait appartenu. Expulsé de France cette même année, il gagne la Belgique où il rédige, avec Engels, *L'Idéologie allemande* (publiée en 1846), ouvrage charnière qui annonce sa conversion au matérialisme. Marx et Engels fondent alors, à Bruxelles, les bureaux de correspondance communiste afin de créer un réseau européen d'information et d'aide à l'émancipation des travailleurs. Animé d'une réelle volonté d'action, ils adhèrent également, en 1847, à la Ligue des justes, rassemblement d'ouvriers allemands émigrés en France, Suisse et Angleterre et dirigée par Weitling. Lorsque Marx se joint à cette ligue, cette dernière se transforme en Ligue des communistes. Par et pour elle, il se voit confier le soin de composer avec Engels le *Manifeste du parti communiste* (édité en 1848). En 1864, Marx et Engels contribuent, enfin, à la fondation de l'Association internationale des travailleurs. Soucieux d'éclairer à sa manière les événements politiques et sociaux qui lui sont contemporains, Marx commente l'épisode de la Commune (*La Guerre civile en France*, 1871), opère une critique radicale du programme du parti ouvrier allemand (*Critique du programme de Gotha*, 1875)... En dépit de nombreuses difficultés financières, soutenu constamment par Engels (qui vendra sa part de filature à Manchester)... Marx continue également à faire œuvre de science. Il travaille à une critique de l'économie politique qu'il consigne dans *Le Capital* (dont le tome I paraît en 1867). Engels, qui édite ensuite les livres II et III du *Capital*, laisse à sa mort quelques ouvrages personnels comme *La situation de la classe laborieuse en Angleterre* (1845), *L'anti-Dühring* (1877) et *L'origine de la famille, de la propriété privée et de l'État* (1884).

Si novateur soit-il, le proudhonisme a subi les assauts de nombreuses critiques, à commencer par celles de Marx. Alors même qu'il l'avait encensé (dans *La Sainte Famille*) pour ses analyses de la propriété, Marx juge plus que sévèrement celui qui lui paraît être l'expression d'un socialisme conservateur et bourgeois, rétif à la révolution. En réponse à *Philosophie de la misère* de Proudhon (1846), il publie *Misère de la philosophie* (1847), ouvrage dans lequel il détruit les arguments réformistes de Proudhon. Proudhon veut être la synthèse, écrit Marx, il n'est qu'une erreur composée.

2. Marx et la critique du capitalisme

Qu'en est-il, justement, de Marx dans le champ problématique qui nous intéresse ? Convenons d'abord que son assimilation au statut de classique de la sociologie n'est ni évidente ni consensuelle. En effet, s'il a fait œuvre d'historien, de philosophe, d'économiste voire de sociologue, Marx n'a-t-il pas été avant tout un journaliste et un révolutionnaire ? C'est au nom de cette interrogation qu'en 1957, Lucien Goldmann énonce par exemple l'impossibilité de toute sociologie marxiste. La science que conduit à ériger le projet marxien se veut pratique et révolutionnaire. Impossible, dans ces conditions, de séparer le discours scientifique du discours militant. Prenant le contre-pied total de cette thèse, Georges Gurvitch proclamera, à l'inverse, que Marx fut d'abord et avant tout un sociologue. Mieux encore, c'est la sociologie qui ferait l'unité de l'œuvre. Sans entrer dans un tel débat, nous nous contenterons ici de restituer les principaux apports de Marx et des marxistes à la théorie sociologique.

La rupture progressive avec l'idéalisme

Étudiant, le jeune Marx baigne dans un univers intellectuel où se mêlent saint-simonisme et hégélianisme. Telle qu'elle se présente, la philosophie de Hegel redonne sens à une raison dans l'histoire, à un mouvement d'humanisation du monde. Mais bien loin, comme le suggéraient les Lumières, de réduire l'histoire au déroulement continu et linéaire du fil du progrès, Hegel conjugue le devenir de toute réalité sur le mode d'une triade : affirmation (thèse), négation (développement des contradictions, antithèse) et négation de la négation (développement et

NÉO-HÉGÉLIANISME ET SOCIALISME

Le socialisme allemand, et telle est une de ses spécificités notables, a pris racine dans le corps des intellectuels. Avec la segmentation de l'école hégélienne se fait jour aux côtés d'un ensemble de disciples orthodoxes et conservateurs, un groupe de jeunes hégéliens qui ont pour conviction commune que les idées peuvent changer le réel et pour projet la réalisation de la philosophie dans la réalité vivante. Tel est le sens, par exemple, de l'ouvrage de von Cieskowski *(Prolégomènes à l'historiosophie*, 1838) tout entier orienté vers une application de la dialectique à l'action, à la *praxis*. Par ses attaques contre les religions établies, c'est David Friedrich Strauss, auteur de *La vie de Jésus* (1835) qui consomme le premier la rupture entre jeunes et vieux hégéliens. Dans cette lignée critique, en dénonçant l'aliénation religieuse, Ludwig Feuerbach (*Essence du christianisme*, 1841) marque durablement de son empreinte le radicalisme caractéristique des membres de ce groupe.

Les arguments de ces néo-hégéliens ont une portée également politique et sociale. Ainsi M. Hess applique-t-il le schéma feuerbachien au domaine économique. Selon lui, l'argent, « ce Dieu de la société moderne », est l'expression la plus pure de l'aliénation dans la société capitaliste. Hess, mais aussi von Stein (*Socialisme et communisme de la France contemporaine,* 1842), Marx... renoncent également au panégyrique hégélien de l'État et ouvrent, avec beaucoup d'intérêt, leur horizon théorique à l'idée de communisme. Pour certains autres membres du groupe – à commencer par le leader Bruno Bauer (*Critique de la révélation*, 1838) – l'antiréformisme couplé à une croyance initiale en la simple force de l'émancipation par les idées confinera à un pur jeu spéculatif. Les réflexions convergent vite, alors, vers une forme d'anarchisme individualiste. L'œuvre de Max Stirner (*L'Unique et sa propriété,* 1844) en témoigne avec éloquence : valorisant à l'extrême le « moi », la jouissance personnelle... au mépris de toutes autres valeurs, Stirner en appelle à une société d'égoïstes où les rapports entre individus seraient entièrement libres et volontaires. C'est en réaction critique et explicite à ses anciens amis hégéliens que Marx rédige, en 1844, *La Sainte Famille* (critique de la critique contre Bruno Bauer et consorts) puis, un an plus tard, *L'Idéologie allemande.*

réconciliation de l'être, synthèse). Lecteur de Hegel dès 1838, Marx fait rapidement sienne cette lecture dialectique. À l'université, il fréquente d'ailleurs un groupe de jeunes hégéliens de gauche qui, en rupture de ban avec l'orthodoxie hégélienne, militent pour l'émancipation politique par l'émancipation de l'esprit.

Après sa thèse, et pour des raisons liées à son engagement, Marx n'emprunte pas la voie de l'université mais celle du journalisme. Il manifeste alors le réel souci de prendre à bras-le-corps la réalité. Il délaisse la réflexion des clubs hégéliens et porte un intérêt particulier à la question sociale. Sa collaboration à *La Gazette rhénane* (1842) l'entraîne vers des préoccupations pragmatiques. Il consacre des articles aux vols de bois dans les forêts de l'Eifel, à la misère des vignerons de Moselle... et acquiert la conviction qu'il existe une réelle « collusion » entre État et classes dominantes. Dans le même temps, Marx scrute attentivement la littérature socialiste et communiste française (Proudhon, Cabet, Leroux, Considérant...). Progressivement, il se défait d'une vision réformiste et libérale pour adhérer à un point de vue révolutionnaire. La critique de la philosophie du droit de Hegel, qu'il fait paraître en 1844 dans les *Annales franco-allemandes*, entérine sa première rupture décisive.

Marx prend également contact avec les sociétés secrètes d'ouvriers communistes, sociétés fortement inspirées du socialisme utopique. Il estime désormais, à l'instar des révolutionnaires français (Babeuf, Blanqui), russes (Bakounine) ou allemands (Weitling), que la transformation de la société se fera par la force et sous l'égide des prolétaires opprimés. En 1846, c'est un Marx délibérément matérialiste et résolument persuadé de la nécessité révolutionnaire qui, avec Engels, travaille sur *L'Idéologie allemande*.

État et société civile : la critique de Hegel

S'il est une question qui fut déterminante dans le basculement théorique qui marque le parcours intellectuel de Marx, c'est certainement celle de l'État. Dès son *Introduction à la critique de la philosophie du droit de Hegel* (1844), Marx reproche à Hegel d'avoir gravement sous-estimé le rôle de la société civile et, surtout, d'avoir magnifié l'État. Dans sa philosophie du droit, Hegel oppose, en effet, le politique (l'État) à ce que nous appellerions aujourd'hui l'économique et le social

L'ÉTAT CHEZ HEGEL

« L'État est la réalité effective de l'Idée éthique – l'Esprit éthique en tant que volonté substantielle, révélée, claire à elle-même, qui se pense et se sait, qui exécute ce qu'elle sait et dans la mesure où elle le sait. Il a son existence immédiate dans les mœurs, son existence médiatisée dans la conscience de soi, dans le savoir et dans l'activité de l'individu, de même que, par sa conviction, l'individu possède sa liberté substantielle en lui [l'État] qui est son essence, son but et le produit de son activité.

Rem. – Les Pénates sont les lieux intérieurs, les lieux inférieurs ; par contre, l'esprit du peuple (Athéna) est le divin qui se sait et qui se veut ; si la piété est le sentiment et la vie éthique au sein du sentiment, la vertu politique consiste à vouloir le but pensé, existant en soi et pour soi.

En tant que réalité effective de la volonté substantielle, réalité qu'il possède dans la conscience de soi particulière élevée à son universalité, l'État est le rationnel en soi et pour soi. Cette unité substantielle est but en soi, absolu et immobile, dans lequel la liberté atteint son droit le plus élevé, de même que ce but final possède le droit le plus élevé à l'égard des individus dont le devoir suprême est d'être membres de l'État.

Rem. – Si l'on confond l'État avec la société civile et si on lui donne pour destination la tâche de veiller à la sûreté, d'assurer la protection de la propriété privée et de la liberté personnelle, c'est l'intérêt des individus comme tels qui est le but final en vue duquel ils se sont unis et il s'ensuit qu'il est laissé au bon vouloir de chacun de devenir membre de l'État. Mais l'État a un tout autre rapport avec l'individu ; étant donné que l'État est Esprit objectif, l'individu ne peut avoir lui-même de vérité, une existence objective et une vie éthique que s'il est membre de l'État. L'union en tant que telle est elle-même le véritable contenu et le véritable but, car les individus ont pour destination de mener une vie universelle ; les autres formes de leur satisfaction, de leur activité et de leur conduite ont cet élément substantiel et universel pour point de départ et pour résultat. Considérée abstraitement, la rationalité consiste en général dans l'union intime de l'universalité et de la singularité. Considérée concrètement, comme c'est le cas ici, elle consiste, quant à son contenu, dans l'unité de la liberté objective, c'est-à-dire de la volonté substantielle générale et de la liberté subjective, en tant que savoir individuel et volonté cherchant à réaliser ses buts particuliers – et pour cette raison, quant à sa forme, elle consiste dans une façon d'agir se déterminant selon des lois et des principes pensés, c'est-à-dire universels. – Cette Idée est l'être éternel et nécessaire en soi et pour soi de l'Esprit. »

Source : G.-W.-H. Hegel, *Principes de la philosophie du droit* (1821), Paris, © Vrin, 1986, pp. 258-259.

(la société civile). Plus précisément, sa conception de la société s'ordonne selon trois niveaux hiérarchisés :

– La famille, que Hegel range dans l'ordre de la nature et du particulier, est le mode le plus immédiat de l'existence sociale. L'État donne forme à ce niveau en autorisant le passage du concubinage (naturalité) au mariage (insertion du désir sexuel dans la société).

– La société civile, second niveau, est le lieu de production, de distribution et de satisfaction des besoins. Si, par le travail social qui y est dépensé, la société civile abolit l'immédiateté de la socialisation familiale, elle n'en reste pas moins traversée d'incessants conflits entre intérêts particuliers (ceux des corporations par exemple).

– La réconciliation dans l'universel se fait par l'État, puissance souveraine qui résout et dépasse toutes les oppositions. Expression de la Raison qui s'incarne dans un corps de fonctionnaires compétents et dotés de pouvoir de décision, l'État a en charge la régulation des intérêts particuliers, la sécurité et la protection de la propriété des citoyens... mais aussi le destin du monde. En bref, l'État est « la venue de Dieu sur terre ».

Dans sa critique de la philosophie de l'État de Hegel, Marx récuse radicalement l'analyse de son ancien maître à penser. Marx ne croit pas à cette « mystification », à cette légitimation tronquée de l'État prussien autoritaire. Loin d'être la solution à tous les problèmes sociaux, l'État n'est en réalité – y compris en démocratie – qu'un facteur d'aliénation. Dit encore autrement, ce n'est pas tant l'État qui crée la société que l'inverse : parce que les capitalistes constituent une classe de « faux-frères » incapables de s'organiser spontanément, l'État fait office de capitaliste général. Avec le droit notamment, l'État se transmute, dans l'esprit de Marx, en un moyen de domination et de régulation de la société civile au seul profit de la classe dominante.

Le renversement opéré par Marx n'est pas mince. L'agent actif et universel n'est plus, comme le croyait Hegel, le fonctionnaire. Parce que l'émancipation passe par un travail au sein de la société civile, c'est désormais le prolétaire qui devient le héraut de l'histoire. C'est lui qui précipitera le monde vers le communisme, ultime étape qui s'accompagnera nécessairement, avec la dissolution des classes sociales, du dépérissement de l'État.

L'ALIÉNATION

L'aliénation est un concept qui a connu de multiples interprétations et réinterprétations philosophiques et sociologiques (cf. P. Ricœur, article « Aliénation » de l'*Encyclopaedia Universalis*). En français, le terme doit être rattaché à une tradition juridique : il signifie cession, don, vente de ce que l'on possède privativement.

L'aliénation fera fortune en psychologie (aliénation mentale) et en politique (Rousseau parle d'aliénation pour désigner, au moment du contrat social, la cession de tous ses droits au profit de tous). En allemand, la racine est soit « étranger » (*Fremd*) soit « extérieur » (*Veraüsserung*). En philosophie, la seconde composante l'a emporté à partir de la thématique de la négativité, du déchirement.

L'aliénation désigne alors une séparation et une opposition avec soi-même. Chez Hegel, par exemple, l'aliénation est la perte de soi dans un autre (la projection de soi et la soumission à un Dieu maître).

Cette idée d'aliénation-séparation est développée d'abord par Feuerbach (aliénation religieuse) puis par Marx (aliénation économique). Dans ses *Manuscrits de 1844*, Marx recense ainsi plusieurs formes d'aliénation liées au travail effectué dans le cadre du mode de production capitaliste. Le travail aliéné rend d'abord l'individu étranger au produit de son travail, objet dont il est dessaisi au profit de l'employeur. Parce qu'en second lieu, il est contraint et forcé, qu'il ne laisse plus d'espaces de liberté, le travail devient un carcan pour l'ouvrier. Celui-ci se trouve de plus en plus séparé de l'activité de production elle-même. Troisièmement, la concurrence qu'organise le capitaliste sur le marché du travail émiette la communauté des ouvriers. La solidarité ainsi brisée, chaque individu se trouve isolé des autres. Enfin, le travail aliéné scinde l'ouvrier de l'homme en tant qu'être générique. Le travail, essence de l'homme, est réduit à un pur moyen de subsistance.

Hérité de Hegel et, plus généralement de la tradition philosophique allemande, le thème de l'aliénation est central chez le jeune Marx. Clef d'entrée polysémique abandonnée ultérieurement par Marx lui-même, l'aliénation connaîtra malgré tout une certaine fortune sociologique. Pour comprendre l'origine de la réflexion marxienne, il faut rappeler que de l'hégélianisme de gauche dans lequel il baigne dans sa jeunesse, Marx retient un questionnement sur la religion. Celui-ci est grandement influencé par le matérialisme de Ludwig Feuerbach. La thèse majeure de ce dernier peut se résumer ainsi : en se créant un Dieu imaginaire, les hommes projettent hors d'eux-mêmes l'inverse de leurs propres attributs. Ils sont finis, mortels et limités ; Dieu possède toutes les qualités opposées. La religion, produit proprement humain s'il en est, n'est donc que déchirement, séparation, aliénation.

En reprenant le schéma à son compte, Marx veut aller plus loin encore. Pour lui, la propriété privée est l'expression matérielle et sensible de la vie humaine aliénée, elle empêche la synthèse entre liberté et nécessité. L'aliénation ne prend donc pas corps uniquement dans la sphère religieuse mais elle a avant tout une consistance économique qui ne s'épuisera qu'avec une transformation radicale de la société. Quand la domination économique aura cessé, alors l'aliénation religieuse, qui n'est que le reflet des contradictions matérielles, s'évanouira elle aussi. Pourquoi un tel dépassement de Feuerbach ? Marx estime que le travail constitue l'essence même de l'activité humaine. En travaillant, non seulement l'homme transforme la nature mais il se transforme aussi lui-même. Or, dans le mode de production capitaliste, loin de pouvoir se réaliser pleinement par un travail libre et épanouissant, l'ouvrier se trouve dépossédé.

Si importante soit-elle dans la problématique initiale, l'idée d'aliénation est peu à peu mise à distance dans le cours de la trajectoire intellectuelle de Marx. Sous sa plume, désormais, c'est le thème de l'idéologie puis celui du fétichisme de la marchandise qui sont mobilisés pour aider à la compréhension des rapports réels qui se jouent au sein du mode de production capitaliste. L'« idéologie » renvoie initialement à un mouvement philosophique qui prend corps, en France, à compter de 1795 au sein de l'Académie des sciences morales et politiques. Destutt de Tracy, auteur des *Éléments d'idéologie* (1801-1815), personnifie le mieux cette école sans grand éclat. Marx emprunte ce terme

LE FÉTICHISME DE LA MARCHANDISE

« Une marchandise paraît au premier coup d'œil quelque chose de trivial et qui se comprend de soi-même. Notre analyse a montré au contraire que c'est une chose très complexe, pleine de subtilités métaphysiques et d'arguties théologiques. En tant que valeur d'usage, il n'y a en elle rien de mystérieux, soit qu'elle satisfasse les besoins de l'homme par ses propriétés, soit que ses propriétés soient produites par le travail humain. Il est évident que l'activité de l'homme transforme les matières fournies par la nature d'une façon à les rendre utiles. La forme du bois, par exemple, est changée, si l'on en fait une table. Néanmoins la table reste bois, une chose ordinaire et qui tombe sous le sens. Mais dès qu'elle se présente comme marchandise, c'est une tout autre affaire. À la fois saisissable et insaisissable, il ne lui suffit pas de poser ses pieds sur le sol, elle se dresse, pour ainsi dire, sur sa tête de bois en face des autres marchandises et se livre à des caprices plus bizarres que si elle se mettait à danser (...)

D'où provient donc le caractère énigmatique de produit du travail dès qu'il revêt la forme d'une marchandise ? Évidemment de cette forme elle-même. Le caractère d'égalité des travaux humains acquiert la forme de valeur des produits du travail ; la mesure des travaux individuels par leur durée acquiert la forme de la grandeur de valeur des produits du travail ; enfin les rapports des producteurs, dans lesquels s'affirment les caractères sociaux de leurs travaux, acquièrent la forme d'un rapport social des produits du travail. Voilà pourquoi ces produits se convertissent en marchandises, c'est-à-dire en choses qui tombent et ne tombent pas sous le sens, ou choses sociales (...) C'est seulement un rapport social déterminé des hommes entre eux qui revêt ici pour eux la forme fantastique d'un rapport des choses entre elles. Pour trouver une analogie à ce phénomène, il faut la chercher dans la région nuageuse du monde religieux. Là les produits du cerveau humain ont l'aspect d'êtres indépendants, doués de corps particuliers, en communication avec les hommes et entre eux. Il en est de même des produits de la main de l'homme dans le monde marchand. C'est ce qu'on peut nommer le fétichisme attaché aux produits du travail, dès qu'ils se présentent comme des marchandises, fétichisme inséparable de ce mode de production.

En général, des objets d'utilité ne deviennent des marchandises que parce qu'ils sont des produits de travaux privés, exécutés indépendamment les uns des autres. L'ensemble de ces travaux privés forme le travail social. Comme les producteurs n'entrent socialement en contact que par l'échange de leurs produits, ce n'est que dans les limites de cet échange que s'affirment d'abord les caractères sociaux de leurs travaux privés. Ou bien les travaux privés ne se manifestent en réalité comme divisions du travail social que par les rapports que l'échange établit entre les produits du travail et indirectement entre les producteurs. Il en résulte que pour ces derniers les rapports de leurs travaux privés *apparaissent* ce qu'ils *sont*, c'est-à-dire non des rapports sociaux immédiats des personnes dans leurs travaux même, mais bien plutôt des *rapports sociaux entre les choses*. »

Source : K. Marx, *Le Capital* (1867), Livre I, Paris, © Gallimard, La Pléiade, « Œuvres », Économie I, 1965, pp. 604-607.

d'idéologie et le dote d'une charge critique. Il lui attribue la fonction de dissimulation, de travestissement de la réalité. Ainsi, explique-t-il dans *L'Idéologie allemande,* l'idéologie est – à l'instar de l'image renversée en photographie – une image déformée de la vie réelle. Avec elle, la pratique sociale est opacifiée par les représentations imaginaires des hommes eux-mêmes. L'idéologie trouble les rapports de production, occulte la lutte des classes. Plus qu'un amalgame d'idées fausses, c'est véritablement une arme au service de la domination sociale.

Le fétichisme de la marchandise, enfin, caractérise moins le travestissement de la vie sociale que la mystification dont sont empreintes les choses elles-mêmes. Nous avons l'impression, avance Marx dans *Le Capital*, qu'une marchandise quelconque se comprend d'elle-même et qu'elle possède une vie propre. En réalité, derrière un bien que l'on va échanger contre un autre bien se cache non seulement une dépense de travail mais surtout un rapport social déterminé.

Les principes du matérialisme marxien

L'abandon progressif de Marx à toute référence à l'aliénation n'est pas le fruit du hasard. Elle est l'expression d'une inflexion théorique et politique : celle qui le conduit à poser les principes du matérialisme historique. La position que défend Marx à compter de 1847 consiste à rompre avec toutes les philosophies spéculatives, celles qui se contentent de disserter sur l'Être ou encore, comme c'est le cas avec Hegel, de réduire la philosophie de l'histoire à l'histoire de la philosophie. Hegel n'offre aucune réflexion sur l'homme en tant qu'être d'histoire, il se contente de transformer « les chapeaux en idées ». Marx entend s'intéresser, lui, aux pratiques sociales. En abandonnant progressivement toute référence véritable à l'aliénation, il quitte les terres de la conscience pour s'ancrer dans la seule réalité sensible.

C'est suite à sa rencontre avec F. Engels que Marx se sensibilise véritablement à l'économie. Il va dès lors mettre l'accent sur le rôle déterminant « en dernière instance » de l'économique. « L'anatomie de la société est à rechercher dans l'économie », note-t-il explicitement dans sa préface à la *Contribution à la critique de l'économie politique* (1859). Mieux encore, la façon dont est produite la vie matérielle conditionne la vie sociale, politique et intellectuelle en général. « Ce n'est pas la conscience des hommes qui détermine la réalité ; c'est au contraire la réalité sociale qui détermine leur conscience » (*Contribution..., op. cit.*).

HISTOIRE ET LUTTE DE CLASSES

« L'Histoire de toute société jusqu'à nos jours, c'est l'histoire de la lutte des classes. Homme libre et esclave, patricien et plébéien, baron et serf, maître de jurande et compagnon, en un mot : oppresseurs et opprimés, se sont trouvés en constante opposition ; ils ont mené une lutte sans répit, tantôt déguisée, tantôt ouverte, qui chaque fois finissait soit par une transformation révolutionnaire de la société tout entière, soit par la ruine des diverses classes en lutte.

Aux époques historiques anciennes, nous trouvons presque partout une organisation complète de la société en classes distinctes, une hiérarchie variée de positions sociales. Dans la Rome antique, nous avons des patriciens, des chevaliers, des plébéiens, des esclaves ; au Moyen Âge, des seigneurs, des vassaux, des maîtres, des compagnons, des serfs ; et, dans presque chacune de ces classes, de nouvelles divisions hiérarchiques.

La société bourgeoise moderne, qui est issue des ruines de la société féodale, n'a pas surmonté les vieux antagonismes de classes. Elle a mis en place des classes nouvelles, de nouvelles conditions d'oppression, de nouvelles formes de lutte.

Toutefois, notre époque – l'époque de la bourgeoisie – se distingue des autres par un trait particulier : elle a simplifié les antagonismes de classes. De plus en plus, la société se divise en deux grands camps ennemis, en deux grandes classes qui s'affrontent directement : la bourgeoisie et le prolétariat.

Les citoyens hors barrière des premières villes sont issus des serfs du Moyen Âge ; c'est parmi eux que se sont formés les derniers éléments de la bourgeoisie.

La découverte de l'Amérique, la circumnavigation de l'Afrique offrirent à la bourgeoisie naissante un nouveau champ d'action. Les marchés des Indes orientales et de la Chine, la colonisation de l'Amérique, les échanges avec les colonies, l'accroissement des moyens d'échange et des marchandises en général donnèrent au commerce, à la navigation, à l'industrie un essor inconnu jusqu'alors ; du même coup, ils hâtèrent le développement de l'élément révolutionnaire au sein d'une société féodale en décomposition.

L'ancien mode de production, féodal ou corporatif, ne suffisait pas aux besoins qui augmentaient en même temps que les nouveaux marchés. La manufacture vint le remplacer. Les maîtres de jurandes furent expulsés par les petits industriels ; la division du travail entre les diverses corporations disparut devant la division du travail au sein même des ateliers.

Cependant les marchés ne cessaient de s'étendre, les besoins de s'accroître. La manufacture devint bientôt insuffisante, elle aussi. Alors la vapeur et les machines vinrent révolutionner la production industrielle. La manufacture dut céder la place à la grande industrie moderne et les petits industriels se trouvèrent détrônés par les millionnaires de l'industrie, chefs d'armées industrielles : les bourgeois modernes.

La grande industrie a fait naître le marché mondial, que la découverte de l'Amérique avait préparé. Le marché mondial a donné une impulsion énorme au commerce, à la navigation, aux voies de communication. En retour, ce développement a entraîné l'essor de l'industrie. À mesure que l'industrie, le commerce, la navigation, les chemins de fer prirent de l'extension, la bourgeoisie s'épanouissait, multipliant ses capitaux et refoulant à l'arrière-plan toutes les classes léguées par le Moyen Âge. »

Source : K. Marx, F. Engels, *Manifeste du parti communiste* (1848), Paris, © Gallimard, La Pléiade, « Œuvres », Économie I, 1965, pp. 161-163.

Selon ce point de vue matérialiste, Marx opère une lecture originale de l'histoire, envisagée dès lors comme une série de modes de production qui s'enchaînent les uns aux autres de façon dialectique. Un mode de production est le composé d'une infrastructure et de formes superstructurelles. L'infrastructure se caractérise par la nature des forces productives (outils de production, travail) ainsi que par les rapports techniques et sociaux de travail. L'ensemble détermine, par simple effet de reflet, la superstructure : religion, famille, État, droit, morale, science... Dans ce schéma, les révolutions sociales, produit des contradictions entre les institutions et les forces productives en constant développement, ponctuent le déroulement d'une histoire tendue vers l'avènement du communisme.

Les fondements d'une sociologie des classes sociales

Les thèses de Marx sont en fait beaucoup plus complexes que ne laisse paraître le simple point de vue déterministe que nous venons d'énoncer. Au cœur de la tension qui anime toute son œuvre, une interrogation : est-ce l'histoire qui façonne les hommes ou ces derniers, par leur lutte, contribuent-ils à forger eux-mêmes leur destin ? En acceptant également la seconde branche de l'alternative, Marx est logiquement conduit à réfléchir sur la question des classes sociales. On a bien souvent retenu de lui, sur la base de la lecture du *Manifeste*, une analyse transhistorique qui explique l'évolution politique et l'histoire sociale par le jeu de la lutte des classes. Là encore, le point de vue est plus nuancé qu'il n'y paraît. À travers ses divers ouvrages, et sous l'influence des thèses de L. von Stein, A. Thierry..., Marx remet en permanence ce problème sur le chantier de l'analyse. Il est ainsi significatif que le chapitre LII du troisième volume du *Capital* (chapitre que Marx laissa inachevé) devait porter exclusivement sur ce thème.

Dans les années 1840, les classes sont souvent définies à partir du partage du revenu. Marx se contente d'abord, pour sa part, d'opposer une classe urbaine à une classe rurale. Mais il affine rapidement son schéma d'analyse et retient un critère de démarcation décisif : la place des individus dans les rapports de production. La structuration en classes renvoie donc à un principe d'organisation : l'opposition capital/travail. L'appropriation privée des moyens de production et l'utilisation de ces moyens de production aux fins d'exploiter les salariés est le propre des capitalistes. Parce qu'ils n'ont aucun autre moyen de

LES PAYSANS PARCELLAIRES NE CONSTITUENT PAS UNE CLASSE POUR SOI

« Les Bourbons avaient été la dynastie de la grande propriété foncière, les d'Orléans la dynastie de l'argent ; les Bonapartes sont la dynastie des paysans, c'est-à-dire de la masse de la nation française. L'élu des paysans, ce n'est pas le Bonaparte qui se soumettait au Parlement, c'est celui qui a dissous et chassé le Parlement bourgeois. Trois années durant, les villes avaient réussi à fausser le sens de l'élection du 10 décembre et à frustrer les paysans du rétablissement de l'Empire. L'élection du 10 décembre 1848 n'a eu son plein effet que par le coup d'État du 2 décembre 1851.

Les paysans parcellaires forment une masse énorme, dont tous les membres vivent dans la même situation, mais sans être liés par de nombreux rapports. Leur mode de production les isole les uns des autres, au lieu d'établir entre eux un commerce réciproque. Cet isolement est encore augmenté par le mauvais état des moyens de communication et la pauvreté des paysans. Leur champ de production, la parcelle, ne permet, dans sa culture, aucune division du travail, aucune application de la science, donc pas de diversité de développement, pas de variété dans les talents, pas de richesse dans la situation sociale. Chaque famille de paysans se suffit à peu près à elle seule, produit directement la plus grande partie de sa consommation et gagne ainsi ses moyens d'existence par un échange avec la nature plutôt que par un commerce avec la société. La parcelle, le paysan et sa famille ; à côté, une autre parcelle, un autre paysan et une autre famille. Une certaine quantité de familles constituent un village, et une certaine quantité de villages forment un département. La grande masse de la nation française est ainsi constituée par une simple addition de grandeurs de même nom, à peu près comme un sac de pommes de terre est formé de pommes de terre. Par le fait de vivre dans des conditions économiques d'existence qui distinguent leur mode d'existence, leur intérêt et leur culture de ceux des autres classes et les posent réciproquement en ennemies, des millions de familles constituent une classe ; et par le fait de n'être unis que par un lien purement local, par le fait que l'identité de leurs intérêts ne crée pas de communauté, ni d'union nationale, ni d'organisation politique, les paysans parcellaires ne constituent pas de classe. Ils sont par suite incapables de se faire prévaloir en leur propre nom, soit par un parlement, soit par une Convention. Ils ne peuvent se représenter eux-mêmes ; il leur faut des représentants hors de leur milieu. »

Source : K. Marx, *Le 18 Brumaire de Louis-Napoléon Bonaparte*, Paris, © Costes, 1928, pp. 313-314.

survivre, les salariés sont forcés, quant à eux, de vendre leur force de travail. Telle est la loi du capital. Dans la bouche de Marx, on l'aura compris, le capital ne se réduit pas à une dimension purement matérielle mais il désigne un rapport social, rapport historiquement constitué et qui a tendance à s'étendre toujours davantage dans la société capitaliste.

Plus explicitement encore, K. Marx recense trois critères déterminants dans la définition d'une classe sociale : la place dans les rapports de production (rôle joué dans la production, la circulation et la distribution des richesses), la participation aux antagonismes sociaux (qui se manifeste dans la lutte pour le pouvoir politique) et la conscience de classe. Dans le cas particulier des salariés, cette conscience de classe naît de deux éléments fondamentaux : le dépassement progressif de la concurrence interouvrière et l'organisation autonome et indépendante de la classe ouvrière. Empruntant au langage hégélien, il distingue la classe en soi (ensemble d'individus possédant des intérêts objectifs de classe communs mais n'en n'ayant pas conscience) et la classe pour soi (dotée d'une conscience de classe). Les paysans français que Marx compare, dans *Le 18 Brumaire de Louis-Napoléon Bonaparte*, à un sac de pommes de terre constituent, à ses yeux, un exemple typique de classe en soi.

Lorsqu'il s'attaque au problème des classes sociales de façon empirique, Marx montre que la complexité de la réalité sociale ne saurait se plier si facilement à un antagonisme dual fondé en raison. Dans le *Manifeste*, il recense par exemple cinq classes ; dans *La lutte des classes en France* (1848-1850), il en distingue sept. Le nombre monte jusqu'à huit dans *Le 18 Brumaire* avec la bourgeoisie financière, la bourgeoisie industrielle, la bourgeoisie commerciale, la petite bourgeoisie, le groupe techno-bureaucratico-militaire, la paysannerie, le prolétariat et, enfin, le lumpenprolétariat ! Tous les écrits sociologiques de Marx indiquent clairement que le nombre et les arrangements entre classes sociales sont liés à des configurations historiques données. Ainsi de la révolution de 1848 : alors que les banquiers étaient de fait au pouvoir, le prince-président a pu s'emparer de celui-ci grâce à une coalition implicite entre la classe bourgeoise industrielle et la classe paysanne.

Marx reste cependant persuadé que, sur long terme, l'histoire travaille au fractionnement binaire de la société. L'incessante extension de la logique du capital précipite commerçants, artisans... dans la condition de prolétaire. Aussi Marx passe-t-il au scalpel de l'analyse ces deux acteurs centraux du mode de production capitaliste que sont les

LA CRITIQUE DU PROGRAMME DE GOTHA

« Dans une phase supérieure de la société communiste, quand auront disparu l'asservissante subordination des individus à la division du travail et, par suite, l'opposition entre le travail intellectuel et le travail corporel ; quand le travail sera devenu non seulement le moyen de vivre mais encore le premier besoin de la vie ; quand, avec l'épanouissement universel des individus, les forces productives se seront accrues, et que toutes les sources de la richesse coopérative jailliront avec abondance – alors seulement on pourra s'évader une bonne fois de l'étroit horizon du droit bourgeois, et la société pourra écrire sur ses bannières : "De chacun selon ses capacités, à chacun selon ses besoins !" (...)

Le Parti ouvrier allemand – du moins s'il fait sien ce programme – montre que les idées socialistes ne l'ont même pas effleuré ; au lieu de considérer la société existante (et cela vaut pour toute société future) comme le *fondement* de l'État existant (ou futur pour la société future), on traite au contraire, l'État comme une entité indépendante, qui possède ses propres *fondements intellectuels et moraux, ses propres libertés.*
Enfin et surtout, quel monstrueux abus le programme ne fait-il pas des expressions "État existant", "société existante", et quelle confusion, plus monstrueuse encore, au sujet de l'État, à qui il adresse ses revendications !

La "société existante", c'est la société capitaliste qui existe dans tous les pays civilisés, plus ou moins libérée des vestiges du Moyen Âge, plus ou moins modifiée par le développement historique particulier à chaque pays, plus ou moins évoluée. En revanche, l'État "existant" change avec la frontière de chaque pays. Dans l'Empire prusso-allemand, il est autre qu'en Suisse, en Angleterre et aux États-Unis. L'"État existant", c'est donc une fiction.

Cependant, les différents États des différents pays civilisés, en dépit de la multiplicité de leurs formes, ont tous ceci de commun : leur terrain, c'est la société bourgeoise moderne, avec un capitalisme plus ou moins développé. Ils ont donc certains caractères essentiels en commun. C'est en ce sens que l'on peut parler d'"État existant" par opposition à l'avenir, quand le terrain où il s'enracine, la société bourgeoise, aura cessé d'exister.

Dès lors, la question se pose : quelle transformation subira le système d'État dans la société communiste ? En d'autres termes : quelles fonctions sociales y subsisteront, qui seront analogues aux fonctions actuelles de l'État ? Cette question réclame une réponse qui ne peut être que scientifique, et ce n'est pas en accouplant de mille manières le mot Peuple avec le mot État qu'on fera avancer le problème d'un pouce.

Entre la société capitaliste et la société communiste, se situe la période de transformation révolutionnaire de l'une à l'autre. À cette période correspond également une phase de transition politique, où l'État ne saurait être autre chose que la *dictature révolutionnaire du prolétariat.* »

Source : K. Marx, *Critique du programme du Parti ouvrier allemand* (1875), Paris, © Gallimard, « Œuvres », Économie I, 1965, p. 1420 et pp. 1428-1429.

bourgeois et les prolétaires. Dans le *Manifeste*, il reconnaît d'abord le rôle révolutionnaire de la bourgeoisie qui « a noyé les frissons sacrés de l'extase religieuse, l'enthousiasme chevaleresque de la mentalité petite-bourgeoise dans les eaux glacées du calcul égoïste. Elle a fait de la dignité personnelle une simple valeur d'échange... En un mot, à la place de l'exploitation que masquaient les illusions religieuses et politiques, elle a mis une exploitation ouverte, directe, brutale ». Agents fanatiques de l'accumulation, les capitalistes ne cessent d'accentuer l'exploitation des salariés, de concentrer toujours plus les moyens de production jusqu'à devenir – par le jeu des contradictions internes au capitalisme – leurs propres fossoyeurs.

Si Marx considère à l'inverse la classe ouvrière comme le sujet de l'histoire, la classe sociale seule apte à s'auto-émanciper et à émanciper l'humanité tout entière, il reconnaît volontiers que ce processus ne va pas de soi. Ce n'est, en effet, qu'après avoir pris conscience de son rôle historique et révolutionnaire que le prolétariat centralisera tous les instruments de production entre les mains de l'État. Tel est le programme esquissé par Marx en 1875 (*Critique du programme de Gotha*), celui d'une période préalable au communisme : la dictature révolutionnaire du prolétariat. Ce moment historique décisif permettra de détruire toute domination de classe et impliquera donc, fort logiquement, la disparition de l'État.

Marx, critique de l'économie politique classique

Pour achever son analyse de la société capitaliste, Marx consacre toute la fin de sa vie à donner un fondement scientifique à l'analyse des phénomènes économiques. En la matière, ses écrits les plus importants datent de 1857 (*Grundisse des Kritik der politische Oekonomie*) et débouchent en 1867 sur *Le Capital*, grand ouvrage demeuré inachevé. Ce n'est qu'à partir de 1845 que Marx prend au sérieux l'économie politique. Au cours d'un voyage en Angleterre, il lit l'ouvrage de William Thompson (*An Inquiry in to the principles of the distribution of wealth*, 1824). Marx se convertit alors à la théorie de la valeur et révise radicalement le point de vue critique qu'il pouvait porter auparavant sur les travaux de l'économiste David Ricardo.

Marx déjoue d'abord le piège de l'économie « vulgaire », celui qui consiste à s'en tenir aux apparences du jeu de l'offre et de la

DU COMMUNISME PRIMITIF À L'IMPÉRIALISME

Selon Marx, l'histoire suit une évolution scandée par cinq stades importants : la communauté primitive (où la propriété privée n'existe pas mais où l'homme est dominé par la nature), le régime esclavagiste (la domination de l'homme par l'homme s'y fait jour), le régime féodal (la propriété reste terrienne et les forces productives commencent à prendre leur essor), le capitalisme (propriété privée des moyens de production), le socialisme (socialisation des moyens de production et dépérissement de l'État). Au terme de ces cinq étapes apparaîtra le communisme.

À l'instar de la rédemption chrétienne ou du moment suprême de la réconciliation dans l'État mondial chez Hegel, le communisme de Marx vient clore l'évolution d'une humanité dont le parcours ne prend sens qu'au regard du filtre de la dialectique. Après le stade du communisme primitif (les hommes ne connaissent pas de conflits mais sont soumis à la nature), le développement des forces productives au prix de la lutte des classes débouche, en effet, sur l'ère d'un humanisme positif. La maîtrise parfaite de la nature doit se greffer sur une société sans classes et réconciliée avec elle-même.

Lénine a, quant à lui, proposé une typologie beaucoup plus fine mais réduite au seul devenir du capitalisme européen. Lénine distingue le capitalisme manufacturier (XVII-XVIIIe siècle), le capitalisme concurrentiel (XIXe siècle), le capitalisme monopoliste (début XXe siècle) et le capitalisme monopoliste d'État. Dans la lignée des analyses de l'économiste Hilferding, et à une époque marquée par le colonialisme européen, Lénine explique en outre (*L'impérialisme, stade suprême du capitalisme*, 1916) que le capitalisme contemporain se développe par exportations de capitaux. Il atteint ainsi un stade, celui de l'impérialisme, qui se traduit par l'action déterminante des monopoles et des banques au niveau international. Loin de tout fatalisme, Lénine en déduit que le capitalisme se développe de façon inégale selon les industries et les pays. Pour détruire la chaîne impérialiste, la stratégie révolutionnaire consistera, en conséquence, à frapper dans le maillon le plus faible.

demande pour analyser les phénomènes marchands. Mais Marx est surtout motivé par la critique de l'économie politique classique. Comme Adam Smith et David Ricardo, les deux plus célèbres représentants de cette école, Marx reconnaît volontiers que le travail est au fondement de la valeur des biens. Par contre, à la différence de ces derniers, il postule que le travail se présente à nous sous un double jour : en tant que travail concret (c'est le travail tel qu'il se manifeste de façon différente dans chaque activité de production et qui produit de la valeur d'usage) et en tant que travail abstrait (dépense d'énergie commune à tout travailleur).

Cette distinction posée, Marx montre que la valeur d'un bien peut s'exprimer quantitativement par le temps de travail socialement nécessaire à sa production, soit le temps qu' « exige tout travail, exécuté avec le degré moyen d'habileté et d'intensité dans des conditions qui, par rapport au milieu social donné, sont normales » (*Le Capital*, livre I).

Muni de cette théorie de la valeur, Marx se met en devoir de radiographier le mode de production capitaliste. Il indique, d'abord, que la valeur ne peut se réduire au prix, qui n'a de sens qu'en référence à la monnaie, « équivalent général » facilitant l'échange des marchandises. La transformation marchandise/monnaie est d'ailleurs au cœur de la logique du capitalisme. Car ce dernier tend moins vers une croissance absolue des objets que vers un accroissement continu de la quantité de valeur. En d'autres termes, l'action des capitalistes s'assimile à la mise en mouvement de multiples formes de capital (industriel, commercial, financier) qu'il s'agit de valoriser.

Cette logique est bel et bien à l'œuvre depuis la genèse du capitalisme. Depuis l'accumulation primitive, processus sanglant réalisé dès la fin du Moyen Âge au moyen de guerres, de monopoles commerciaux, d'expropriations... le capitalisme s'est métamorphosé : d'abord mercantile, il a atteint ensuite sa maturité industrielle. Dans ce nouveau cadre historique, la logique des échanges n'est plus un circuit marchandise-argent-marchandise (M-A-M) où l'homme produit et vend pour acheter d'autres marchandises. Elle est désormais soumise à un impératif constant de valorisation : l'homme achète pour vendre et réaliser un profit. C'est le circuit A-M-A' (avec A'>A).

Mais comment les capitalistes peuvent-ils, en bout de course, détenir une valeur A' supérieure à celle qu'ils ont investie initialement ?

« La *valeur* de la force de travail est déterminée par la quantité de travail nécessaire pour la conserver ou la reproduire, mais l'*emploi* de cette force n'a d'autres limites que celles des énergies actives et de la force physique du travailleur. La *valeur* journalière ou hebdomadaire de la force de travail est tout à fait distincte de son exercice journalier ou hebdomadaire ; de même, il faut bien distinguer entre la nourriture dont un cheval a besoin, et le temps durant lequel il est capable de porter son cavalier. La quantité de travail qui limite la *valeur* de la force de travail de l'ouvrier n'impose aucune limite à la quantité de travail que cette force est capable d'exécuter. Voyez l'exemple de notre fileur. Nous avons vu que pour renouveler tous les jours sa force de travail, il doit produire chaque jour une valeur de 3 sh., et cela en travaillant 6 heures. Or cela ne le rend point incapable de travailler 10, 12 heures ou plus. Il se trouve qu'en payant la *valeur* quotidienne ou hebdomadaire de la force de travail, le capitaliste a acquis le droit de l'utiliser pendant *toute la journée ou toute la semaine*. Il va donc faire travailler l'ouvrier plus longtemps, mettons *douze* heures par jour. En sus des six heures nécessaires à la reproduction de son salaire, c'est-à-dire de la valeur de sa force de travail, le fileur devra travailler *six autres heures*, que j'appellerai *heures de surtravail* ; ce surtravail se réalise en une *plus-value* et en un *surproduit*. Si notre fileur, qui travaille 6 heures, ajoute au coton une valeur de 3 sh., une valeur parfaitement égale à son salaire, il ajoutera en 12 heures une valeur de 6 sh., et produira *un surplus de filé en proportion*. Comme il a vendu sa force de travail, la valeur totale du produit qu'il a créé appartient au capitaliste, possesseur temporaire de la force de travail. Celui-ci va débourser 3 sh., et réalisera ainsi une valeur de 6 sh. Il aura en effet déboursé une valeur dans laquelle 6 heures de travail sont cristallisées, et reçu en échange une valeur dans laquelle 12 heures de travail sont cristallisées. En répétant cette opération chaque jour, le capitaliste déboursera chaque fois 3 sh. et en empochera 6, dont une moitié servira à payer un nouveau salaire, et l'autre moitié constituera une *plus-value* pour laquelle le capitaliste ne paie aucun équivalent. C'est sur cette sorte d'*échange entre le capital et le travail* qu'est fondée la production capitaliste. Ce système, qui est celui du salariat, a pour résultat constant de reproduire le travailleur comme travailleur, et le capitaliste comme capitaliste. »

Source : K. Marx, *Salaire, prix et profit* (1865), Paris, © Gallimard, La Pléiade, « Œuvres », Économie I, 1965, pp. 512-513

Le secret réside dans la plus-value et l'exploitation, deux pivots du système capitaliste dont Marx s'emploie à dévoiler l'existence et le mécanisme. La plus-value correspond à la différence entre la valeur d'usage de la force de travail et sa valeur d'échange (le salaire). Or, le salaire versé autorise tout juste la reproduction à l'identique de la force de travail ; cette dernière produit donc une valeur supérieure à ce que coûte son utilisation par le capitaliste.

Puisque le travail des salariés n'est pas rémunéré à la mesure de son résultat et que les détenteurs des moyens de production s'approprient la plus-value, alors, en conclut Marx, il y a exploitation. Cette usurpation est au cœur des conflits de classes. Elle taraude un système traversé de contradictions (le développement des capacités de production ne s'accompagne pas d'une augmentation proportionnelle de la demande...), et inévitablement voué, de ce fait, à la déchéance.

L'inéluctable crise du capitalisme

Contrairement aux économistes classiques (et notamment à Jean-Baptiste Say), Marx affirme d'abord qu'une fois un bien produit, celui-ci ne trouve pas nécessairement de débouchés.

Marx entame une critique plus fondamentale encore du mode de production capitaliste lorsqu'il énonce les lois « tendancielles » de ce système : tendance à l'égalisation des taux de profits entre secteurs et, surtout, baisse tendancielle du taux de profit. La logique de ce dernier mouvement est la suivante : constamment assoiffés de profit, les détenteurs de moyens de production se livrent concurrence en accumulant et en concentrant toujours plus de capital.

Cette modernisation a pour but explicite l'accroissement de la plus-value (par augmentation de la productivité, par allongement du temps de travail...) et donc du profit. Il y a de ce fait, une substitution croissante entre travail mort (machines) et travail vivant (salariés). Or, seul ce dernier type de travail est créateur de valeur. À long terme, le système ne pourra donc plus engendrer de nouvelles richesses. Victime de sa propre logique, en conclut Marx, le capitalisme s'achemine vers une inéluctable crise.

Les théories de l'action politique et du rôle respectif de la classe ouvrière, du parti et de l'État constituent un noyau important des débats entre marxistes. Le Parti social-démocrate russe, fondé en 1895 sous l'impulsion de Vladimir Illich Oulianov, dit Lénine (1870-1924), en est le théâtre privilégié. En 1903, lors du second congrès à Bruxelles, le parti est traversé par un ensemble de débats qui entérinent rapidement une rupture totale entre les majoritaires (bolcheviks) et les minoritaires (mencheviks).

Un premier type de débat s'organise autours de trois points de vue. Plekhanov, le premier, croit que la Russie n'est pas prête à vivre une révolution : il faut soutenir la bourgeoisie au pouvoir et lui permettre de mener le pays à maturité économique. Il sera alors temps de mener l'offensive révolutionnaire. S'y prendre trop tôt, ce serait à l'instar de la Commune de Paris, courir à l'échec. Lénine milite quant à lui en faveur d'une révolution prolétarienne qui, en alliance avec la classe paysanne, permettra de rompre le maillon faible (la Russie) de la chaîne impérialiste. Avec l'appui des mencheviks, Trostski (1879-1940) s'écarte des vues de Lénine. S'il pense comme ce dernier que le prolétariat russe doit conquérir le pouvoir, il ne croit pas à la possibilité d'appuyer cette action sur un soutien paysan. Trotski plaide en faveur d'une nationalisation de l'industrie et d'une socialisation de l'agriculture.
Conscient de l'obstacle que constitue la paysannerie russe pour la réalisation d'un tel programme, il en appelle à une révolution permanente et internationale. En 1917, Lénine se ralliera lui aussi à cette position.

Un second point de débat porte sur le rôle du parti. Parce qu'il estime que le prolétariat ne peut naturellement acquérir une conscience révolutionnaire, Lénine revendique l'organisation d'une avant-garde de révolutionnaires professionnels (*Que faire ?*, 1904). Cette position s'oppose encore à celle de Trostski (qui rejoint malgré tout Lénine sur ce principe en 1917) mais aussi à celle que prend Rosa Luxembourg (1871-1919) (*Grèves de masse, parti et syndicat*, 1906). Cette dernière, qui participa à la fondation du Parti communiste allemand (1918) et à la révolution spartakiste de Berlin de janvier 1919, défend une ligne spontanéiste : « Les erreurs commises par le mouvement ouvrier révolutionnaire sont historiquement infiniment plus fécondes que l'infaillibilité du meilleur comité central ».

3. Les marxismes après Marx

Après l'échec des révolutions de 1848, le mouvement ouvrier ne prend vigueur en Europe que fort lentement et de façon inégale selon les pays. En Angleterre, si les *Trade Unions* sont tolérées depuis 1825, le ministère Disraeli ne réalise de réelles concessions sociales qu'à partir de 1874 (suppression de toute entrave à la grève...). En France, le droit de grève n'est reconnu qu'en 1864, le syndicalisme en 1884. Le marxisme, en tant que doctrine fédératrice d'une action politique, ne naît véritablement qu'avec l'unification des socialistes allemands (congrès de Gotha, 1875) et la création, en 1879, sous l'impulsion de Jules Guesde, de la Fédération du parti des travailleurs socialistes de France (qui devient le Parti ouvrier français en 1882). Ce sont, enfin, les révolutions russes de 1905 et de 1917 qui sanctionnent réellement l'efficacité de l'action communiste.

Comment militants et intellectuels socialistes de cette fin de siècle gèrent-ils l'héritage marxiste ? En France, la doctrine est vulgarisée si ce n'est caricaturée par quelques intellectuels militants comme G. Deville, Paul Lafargue (le gendre de Marx, auteur du *Droit à la paresse*, 1880) ou encore Jules Guesde. En fait, loin de s'aligner unilatéralement et de s'approprier avec soin l'ensemble de l'œuvre, les héritiers empruntent trois voies principales : soit ils perpétuent en l'infléchissant la tradition utopiste ; soit ils s'orientent – comme en Grande-Bretagne – vers un réformisme qui en appelle à l'action de l'État ; soit, enfin, ils entament une véritable révision de Marx. Cette dernière stratégie fait véritablement rebondir l'analyse sociologique marxiste sur des thèmes aussi centraux que l'État, la bureaucratie, les classes sociales ou encore la nation.

Socialisme et réformisme

Dans sa version orthodoxe, le marxisme a davantage pénétré les terres françaises et allemandes, à l'inverse de l'Angleterre plus sensible, elle, au réformisme. Cela n'a pas empêché l'émergence de cette sensibilité politique dans les deux premiers pays. Ainsi, en France, cette dernière s'incarne avec le « possibilisme » de Paul Brousse, modéré qui demeure majoritaire, en 1882, au congrès de la Fédération des travailleurs socialistes de France. Partisan d'une politique des possibilités, Brousse développe une optique gestionnaire délocalisée des services publics au détriment de l'action révolutionnaire. En Allemagne, le réformisme prend d'abord les traits de Ferdinand Lassalle (1825-1864). Pour cet historien de la philosophie qui s'affirme comme le chef du mouvement ouvrier, il importe moins de revendiquer une amélioration du sort des travailleurs que d'obtenir le suffrage universel, de façon à exiger de l'État qu'il serve les intérêts du plus grand nombre. Le programme de Gotha (1875) du parti social-démocrate allemand, fortement inspiré par Lassalle, subira les critiques acerbes de Marx. Ce parti social-démocrate a été fondé en 1869 par deux propagateurs de la doctrine marxiste : Bebel et Liebknecht. Progressivement, son action s'infléchira vers des voies parlementaires.

En Angleterre, après la mort du chartisme en 1858, le socialisme prend une tournure réformiste avec la société fabienne (Sidney et Béatrice Webb, George Bernard Shaw) dont la réflexion marquera clairement l'action politique du parti travailliste. Créée en 1884, cette société regroupe des intellectuels qui rejettent dos à dos le marxisme et le libéralisme. Sociologues des institutions fort soucieux de l'accumulation des faits, les époux Webb consacrent un ouvrage majeur (*Industrial democracy*, 1897) à la question syndicale. Ils montrent que les syndicats ont pour objectif l'application d'une « règle commune », autrement dit une règle qui entrave la concurrence sur le marché du travail en normant les conditions de travail et le salaire. La négociation collective, l'assurance mutuelle et, enfin, l'action politique (transformation des règles communes en dispositions légales) sont les meilleurs instruments pour cela. Fondateurs de la *London School of Economics*, quelque peu influencés par la sociologie organiciste de Spencer, les Webb se convertiront à la fin de leur vie au communisme à la soviétique.

La tentation révisionniste

L'exécuteur testamentaire d'Engels, Eduard Bernstein (1850-1932), opère le premier une révision du marxisme. Au nom de la conscience de l'homme et d'un retour à Kant, en vogue à cette époque, Bernstein (*Le socialisme théorique et la pratique de la social-démocratie*, 1899) met en œuvre un révisionnisme qui détruit les fondements matérialiste et dialectique de l'histoire. Du même coup, il concède à la démocratie le véritable pouvoir de fécondation socialiste. En dépassant les intérêts de classes, l'État démocratique qui se nourrit du développement capitaliste pourra, de façon toute pacifique, infléchir le sens de l'histoire. Telle est la thèse première de Bernstein. Avec lui, se fait jour une forme d'humanisme politique qui imprégnera la pensée de nombreux socialistes, à commencer par les Français Jean Jaurès et Léon Blum.

Sous l'influence du groupe fabien anglais, Bernstein remet également en cause les thèses économiques et sociologiques majeures de Marx. Sa critique vise tout autant à dénoncer l'inanité de la théorie de la valeur qu'à démystifier l'idée d'une paupérisation croissante au sein du système capitaliste. Au total, Bernstein en finit avec le catastrophisme économique et plaide en faveur de solutions politiques qui indiquent clairement le chemin de la social-démocratie.

Même s'il n'entretient pas un accord intellectuel complet avec Bernstein, Karl Kautsky (1854-1938) doit être situé lui aussi dans cette lignée révisionniste. Celui qui fut, deux ans durant, le secrétaire d'Engels, s'est illustré par des thèses qui tempèrent le radicalisme marxien. À la violence comme arme de conquête du pouvoir, il préfère substituer un travail de persuasion. La classe ouvrière n'est pas en capacité naturelle de conquérir son émancipation. Seul un régime démocratique lui assurera les moyens d'opérer le passage au socialisme.

La critique du révisionnisme a été menée chez les marxistes sur les fronts multiples de l'activité militante et intellectuelle. En contrepoint à ces thèses sociales-démocrates, Rosa Luxembourg proclame d'abord la nécessité historique du processus révolutionnaire. Si elle concède volontiers à Bernstein que la croissance du capitalisme a mis fin au processus de paupérisation en Europe, c'est pour mieux en souligner le caractère temporaire. Le capitalisme, pense-t-elle, est en extension permanente. L'impérialisme, qui en est la traduction moderne, prend la forme d'un choc entre les grandes puissances pour la conquête des marchés. Ces oppositions seront donc inévitablement meurtrières.

Contre les révisionnistes, Lénine réaffirme lui aussi, haut et fort, l'injonction révolutionnaire. Il n'a pas de mots assez durs pour dénoncer un Kautsky qui, pour complaire à la bourgeoisie, aurait transformé Marx en un « vulgaire libéral » (*La révolution prolétarienne et le renégat Kautsky*, 1918). Or, estime Lénine, l'État, même au sein d'une démocratie, est encore et toujours un instrument d'oppression aux mains de la classe dominante. C'est donc justement au nom de Marx qu'il s'agit de revendiquer sa disparition par la révolution armée. Briser l'État bourgeois implique du même coup la mort de la démocratie.

LA CROISSANCE DES CLASSES MOYENNES

« Le mode de production moderne se définit par un accroissement considérable de la productivité du travail, ce qui a pour conséquence une augmentation non moins considérable de la production des biens de consommation. On est en droit de se demander où vont ces richesses, qui ne sont pas consommées par les ouvriers, en raison de la faiblesse de leurs salaires, et que les capitalistes eux-mêmes ne parviendraient pas à absorber, même s'ils avaient des ventres dix fois plus gros que ceux que leur attribue l'imagination populaire ou deux fois plus de serviteurs qu'ils n'en ont en réalité. On me rétorquera que les capitalistes exportent l'excédent. Soit. Mais n'oublions pas que l'acheteur étranger paye à son tour en marchandises, étant donné que la monnaie métallique joue un rôle de moins en moins important sur le marché mondial. En effet, plus un pays est riche en capital, plus il importe de marchandises, car les pays auxquels il prête de l'argent ne peuvent généralement payer leurs intérêts autrement que sous forme de marchandises. Où disparaît donc la masse des marchandises qui ne peut être absorbée par la consommation des capitalistes ? Comme elle ne va pas aux prolétaires, il faut bien que ce soient d'autres classes qui se chargent de l'absorber. L'accroissement continuel de la production nous place donc devant l'alternative suivante : ou bien une élévation progressive du bien-être du prolétariat ou bien une classe moyenne nombreuse (...)

Les statistiques des revenus dans les pays industriels avancés révèlent pour une part la mobilité, la fluidité et l'insécurité du capital dans l'économie moderne ; les revenus et les fortunes sont, dans des proportions croissantes des richesses de papier qu'une rafale de vent peut aisément disperser. Il n'en demeure pas moins que la hiérarchie des revenus n'entre nullement en contradiction avec la hiérarchie des unités économiques dans l'industrie, le commerce et l'agriculture. L'échelle des revenus et l'échelle des entreprises révèlent dans leur structure un parallélisme assez évident, surtout en ce qui concerne les catégories moyennes. Celles-ci ne sont nulle part en diminution : au contraire, nous les voyons augmenter presque partout dans des proportions considérables. Ce qu'elles abandonnent à la grande entreprise, elles le retrouvent par le système de l'ascension sociale, et la prolétarisation est compensée par le diffusion de la richesse générale due à l'industrialisation. Si l'effondrement de la société moderne dépend de la disparition des catégories moyennes situées entre le sommet et la base de la pyramide sociale, s'il a pour condition leur absorption par les extrêmes, la grande entreprise et le prolétariat, alors cet effondrement, en Angleterre, en Allemagne, en France, n'est pas plus proche aujourd'hui, en 1899, qu'à un quelconque moment du XIXe siècle. »

Source : E. Bernstein, « L'évolution économique de la société moderne » in *Les présupposés du socialisme* (1899), Paris, © Seuil, 1974, pp. 84-85 et pp. 103-104.

Un autre thème sociologique important que véhiculent les débats autour du révisionnisme est celui des classes sociales. Là encore, Bernstein est le premier à ouvrir le feu. Pour lui, si l'on veut bien considérer qu'une classe sociale se caractérise avant tout par des critères économiques (type et niveau de revenus), alors la polarisation de la société est rien moins qu'évidente. Dans les faits, et contrairement aux prédictions marxistes, il faut bien constater que les classes moyennes augmentent en volume.

Ce diagnostic a donné matière à une polémique célèbre entre Bernstein et Kautsky. Ce dernier prend acte, lui aussi, de la croissance d'un corps social intermédiaire. Mieux, il en enregistre les métamorphoses : aux côtés de la petite-bourgeoisie apparaît un nouveau groupe social issu de la classe cultivée. Malgré tout, soutient Kautsky, ce développement de la classe moyenne reste une illusion. D'abord parce que si certaines fractions de cette nouvelle classe moyenne sont attirées par le pôle bourgeois, la trappe de la prolétarisation s'ouvre sous les pieds des autres. Ensuite, parce que de véritables chômeurs se cachent sous les traits d'une certaine petite-bourgeoisie proliférante « de plus en plus dépréciée par l'offre sans cesse croissante des forces de travail ».

Par-delà cette controverse, il faut attirer l'attention, avec Georges Gurvitch, sur une dérive majeure des analyses marxistes et léninistes : celle qui consiste à tirer l'analyse des classes sociales vers des conceptions de plus en plus mécanistes.

Georges Lukàcs (*Histoire et conscience de classe*, 1923) est le premier à donner un coup d'arrêt décisif à un tel mouvement. Peu préoccupé par une quelconque recension empirique des groupes sociaux, Lukàcs met l'accent sur l'importance de saisir les phénomènes sociaux en tant, d'abord, que « totalités dialectiques ». C'est pourquoi, « comme le prolétariat est placé par l'histoire devant la tâche d'une transformation consciente de la société, il faut que surgisse dans sa conscience de classe la contradiction dialectique entre l'intérêt immédiat et le but final, entre le moment isolé et la totalité » (*ibid.*, p. 96). Bref, la véritable conscience de classe prolétarienne n'est pas psychologique, c'est une conscience globale qui intègre intérêt de classe et capacité à comprendre la réalité sociale dans sa totalité.

Outre la bureaucratie, le problème de la **nation** questionne le point de vue matérialiste et dialectique classique. Quelles sont, en la matière, les positions des grandes figures du marxisme ? Pour Marx et Engels, tout d'abord, la nation n'est qu'un phénomène historique transitoire. En fait, comme l'a noté Kolakowski, « il n'y a rien dans les écrits de Marx et d'Engels qu'on puisse appeler une théorie du phénomène national ; on n'y trouve aucune explication sur la manière d'aborder théoriquement la division ethnique de l'humanité lorsqu'elle est confrontée à la division de classe ». *(L'esprit révolutionnaire,* Ed. Complexe, 1978, p. 51). Emprunts de la philosophie hegelienne et du cosmopolitisme des Lumières, Marx et Engels pensent plus exactement que les grands États nationaux, les nations historiques finiront par absorber toutes les petites nationalités, le but étant la disparition des États féodaux au profit d'une société communiste mondiale. C'est pourquoi, en retenant la division hegelienne entre peuples historiques (ayant produit des formes étatiques stables et dotés d'un droit à l'existence) et peuples non historiques (voués à l'absorption inéluctable), Engels réfutera dans l'absolu tout droit à l'autodétermination des peuples, droit qui lui semble être une pure invention du tsarisme afin de justifier la partition de la Pologne. La montée des aspirations nationalistes en Europe centrale a complètement démenti les intuitions de Marx et de Engels et a obligé les marxistes à réfléchir à nouveaux frais sur le problème de la nation.

Lénine, le premier, ne se montre pas foncièrement hostile au principe d'autodétermination : ce n'est en fait, à ses yeux, que le moyen d'accélérer l'éveil de la conscience des minorités opprimées, d'aviver une énergie révolutionnaire. Le point de vue de Rosa Luxembourg est complètement différent et bien plus arrêté. Pour la révolutionnaire allemande, la nation est un artifice intellectuel qui constitue un espace clivé avant tout en classes sociales. L'idée d'intérêt national n'est donc, selon elle, qu'un stratagème bourgeois qu'il convient de dénoncer. À l'opposé de cette thèse il revient enfin à l'austromarxisme d'avoir réellement réhabilité, dans le corps même de la doctrine marxienne, l'idée de nation (avant 1918, un des problèmes cruciaux de l'Autriche est celui de son identité nationale !). Né à l'aube du XXe siècle, l'austromarxisme se constitue à Vienne en tant d'abord que simple point de rencontre entre intellectuels, puis se mue en mouvement politique avant de s'éteindre au milieu des années trente avec la montée du totalitarisme. Sous l'égide d'Otto Bauer, un des principaux dirigeants de la social-démocratie autrichienne d'après-guerre, se développe un point de vue antithétique à celui de Rosa Luxembourg. Pour Bauer, la nation est une réelle entité politique stable, une véritable production naturelle et culturelle. C'est pourquoi, soutiendront les austromarxistes, la défense et la considération de la nation s'avèrent également cruciales dans la marche vers le socialisme.

La bureaucratie est-elle une classe sociale ?

L'évolution de la société russe post-révolutionnaire est plus généralement l'érection, au cours du XXe siècle, d'États bureaucratiques dans les pays de l'Est tempère sans conteste la pertinence heuristique des thèses marxistes sur l'État et les classes sociales. Très tôt, pourtant, les marxistes ont porté intérêt à la « bureaucratie » (terme inventé en 1745 par un économiste physiocrate, Jean Claude Vincent de Gournay, pour caractériser le gouvernement de la Prusse). Observant l'Allemagne du XIXe siècle, Marx montre le premier, dans sa *Critique de la philosophie de l'Etat de Hegel,* que la bureaucratie n'est pas une classe ni une couche sociale car elle tire son existence de la division en classes. Dépendante de la classe dominante, elle possède cependant une relative autonomie qui la conduit à ériger l'incompétence en système, à se comporter vis-à-vis de l'extérieur comme une hiérarchie fermée.

Dans *L'État de la révolution* (1917), Lénine reprend le fil de la réflexion et souligne que, produit de l'État, la bureaucratie et l'armée permanente constituent deux formes « parasites » sur le corps de la société bourgeoise. Ce sont, d'autre part, la grande bourgeoisie et les couches supérieures de la paysannerie, des petits artisans, des petits commerçants... qui fournissent le gros des bureaucrates. Ces derniers se coupent ainsi du reste du peuple et lient leur sort à celui de la classe dominante.

Appliquée à la société soviétique, la critique de la bureaucratie a conduit Trotsky (*La révolution trahie,* 1936) à définir l'URSS comme système intermédiaire entre socialisme et capitalisme. Caractérisé par la dégénérescence de l'État ouvrier, du système de production et des partis, le régime est parasité par une bureaucratie que Trotsky se refuse à assimiler à une classe « capitaliste d'État ». Si les instances auxquelles la classe ouvrière a délégué le pouvoir n'ont fait que sécréter dictature et abus, en aucun cas les bureaucrates ne peuvent se prévaloir de titres ou d'actions sur les moyens de production. De ce fait, et conformément à la théorie marxiste, la bureaucratie n'est pas une classe dirigeante. Traître à la révolution, cette « couche sociale privilégiée et dominante » est devenue une « caste incontrôlée, étrangère au socialisme ».

LES MUTATIONS INTELLECTUELLES DU SIÈCLE

Le XIXe siècle est, tout particulièrement en Allemagne, un moment de rupture avec les Lumières. Dès le début du siècle, et dans les domaines les plus divers (grammaire comparée, philologie, herméneutique...), l'abstraction laisse place à une logique de recherche qui vise à restituer la singularité de chaque culture et de chaque époque. Le juriste Friedrich Karl von Savigny (1779-1861) et l'historien Leopold von Ranke (1795-1886) sont les deux figures phares de cette école historique. Contre Hegel, Ranke, en particulier, critique les idées de progrès et de sens que l'on pourrait être tenté d'associer à la philosophie de l'histoire. Le mot d'ordre est désormais le suivant : décrire et analyser la réalité empirique. C'est dans ce mouvement de turbulence intellectuelle que naît, au début du XXe siècle, la sociologie allemande.

Outre le débat allemand sur les sciences historiques, le siècle est marqué par la publication, en 1859, de l'ouvrage de Charles Darwin (*De l'origine des espèces au moyen de la sélection naturelle*). Dans ce livre, l'auteur défend une théorie de la sélection des espèces par l'action, directe ou non, du milieu. Rapidement, à partir des thèses transformationnistes du naturaliste Jean-Baptiste Lamarck (1744-1829) et de développements en opposition aux idées de Darwin lui-même, se constitue un « darwinisme social ». Cette tendance s'illustre fort bien avec les thèses du Français Hippolyte Taine (1828-1895), défenseur d'une forme de déterminisme racial, dont l'objectif est de légitimer l'opposition entre races supérieures et inférieures. L'anthroposociologie, doctrine qui assimile évolution biologique et évolution sociale, s'inscrit dans cette même lignée : tentant une synthèse entre darwinisme et marxisme, Vacher de Lapouge mêle ainsi lutte de classes et lutte de races. Joseph Arthur de Gobineau (1816-1882) (*Essai sur l'inégalité des races humaines*, 1853) offre une version quelque peu différente de ce darwinisme. Dans son ouvrage, il déplore, au nom de la civilisation, le déclin du sang aryen.

L'économie, elle, prend un tour nouveau avec l'apparition au début des années 1870 des marginalistes (Léon Walras, Carl Menger et William Stanley Jevons). À l'aide de l'outil mathématique, le comportement des agents, l'équilibre des marchés et de l'économie deviennent formalisables.

Raisonnant à l'aide d'un modèle d'individu abstrait dans un univers de concurrence parfaite, ces économistes posent les bases de la doctrine néoclassique, courant devenu aujourd'hui dominant. Dans le même temps, se développe l'école autrichienne dont Friedrich von Wieser et Eugen von Böhm-Bawerk (1851-1914), l'auteur d'une théorie du détour de production, sont les principaux représentants. Ultérieurement, Joseph Schumpeter (1883-1950) se fait connaître par des travaux plus « hérétiques » sur les cycles et l'innovation.

Après 1850, la psychologie se métamorphose également. La nouvelle psychologie n'est plus soucieuse simplement d'introspection mais elle en appelle à la méthode expérimentale qui combine observations et mesures. En France, ce sont les noms de Théodule Ribot (1839-1916) et d'Alfred Binet (1857-1911) qui incarnent la novation. En Allemagne, Wilhelm Wundt (1832-1920) doit être considéré

(suite p. 112)

4

La sociologie au tournant du siècle

Héritière d'une longue tradition intellectuelle, la sociologie acquiert son autonomie et s'institutionnalise lentement (création de sociétés savantes, reconnaissance à l'Université...), dans les principaux pays qui l'ont vu naître, à la fin du XIXe siècle et à l'orée du XXe siècle. Outre les révolutions politiques et industrielles propices, comme on l'a vu, à de multiples réflexions sur l'organisation et le changement social, la seconde moitié du XIXe siècle est une période d'accélération en matière de découvertes scientifiques. Les débats sur le statut des sciences historiques, le rôle de la science et de la morale, etc. jalonnent donc la genèse de la sociologie.

D'autres facteurs viennent encore influer sur cette naissance. La montée en puissance sur le plan économique de l'Allemagne et des États-Unis, la fondation de partis sociaux-démocrates et le déclin relatif du libéralisme, la croissance des États-nations et des bureaucraties... constituent la toile de fond historique de ce tournant de siècle et donnent autant de matière à réflexion. La guerre franco-allemande et le statut de l'Alsace-Lorraine, par exemple, provoquent de nouveaux débats sur le thème de la nation. Faut-il ainsi reconnaître la nation à partir de l'existence d'un passé, de traditions communes ou, à l'inverse, convient-il de la fonder par l'effort de la libre volonté d'un peuple ? À cette question, Ernest Renan, auteur dont l'œuvre ne manque pas de contradictions et qui professa l'infériorité de la race sémite, répondra en définissant la nation comme « plébiscite de tous les jours » (*Qu'est-ce qu'une nation ?* 1884).

On ne peut sous-estimer, par ailleurs, l'importance du cadre national dans lequel se déploient les analyses sociologiques. Pour

(suite de la p. 110)

comme la personnalité la plus éminente de l'époque. Ce philosophe allemand de formation scientifique fonde en 1879 un laboratoire de psychologie expérimentale à Leipzig. Il écrit, par ailleurs, un volumineux *Völkerpsychologie* (1900-1920, dix tomes), étude qui porte sur la psychologie des peuples, leurs modes de vie, leurs langages et leurs mythes. D'autres écoles (le behaviorisme, la psychologie de la forme, la psychologie sociale) voient concurremment le jour. Mais c'est Sigmund Freud (1856-1939), le fondateur de la psychanalyse, qui crée une véritable rupture épistémologique. Sa théorie est fondée sur l'idée qu'un triptyque (moi, ça, surmoi) constitue le fond de chaque personnalité. En abordant le champ de l'inconscient, il œuvre de nombreuses pistes de recherches sur la famille, la religion, les mythes ou encore le contrôle social.

En cette seconde moitié du XIXe siècle, non seulement les sciences humaines se développent et se transforment mais les sciences physiques et biologiques font, elles aussi, de considérables progrès (découverte du rayon X par exemple). Cette croissance rapide a des influences directes sur les conceptions de la société. La tentation « scientiste » est alors très forte. En France, Ernest Renan (1823-1892) rédige un livre enflammé à la gloire de la science (*L'Avenir de la science*, 1848). Dans *La réforme intellectuelle et morale* (1872), il estime qu'il convient de « préserver l'élite intellectuelle en organisant la société sur une base aristocratique et en soumettant la masse grâce aux moyens que donne la science ». Avec Renan, la morale doit se plier aux injonctions de la science. Dans une pespective scientiste similaire, Taine ambitionne d'appliquer aux sciences morales les méthodes de la physique. Il montre que des lois gouvernent les phénomènes humains dans une détermination qui est à la conjonction de trois facteurs (race, milieu, moment).
Au scientisme, on a d'abord reproché d'en finir avec toute religiosité en érigeant, paradoxalement, un nouveau mythe : celui de la science. Non seulement, expliquent les antiscientistes, il importe de disjoindre science et morale, mais il faut se garder d'attendre de la science plus qu'elle ne peut donner. Tel est le sens des critiques d'Henri Poincaré (1854-1912), tenant d'une théorie « conventionnaliste » et qui souligne dans *La science et l'hypothèse* (1902) la dimension en partie arbitraire de tout outil et définition scientifique. De son côté, le philosophe français Henri Bergson démontre que la science ne saurait épuiser le réel qui, par définition, est fluide et mouvant. Bergson milite en conséquence pour la reconnaissance de l'intuition comme moyen privilégié d'atteindre l'essence de la réalité. Hors de France, il faudrait évoquer, dans la large mouvance antiscientiste, les travaux du philosophe allemand Edmund Husserl (1859-1938). Avec ce dernier, contre la psychologie et contre le retour à Kant qui est de mise en fin de siècle, éclot la phénoménologie. Cette doctrine est la description de l'expérience qui laisse à la conscience subjective la capacité de se saisir elle-même et de se saisir des objets de façon évidente.

W. Lepenies (*Les trois cultures,* 1985), en France, par exemple, la sociologie est menacée dès sa naissance par la littérature : un auteur comme Balzac ne prétend-il pas faire œuvre de sciences sociales ? La sociologie va donc se développer dans ce pays en imitant les sciences de la nature, en s'érigeant, d'une certaine manière, contre la littérature. On peut caractériser encore autrement, et de façon sommaire, les traditions nationales naissantes : c'est le positivisme qui l'emporte en France, l'idéalisme en Allemagne, le souci des faits et le pragmatisme en Angleterre et aux États-Unis.

1. Sociologie, organicisme et évolutionnnisme

Pionnier de la sociologie anglaise, Herbert Spencer (1820-1903) marque fortement l'analyse sociale de cette fin de siècle. Cet ingénieur reconverti à la philosophie et, par période, au journalisme est un libéral hostile à toute forme d'intervention étatique. L'originalité de Spencer est surtout de raisonner, dès ses *Principes de psychologie* (1852-57) – avant même la publication de *L'origine des espèces* de Darwin –, en terme d'évolution. Cette notion est la colonne vertébrale de toute l'œuvre, œuvre dont les énoncés les plus caractéristiques apparaissent dans *The Man Versus the State* (1884).

La sociologie évolutionniste d'Herbert Spencer

Pour analyser le social, Spencer puise son inspiration dans des domaines qui lui sont extérieurs : la mécanique et la physiologie. Il découvre, avec la loi de Baër, le principe de l'évolution : évolution de la matière qui « passe d'une homogénéité indéfinie et incohérente à une hétérogénéité définie et cohérente ». Lorsqu'il transpose cette loi dans le champ historique, Spencer en déduit que les sociétés évoluent de l'homogène vers l'hétérogène, du simple vers le complexe. La croissance urbaine liée à celle de la densité sociale, le passage concomitant d'une division mécanique du travail à une division organique en sont, à ses yeux, la parfaite illustration. Il convient d'adjoindre, enfin, un autre facteur déterminant de cette évolution : ce sont les conquêtes qui, en regroupant les nations, en mélangeant les peuples, créent également de nouvelles formes de distinctions sociales.

S'appropriant une opposition toute comtienne, Spencer inscrit ce mouvement d'ensemble dans la logique qui conduit les sociétés d'un

DES SOCIÉTÉS MILITAIRES AUX SOCIÉTÉS INDUSTRIELLES

« La force conservatrice d'une société sera d'autant plus grande qu'au secours direct de tous les hommes en état de porter les armes, s'ajoute le secours indirect de tous les individus qui ne le sont pas. Dans une société purement militaire, les individus qui ne portent pas les armes doivent consumer leur existence à entretenir celle de ceux qui combattent. Cette remarque nous conduit à examiner les divers moyens par lesquels l'évolution du type militaire impose au citoyen la subordination.

Sa vie ne lui appartient pas, elle est à la disposition de la société dont il est membre. Tant qu'il demeure capable de porter les armes, il ne peut esquiver l'obligation de se battre quand il est appelé ; enfin dans les sociétés militaires à l'extrême, il ne peut revenir vaincu sans encourir la peine de mort (...)

Bref, sous le régime militaire, l'individu est la propriété de l'État. Si la conservation de la société est la fin principale, la conservation de chaque membre est la fin secondaire, fin secondaire qu'il faut assurer dans l'intérêt de la principale...

Dans une société organisée sur le type industriel, ce genre de subordination n'est point obligé. Il n'y reste aucune occasion pour l'homme d'être appelé à risquer d'abandonner ses affaires pour se soumettre au commandement d'un officier ; il n'existe plus aucun besoin qui l'oblige à abandonner dans l'intérêt public la portion de ses biens que cet intérêt réclame.

Dans le régime industriel, l'individualité du citoyen, au lieu d'être sacrifiée par la société, doit être protégée par la société. La société a pour devoir essentiel de défendre l'individualité de ses membres. Quand la protection à l'extérieur n'est plus nécessaire, la protection à l'intérieur devient la fonction cardinale de l'État, et l'accomplissement effectif de cette fonction doit être un trait prédominant du type industriel (...)

Si l'autorité publique dans le type militaire est à la fois positivement et négativement régulative, elle est seulement négativement régulative dans le type industriel. À l'esclave, au soldat ou à tout autre membre d'une communauté organisée pour la guerre, l'autorité dit : Tu feras ceci ; tu ne feras pas cela. Mais au membre de la société industrielle, l'autorité ne donne qu'un seul de ces ordres : Tu ne feras pas cela.

En effet, les gens qui, faisant leurs affaires privées par coopération volontaire, coopèrent aussi volontairement pour constituer et soutenir un organe gouvernemental, sont implicitement des gens qui l'autorisent à n'imposer à leur activité que les freins qu'ils ont tous intérêt à conserver, les freins qui répriment les agressions. À part les criminels (qui dans les conditions supposées doivent être très peu nombreux, sinon en quantité inappréciable), chaque citoyen s'abstiendra d'empiéter sur la sphère d'action d'autrui et voudra mettre la sienne à l'abri des empiètements et conserver tous les profits qu'il y aura pu réaliser. Le même motif qui porte tout le monde à s'unir pour soutenir une autorité publique protectrice de leur individualité les portera à s'unir, pour empêcher tout empiètement sur leur individualité au-delà de ce qui est nécessaire pour les protéger. »

Source : H. Spencer, *Principes de sociologie*, Paris, © Alcan, 1891, 2e éd., t. III, p. 759 sqq.

type « militaire » vers un type « industriel ». Avec l'appui d'un matériau ethnographique et historique conséquent, le sociologue trace la ligne d'évolution. Cette dernière a pour extrêmes, d'un côté, des sociétés homogènes à fort degré de coercition, dirigées par des castes militaires et, de l'autre, des sociétés fondées sur la division du travail, qui respectent la liberté individuelle et ne recourent pas à l'intervention de l'État. Le contraste entre ces deux types de sociétés possède, avant tout, une valeur théorique. Ainsi Spencer reconnaît-il que la réalité sociale est un mélange de ces deux formes, que l'évolution n'est ni linéaire ni parcourue au même rythme dans tous les pays à la fois.

Herbert Spencer nourrit également son évolutionnisme de principes darwiniens. La thèse de la survivance du plus apte lui sert de paravent intellectuel pour fonder en raison l'idée que la régulation naturelle ne doit être troublée par aucune intervention humaine ou étatique. Il faut que le législateur s'emploie à supprimer des lois plutôt qu'à en faire, cela « afin de laisser à la spontanéité individuelle un espace grandissant d'initiatives ». De même, Spencer use-t-il de moult comparaisons entre société et organisme. Dans ses *Principes de sociologie* (1874-75), Spencer compare les institutions de la société aux organes du corps humain. Il remarque, malgré tout, une différence de taille : dans le corps animal, il n'existe qu'un seul organe qui gouverne l'ensemble des parties. Tel n'est pas le cas de la société. La conscience sociale n'est pas concentrée, en effet, dans un point unique mais dans tous les individus qui composent le corps de la société. C'est donc bien l'individu, non la société, qui est au fondement de toute régulation sociale efficace.

Succès et limites de la sociologie organiciste

Aujourd'hui oubliée, la sociologie de Spencer a connu du vivant de son auteur un véritable succès national et international.

En Angleterre, le sociologue qui contribua le plus à l'institutionnalisation de la discipline, Léonard Hobhouse (1864-1929), reprend ainsi à son compte la perspective évolutionniste de Spencer. Mais, celui-là – premier enseignant de sociologie à la London School of Economics et directeur de la première revue professionnelle (*The Sociological Review*) – dénoncera dans le même temps le caractère par trop mécanique du schéma spencerien (*Mind in Evolution*, 1901).

LA CONSTITUTION DE LA SOCIOLOGIE COMME DISCIPLINE

« Jusqu'à la dernière décennie du siècle, la connaissance du social reste l'affaire de ce que l'on appellerait aujourd'hui des “amateurs” : Villermé est un médecin, Tocqueville un magistrat, Marx un journaliste, Engels, Booth, des chefs d'entreprise, Le Play, Spencer des ingénieurs, Comte un mathématicien... Les milieux organisés qui parfois les supportent ne sont pas construits sur une base scientifique, mais idéologique et militante. À l'inverse, la référence scientifique devient dominante après 1880. Dans chaque grand pays surgissent des revues scientifiques, qui deviennent le lieu où la discipline naissante se construit dans l'échange, la confrontation, et l'élaboration de normes [a] ; des sociétés se fondent, L'Américan Sociological Society (1895) aux États-Unis, la Société belge de Sociologie à Bruxelles (1900), la Sociological Society à Londres (1903), la Deutsche Gesellschaft für Sociologie en Allemagne (1909). Enfin, les premières chaires apparaissent, donnant à la nouvelle discipline l'assise universitaire indispensable à sa reconnaissance et à sa légitimation. Ce dernier mouvement, cependant, reste encore très précaire : si Albion W. Small fonde en 1893 la première section de sociologie à l'Université de Chicago, si Durkheim est nommé à Bordeaux en 1887 sur un cours de sciences sociales, les chaires restent peu nombreuses et il faut attendre 1907 pour en voir surgir une en Angleterre et 1914 en Allemagne, lorsque Georg Simmel est nommé sur un poste de philosophie et sociologie à l'Université de Strasbourg.

[a]. Apparaissent ainsi : le *Viertel-jarhrsschrift für wissenschaftliche Philosophie und Sociologie* (1877), *La Revue internationale de Sociologie* (1893), les *Annales de l'Institut des Sciences sociales* (Bruxelles 1895), l'*American Journal of Sociology* (1895), la *Rivista italiana di Sociologica* (1897), *L'Année sociologique* (1898), les *Annales de sociologie* (Société belge de Sociologie, 1900), les *Sociological papers* (Sociological Society, 1904), les *Archiv für Sozialwissenschaft und Sozial politik* (1904), la *Sociological Review* (Londres 1908)... Antérieurement et autour d'elles des revues plus larges contribuent également à asseoir la place de la sociologie, comme la *Revue philosophique*, où Durkheim publiera la première version des *Règles de la méthode sociologique* et où figureront des textes de Tarde, Spencer, Simmel, etc. »

Source : J.-M. Berthelot, *La construction de la sociologie*; Paris, © P.U.F, « Que sais-je ? », 1991, pp. 33-34.

Au tournant du siècle, la métaphore organiciste ne demeure pas un outil spécifiquement anglais. En témoigne l'œuvre de nombreux sociologues tels l'Allemand A. Schäffle (*Structure et vie du corps social*, 1875-1878), le Russe P.V. Lilienfeld (*Pensées sur la science sociale de l'avenir*, 1873-1881), le Polonais-Autrichien L. Gumplowicz (1838-1909), le Belge G. de Greef (*Précis de sociologie*, 1909) ou encore les Français A. Espinas (*Des sociétés animales*, 1877) et J. Izoulet (*La cité moderne*, 1895). Comme l'attestent ces multiples titres, la restitution de la logique d'organisation du social à partir de références extérieures devient pratique courante. Espinas, professeur d'histoire de l'économie sociale à la Sorbonne de 1894 à 1907, postule par exemple l'existence d'une continuité entre organisation biologique, animale et sociale : « pour nous et pour tous les naturalistes évolutionnistes, écrit ce dernier, l'organe et l'individu appartiennent à la même série ; il n'y a entre eux qu'une différence de degré purement accidentelle ».

Progressivement, la sociologie prendra ses distances avec l'étude du vivant en général et des sociétés animales en particulier. Les critiques n'ont pas manqué pour limiter la pertinence de l'organicisme et contribuer à son déclin.

Durkheim, qui fut grandement influencé par Spencer, est le premier à lui faire reproche de son individualisme forcené. D'autres encore remettent en cause l'idée de lois naturelles inéluctables. Tel est le cas du Français Alfred Fouillée. Celui-ci développe une théorie des « idées forces » qui le pousse à croire que certains individus sont à même de modifier le milieu social tout comme le cours de l'histoire. Le démenti que constitue enfin, pour le libéral Spencer, la croissance de l'État-providence sera définitivement fatale à sa sociologie.

Pour toutes ces raisons, et en dépit de l'influence déterminante de l'organicisme de Spencer sur la sociologie naissante, l'Angleterre ne constitue pas le foyer le plus ardent où brûlent les feux de la nouvelle discipline. Certes, des travaux de terrain existent. De même, en fondant l'eugénique (doctrine pour le moins contestable en vertu de laquelle le talent est essentiellement déterminé par la transmission génétique), le cousin de Darwin, Francis Galton (1822-1911), contribuera-t-il à des avancées significatives en matière de méthodologie statistique. Malgré cela, et à l'inverse exact de la France, de l'Allemagne et des États-Unis, la sociologie anglaise ne gagnera pas avant longtemps les galons de la légitimité institutionnelle.

LES SUCCÈS INSTITUTIONNELS DE LA SOCIOLOGIE FRANÇAISE AU TOURNANT DU SIÈCLE

« Si les travaux des savants font l'objet d'une diffusion au-delà du milieu des experts auxquels ils étaient d'abord destinés, le monde universitaire tente de sortir de ses propres murs, de prendre langue avec la "société civile" dont dépend à long terme son succès. Les sciences sociales n'échappent pas à cette règle, qui est générale. On constate même l'existence d'un mécénat privé qui exerce par de multiples canaux.

Tirant avantage de la loi qui a doté les facultés de la personnalité civile, les dons et legs aux établissements publics se multiplient. C'est ainsi que le comte de Chambrun, non content de présider aux destinés du Musée social, et toujours passionné par le devenir de l'"économie sociale" – autre nom d'emprunt de la sociologie – décide de subventionner des chaires portant cet intitulé : à l'École libre de sciences politiques (pour Cheysson), à la faculté de droit de Paris (pour l'économiste Charles Gide) et à la faculté des lettres (pour Espinas, au terme d'une bataille assez chaude). Aucune sensibilité idéologique, aucune coterie disciplinaire n'étaient donc sacrifiées, comme s'il n'était pas clair, aux yeux du donateur, que l'économie sociale dût relever principalement de la science politique, du droit ou des sciences humaines.

Autre signe que les positions des uns et des autres en sciences sociales demeurent mouvantes aux environs de 1900 : les institutions d'enseignement supérieur se multiplient, effaçant assez largement la barrière dressée entre le public et le privé. Un Collège libre des sciences sociales est fondé à Paris, en 1895, par Jeanne Weill, connue alors sous le pseudonyme de Dick May, qui a ses entrées à la fois dans le milieu patronal progressiste et à la Sorbonne nouvelle. Mais si le Collège se place sous le patronage du positivisme, puisqu'il est dirigé par le Dr Delbet, député et exécuteur testamentaire d'Auguste Comte, son programme reste éclectique, à l'image des personnalités qui y enseignent et qui proviennent aussi bien de l'économie sociale leplaysienne, que du milieu "wormsien" ou de la Sorbonne.

À la suite de l'affaire Dreyfus, cet unanimisme de façade se lézarde dangereusement. En 1900, plusieurs membres du Collège (les dreyfusards), emmenés par Dick May, décident de faire sécession, au nom d'une conception plus exigeante de la science, moins bavarde et plus proche des faits. S'installant rue de la Sorbonne, ils créent l'École des hautes études sociales, forts qu'ils sont de l'appui d'universitaires influents comme Boutroux et Croiset.

Dans les mêmes locaux de la rue de la Sorbonne, et avec la bénédiction de ses animateurs, une "École russe des hautes études sociales" est créée en 1901, qui dispense un enseignement délibérément international, bien qu'elle s'adresse en priorité à des Russes émigrés. »

Source : C.-H. Cuin, F. Gresle, *Histoire de la sociologie*, t. I, avant 1918, Paris, © La Découverte, 1992, pp. 75-78.

2. La genèse de la sociologie en France

En France, l'absence tant de revues spécialisées que de lieux vivants d'enseignement – L'École pratique des hautes études (fondée en 1868) et l'École libre des sciences politiques (1871) faisant un peu figure d'exception – explique la relative apathie de la sociologie avant 1890. Progressivement, pourtant, la lente insertion dans l'Université et le soutien conjoint d'initiatives privées favorisent sa reconnaissance. Et cela au point d'en faire, tout au début du siècle, une discipline en vogue au-delà même de l'étroit cénacle des spécialistes. Reste que la genèse institutionnelle de la sociologie française ne se réalise pas en toute harmonie. Dans le creuset de sa fondation s'affairent et se concurrencent de nombreuses personnalités, écoles, institutions... Ce n'est donc pas sans difficultés que le succès final revient aux durkheimiens. Parmi leurs concurrents directs, trois courants méritent d'être évoqués : Le Play et les leplaysiens, le mouvement internationaliste de René Worms et la tendance « psychologisante » (Gabriel Tarde).

Le Play et les leplaysiens

Frédéric Le Play (1806-1882) est un observateur scrupuleux des familles ouvrières, entités qu'il tient pour des révélateurs pertinents de l'état social global. Au cours de voyages multiples en Europe, cet ingénieur des Mines met au point une technique d'observation directe : la monographie (*Les Ouvriers européens*, 1855). La méthode consiste à récolter de nombreuses données de « terrain » afférentes à l'environnement et à l'histoire familiale des individus. Aux yeux de Le Play, les budgets familiaux sont un indicateur précieux puisqu'ils constituent l'expression chiffrée des choix de vie.

Le Play est un catholique qui, par son travail scientifique, veut s'opposer aux socialistes. Proche du pouvoir pendant le second Empire, il est écouté par un empereur soucieux de trouver quelques réponses aux problèmes sociaux ; il obtient par ailleurs des postes politiques honorifiques dont celui de commissaire général aux expositions universelles de Paris de 1855 et 1867. Libéral et conservateur, Le Play l'est indéniablement : estimant que la Révolution française a été une erreur historique, il réfléchit aux fondements possibles d'un nouvel ordre social stable.

Aussi, dans l'esprit de Bonald, préconise-t-il le renforcement des structures familiales. La famille-souche, qui associe aux parents un seul enfant marié (avec sa femme et ses propres enfants) et d'autres éventuels célibataires, lui paraît être le moyen privilégié de restaurer une stabilité perdue, de garder « dans leur intégrité, au foyer paternel, les habitudes du travail, les moyens de prospérité et le trésor d'enseignement utile légués par les aïeux » (*La Réforme sociale en France*, 1864, p. 6). Selon Le Play, sur cette structure de base doit se greffer une collaboration entre patrons et ouvriers, un État à l'action minimale ainsi qu'une classe dirigeante apte à tenir le rôle central dans la direction des affaires de la société...

Le Play, fondateur de la Société d'économie sociale (1856) et de la revue *La Réforme sociale*, ne mène pas un travail isolé et aussitôt oublié. L'action de disciples conjuguée à celle d'un réseau d'« Unions pour la paix sociale » contribue à valoriser et à perpétuer ses idées.

Mais, dès la mort du maître, l'école se scinde en deux courants. Le premier (autour de H. de Tourville, E. Demolin et la revue *La Science sociale*) accentue la dimension scientifique de l'œuvre de Le Play en offrant principalement une méthode de classification des faits sociaux et des révisions critiques sur le rôle de la famille-souche. Le second courant (E. Cheysson, P. du Maroussem) a pour mérite d'étendre les champs de l'observation monographique à l'atelier et de lier cette méthode au travail statistique.

Il ne faudrait pas sous-estimer l'impact de Le Play et de son courant. Si le mouvement leplaysien s'éteint avec la Première Guerre mondiale sans avoir investi de positions institutionnelles à l'Université, son influence n'en a pas été pour le moins réelle (dans les milieux patronaux et catholiques essentiellement). Le travail d'Emile Cheysson a été, par ailleurs, déterminant pour les méthodes d'enquêtes et d'analyse statistique développées ultérieurement par des organismes comme l'Office du travail (créé en 1891) ou l'INSEE aujourd'hui. La réflexion leplaysienne a également rayonné vers d'autres pays comme la Belgique, les États-Unis ou encore la Grande-Bretagne. Dans ce pays, Le Play trouve quelques disciples qui forment le « groupe d'Edimbourg » (P. Geddes, V. Brandford et surtout C. Booth) connu grâce à la grande enquête qu'il mène sur la vie et le travail du peuple londonien (dix-sept volumes, 1889-1903).

Le second mouvement concurrent de l'école durkheimienne s'organise autour de René Worms (1869-1926). Ce professeur et fonctionnaire bardé de diplômes mène en France, à partir des années quatre-vingt-dix, une large action qui vise à institutionnaliser la sociologie. Il fonde non seulement la *Revue internationale de sociologie* (1893) et une collection d'ouvrages spécialisés, mais il crée également l'Institut international de sociologie (où siègent quelques Français comme Espinas, Fouillée et Tarde) ainsi que la Société de sociologie de Paris.

Worms mêle d'abord des considérations évolutionnistes et organicistes mais sans imposer une ligne intellectuelle stricte ni à lui-même ni à ses collaborateurs. Worms divise les phénomènes sociaux en trois familles qui répondent à des fonctions précises : les fonctions de nutrition (tel est l'objet de la science économique), les fonctions de reproduction (ce sont les sciences de la famille) et les fonctions de relation (faits moraux, religieux, intellectuels, esthétiques, droit et politique). Auteur de *Organisme et société* (1896), Worms estime ensuite que la société, tout comme un corps, naît, se reproduit et disparaît. Elle gère, toujours sur le modèle corporel, deux types de forces opposées : l'hérédité (ce sont les forces conservatrices) et l'adaptation (forces novatrices).

Après le déclin avéré de la doctrine organiciste, Worms tempère grandement ses positions initiales. Il souligne même, dans *Philosophie des sciences sociales* (trois tomes, 1903-1907), l'impossibilité d'assimiler société et organisme vivant. Il met par contre l'accent sur le fait « qu'il n'y a aucun acte de l'individu qui n'influence en quelque mesure le corps social ; il n'y a aucune détermination de la collectivité qui ne se répercute sur l'individu » (III, p. 98).

À l'image des réflexions de Worms, les institutions que ce dernier a contribué à mettre en place se caractérisent d'abord par leur œcuménisme. Cela a nuit, sans nul doute, à la constitution d'un courant homogène susceptible de s'imposer tant sur le plan intellectuel qu'au sein d'institutions comme l'Université. Ce n'est d'ailleurs pas un hasard si l'on peut noter l'absence de participation des leplaysiens et des durkheimiens à la vie du mouvement de Worms. Ironie de l'histoire, c'est Gaston Richard, sociologue du droit en rupture de ban avec l'école durkheimienne, qui prend la tête de la *Revue internationale de sociologie* à

GABRIEL TARDE (1843–1904)

« Tarde naît à Sarlat, dans le Périgord, en 1843 ; il est issu d'une très ancienne famille de notables provinciaux. Son père est juge à Sarlat, sa mère appartient également à une famille de juristes. Son père mourra alors que Gabriel a 7 ans : sa mère prendra un grand ascendant sur lui, Tarde ne la quittera plus (elle meurt en 1891). Il poursuit de brillantes études au collège jésuite de Sarlat, lorsqu'à dix-neuf ans, une crise d'ophtalmie l'oblige à renoncer à son projet de préparer l'École polytechnique. Pendant quatre ans, l'état de sa vue oscillera continuellement : tantôt, il doit renoncer à la lecture et rester dans une chambre close – il songera au suicide –, tantôt il peut étudier (...). S'ouvre alors une longue période de vingt-huit années (de 1866, année de la fin des études de droit, jusqu'en 1894, année de l'installation à Paris) où la vie de Tarde est apparemment sans accident. Il devient juge à Sarlat (...) et partage son temps entre la minuscule société mondaine de Sarlat, son activité professionnelle, et une intense activité intellectuelle. Il finira en 1878, après avoir rédigé plusieurs études restées inédites, (...) par prendre contact avec Ribot, directeur de la *Revue philosophique* dans laquelle il publiera alors régulièrement. Entre temps, il s'est marié avec la fille d'un conseiller à la Cour de Bordeaux (...). Il publie chaque année plusieurs articles, d'abord dans la *Revue philosophique*, puis également – à partir de 1887 – dans les *Archives d'anthropologie criminelle* que vient de fonder Lacassagne, et quelquefois dans la *Revue d'économie politique*, la *Revue des deux mondes*, la *Revue bleue*. Plus tard, il publiera dans la *Revue internationale de sociologie* de René Worms et dans la *Revue de métaphysique et de morale*. Dans le même temps, il entretient une abondante correspondance notamment avec les criminologues italiens. Son premier livre (...) date de 1886 : *La criminalité comparée*. Il sera suivi, en 1890, de *La philosophie pénale*. Mais Tarde devient célèbre, la même année, pour un autre ouvrage, *Les lois de l'imitation*. Ses amis, nombreux dans le milieu des juristes et des criminalistes, finissent par lui obtenir en 1894 le poste de directeur de la statistique judiciaire au ministère de la Justice à Paris : il ne cessera plus d'avoir une vie mondaine animée, qui lui fera rencontrer tous les grands noms des sciences sociales d'alors (dès la première année, il rencontre Espinas, Liard, Ribot, Lévy-Bruhl, Fouillée, Durkheim, Faguet, Brunetière). Il donne ses premiers cours en 1896 (une série de conférences à l'École libre des sciences politiques et au Collège libre des sciences sociales). Après un premier échec au Collège de France (il est pressenti par Ribot et Liard, mais il demande que la chaire de philosophie qu'on lui propose soit transformée en chaire de sociologie), il y est élu en 1900, acceptant la chaire de *philosophie moderne*. Il est ainsi préféré à Bergson qui est son concurrent (Bergson entrera au Collège de France l'année suivante). Il entre également la même année à l'Académie des sciences morales et politiques. Il ne profitera pas longuement de ces honneurs (...) : il meurt en 1904, à soixante et un ans. »

Source : P. Favre, « G. Tarde et la mauvaise fortune d'un "baptême sociologique" de la science politique », *Revue française de sociologie*, n° XXIV-1, janvier-mars 1983, pp. 5-6.

la mort de René Worms. Sous la direction de Richard, l'Institut international de sociologie reprend et maintient quelques activités jusque dans les années trente.

Psychologie et interpsychologie

Le troisième pôle essentiel dans la constitution du mouvement de la sociologie française rassemble tous les travaux axés sur l'idée d'une psychologie sociale. Gabriel Tarde en est, sans conteste aucun, la figure de proue. Ami du grand psychologue français Théodule Ribot, Tarde, ce magistrat à la plume et au verbe faciles, veut démarquer la sociologie de ses influences organicistes. Il lui donne en contrepoint un tour nettement psychologique. Tarde distingue initialement trois branches au sein de la psychologie :

– la psychologie extramentale qui étudie les rapports de l'homme avec le monde extérieur en général ;

– la psychologie intramentale qui étudie les rapports de l'homme avec lui-même ;

– la psychologie intermentale qui étudie les rapports de l'homme avec ses semblables, autrement dit des êtres aux croyances, aux désirs et aux sens communs. C'est ce champ d'étude qui porte en germe la sociologie (ou plutôt ce que Tarde nomme à compter de 1903, en réaction à la sociologie de Durkheim, l'interpsychologie).

Dans *Les lois de l'imitation* (1890), Tarde met au fondement du lien social le principe de l'imitation. Dès les premières pages de son ouvrage, le postulat est clairement affirmé : « aussi bien, on reconnaîtra peut-être, en lisant ce travail, que l'être social est imitateur par essence et que l'imitation joue dans les sociétés un rôle analogue à celui de l'hérédité dans les organismes ou de l'ondulation dans les corps bruts » (p. 12). Prenant à rebours les postulats durkheimiens de base, Tarde définit le fait social à partir des interactions, interrelations entre les consciences individuelles. Parce qu'ils vivent ensemble, les hommes pensent et agissent de la même façon. L'imitation explique dès lors l'existence de faits répétés, l'émergence d'institutions... autant de phénomènes sociaux auxquels portent intérêt les sociologues.

Dans le processus social qu'il décrit, Tarde considère d'abord que l'imitation n'est pas propriété exclusive des individus : elle peut expliquer également les convergences entre groupes, classes, peuples...

QU'EST-CE QU'UN GROUPE SOCIAL ?

« Suis-je en rapport social avec les autres hommes, en tant qu'ils ont le même type physique, les mêmes organes et les mêmes sens que moi ? Suis-je en rapport social avec un sourd-muet non instruit qui me ressemble beaucoup de corps et de visage ? Non. À l'inverse, les animaux de La Fontaine, le renard, la cigogne, le chat, le chien, malgré la distance spécifique qui les sépare, vivent en société, car ils parlent une même langue. On mange, on boit, on digère, on marche, on crie, sans l'avoir appris. Aussi cela est-il purement vital. Mais pour parler il faut avoir entendu parler : l'exemple des sourds-muets le prouve, car ils sont muets parce qu'ils sont sourds. Donc, je commence à me sentir en rapport social, bien faible, il est vrai, et insuffisant, avec tout homme qui parle, même en langue étrangère ; mais à la condition que nos deux langues me paraissent avoir une source commune. Le lien social va se resserrant à mesure que d'autres traits communs se joignent à celui-là, tous d'origine imitative.

De là cette définition du groupe social : une collection d'êtres en tant qu'ils sont en train de s'imiter entre eux ou en tant que, sans s'imiter actuellement, ils se ressemblent et que leurs traits communs sont des copies anciennes d'un même modèle. »

Source : G. Tarde, *Les lois de l'imitation* (1895), Paris-Genève, © Slatkine, 1979, pp. 72-73.

LE CHÂTEAU D'EAU SOCIAL

« Le principal rôle d'une noblesse, sa marque distinctive, c'est son caractère initiateur sinon inventif. L'invention peut partir des plus bas rangs du peuple ; mais, pour la répandre, il faut une cime sociale en haut relief, sorte de *château d'eau social* d'où la cascade continue de l'imitation doit descendre. De tout temps et en tout pays le corps aristocratique a été ouvert aux nouveautés étrangères et prompt à les importer, de même qu'un état-major est la partie d'une armée la mieux informée des innovations militaires essayées au dehors, la plus apte à les adopter avec intelligence, et rend par là autant de service que par la discipline dont il est l'âme. Aussi longtemps que dure la vitalité d'une noblesse. Elle se reconnaît à ce signe ; et quand, à l'inverse, elle se replie sur les traditions, s'y attache jalousement, les défend contre les entraînements d'un peuple jadis initié par elle aux changements, si utile qu'elle puisse être encore dans ce rôle modérateur, complémentaire du premier, on peut dire que sa grande œuvre est faite et son déclin avancé. »

Source : *ibid.*, p. 246.

Tarde énonce, par ailleurs, deux lois fondamentales qui ont trait au sens de l'imitation. L'imitation opère d'abord *ab interioribus ad exteriora*, du dedans au dehors : ainsi les sentiments (jugements, désirs) sont-ils toujours copiés avant les actes, la religion d'un pays est-elle imitée avant son mode de vie... En vertu d'une seconde loi, l'imitation opère du supérieur vers l'inférieur : les classes sociales supérieures (dont la définition est variable selon les sociétés) fournissent un modèle sur lequel se calent ensuite les classes sociales inférieures. « De tout temps, les classes dominantes ont été ou ont commencé par être les classes modèles » (p. 216). De cette sociologie de l'imitation, Tarde tire de nombreuses conséquences. Il explique par exemple que le criminel, loin d'être un fou, est un être en manque d'identité, de « similitude sociale » (*La philosophie pénale*, 1890). De façon symétrique, Tarde rend hommage dans *La logique sociale* (1895) à ceux qui n'imitent pas : ce sont eux les véritables innovateurs qui déterminent le sens de l'humanité.

La forte reconnaissance publique et les positions académiques qu'il a pu acquérir n'ont pas évité à Tarde sa marginalisation universitaire (lui-même n'a pas fait de thèse). Tarde est, de surcroît, un solitaire : il n'a ni disciple ni école. On comprend dans ces conditions combien il a été facile ultérieurement, pour ses concurrents français, de faire passer l'œuvre aux oubliettes de la tradition sociologique. Certains, tel G. Duprat (*Introduction historique à la psychologie sociale*, 1919), tentent malgré tout de jeter un pont entre Tarde et Durkheim, mais ces initiatives demeurent marginales. Les travaux du magistrat de Sarlat ont influencé, par contre, la sociologie américaine naissante. Dans le champ de la psychologie des foules, ils font également toujours bonne figure (*L'opinion et la foule*, 1901).

Si l'application de la psychologie à l'analyse des phénomènes de foule n'est pas, en cette fin de siècle, l'apanage de Tarde, l'ouvrage le plus marquant de la période est largement imprégné de l'influence tardienne. Il est dû à un médecin, Gustave Le Bon (1841-1931), qui publie en 1895 une *Psychologie des foules*, critique à peine nuancée des démocraties de masse instaurées au XIXe siècle grâce au suffrage universel. La foule, avance-t-il à l'aide d'une métaphore contestable, est féminine : elle fonctionne à l'affectivité, ses comportements sont contagieux et irrationnels et elle a tôt fait d'exarcerber ses passions. Les meneurs portent en la matière une lourde responsabilité. Tout comme dans le processus hypnotique (étudié au même moment, en France, par le

LE SOLIDARISME

Largement porté par Léon Bourgeois (*La Solidarité*, 1896), philosophe et ministre radical-socialiste, le solidarisme est un mouvement intellectuel français qui germe avec la IIIe République pour s'éteindre définitivement avec les années trente. Au départ, à l'encontre tant du libéralisme que du marxisme, une idée simple : celle de solidarité comme fondement de la souveraineté républicaine. Si les travaux de Durkheim vont contribuer à légitimer cette notion centrale de solidarité, au mouvement solidariste lui-même, il convient surtout d'associer les noms d'autres sociologues : Alfred Fouillée (*Les éléments sociologiques de la morale*, 1870-71), Célestin Bouglé (*Le Solidarisme*, 1907) ou encore Eugène de Roberty (*La sociologie*, 1880). Les juristes s'emparent eux aussi de la notion afin de réfléchir sur le rôle de l'État. Ainsi Léon Duguit, dont la pensée se veut débitrice des thèses durkheimiennes, se prononce-t-il contre les risques de l'arbitraire de la puissance étatique. Il prône en conséquence une forme de solidarité adossée à un État aux fonctions réduites et à un service public décentralisé. Contre cet anti-étatisme, Maurice Hauriou fonde la solidarité dans l'attachement des individus à des institutions, l'État assurant un minimum d'autorité en sa qualité d'« institution des institutions ».

Pour situer la portée de cette doctrine qui met l'accent sur la dette que contracte nécessairement chaque individu envers ses ancêtres (legs de la vie, de biens, de la culture...), il faut savoir que ses défenseurs décochent de sévères critiques au catholicisme conservateur ainsi qu'au libéralisme, systèmes auxquels ils reprochent d'engendrer pauvreté et inégalités sociales. C'est, à l'inverse, les valeurs de fraternité, de solidarité qu'ils souhaitent promouvoir. Les principes du solidarisme peuvent alors s'énoncer, plus précisément, en deux axiomes fondamentaux :

1) la pratique sociale doit se fonder sur le contrat. « Il faut que la société elle-même, du point de vue du droit pur, soit considérée comme un vaste contrat d'association, le plus général de tous, dans lequel tous les autres trouveront leur place et leur garantie. Imaginez un grand cercle à l'intérieur duquel des cercles plus petits, les uns larges, les autres étroits, peuvent se ranger, se combiner de mille manières et former des figures les plus variées, sans franchir les limites qui les enveloppent ; c'est une image de la grande association de l'État et des associations particulières qu'elle embrasse en son sein. Tel est l'idéal juridique de la société. » (A. Fouillée, *La science sociale contemporaine*, 1910, p. 326).

2) le contrat est, en second lieu, moral avant d'être social. Pour les solidaristes, en effet, les hommes sont liés par quasi-contrats, c'est-à-dire des contrats non formalisés en tant que tels mais qui lient tous les membres d'une société les uns envers les autres et qui obligent : « Ceux qui ont reçu le plus doivent à ceux qui ont reçu le moins ». Avec le solidarisme, le lien social s'assimile à un contrat et la société à un ensemble de co-contractants dont l'action est régulée par l'État. Comme le souligne G. Richard (*Le socialisme et la science sociale*, 1896), c'est à l'État que revient le devoir d'organiser la solidarité en rendant possible le contrat et la libre association. Il s'agit, au final, d'un État-association, expression différenciée de la société, et non d'un État-contrainte et hyper-organisateur.

docteur Charcot), il se dégage de ces leaders une puissance et une aura capables de subjuguer les foules. Ainsi se nouent des liens puissants de suggestion. En marge du système de reconnaissance institutionnel, parfois rapide dans ses analyses, Gustave Le Bon connaît malgré tout un certain succès. Son opposition foule/meneur est ainsi reprise par Sigmund Freud (*Psychologie collective et analyse du moi*, 1921) qui estimera pour sa part que ce sont des « liens libidinaux » qui rattachent chaque individu au chef ; ainsi la figure du père restituée cimente-t-elle cette « communauté affective » qu'est la foule.

L'école durkheimienne

Sur le terrain, largement concurrentiel, des sciences sociales françaises naissantes, Émile Durkheim et son école finiront par l'emporter. Le schéma d'une sociologie positiviste s'impose, dans le cadre d'une Troisième République qui, au tournant du siècle, fait de la solidarité un principe de gouvernement pour sa politique sociale (loi Millerand...).

Durkheim a de sa discipline une vision relativement extensive. Si la sociologie peut être associée au domaine du social alors nombre de faits doivent tomber sous sa coupe. « Il est facile de voir dès le premier coup d'œil que les traditions et les pratiques collectives de la religion, du droit, de la morale, de l'économie politique ne peuvent être des faits moins sociaux que les formes extérieures de sociabilité (...). Ils sont la société elle-même, vivante et agissante. » (*La sociologie et son domaine scientifique*, 1900, p. 183). Tout en même temps, afin d'affirmer l'originalité de sa démarche, Durkheim prend soin de tracer des frontières précises entre la sociologie et les disciplines qui lui sont proches.

Pour mieux s'en séparer, Durkheim renvoie par exemple l'économie politique classique à son statut de science productrice de théorèmes abstraits. La psychologie, quant à elle, est consciencieusement mise à l'écart en raison d'une incapacité chronique à intégrer dans son champ d'étude les « manières d'agir et de penser qui sont obligatoires et qui, par là, se distinguent de toutes les autres formes d'action et de représentation mentale » (*ibid.*, p. 196).

Cette attention particulière au partage des territoires n'empêche pas la jeune sociologie durkheimienne de faire montre d'une ardente volonté fédératrice, si ce n'est hégémonique, dans le champ des

QUELQUES FIGURES MARQUANTES DE LA SOCIOLOGIE ALLEMANDE AU TOURNANT DU SIÈCLE

Ferdinand Tönnies (1855-1936) : cet universitaire, philosophe de formation et grand admirateur de Spencer et de Comte, publie en 1887 un ouvrage important : *Communauté et société.* Alors que le livre ne connaît de véritable succès qu'au moment de sa réédition en 1912, il est devenu aujourd'hui un véritable classique de la tradition sociologique. Élu membre de l'Institut international de sociologie (1894) et premier président de la Société allemande de sociologie, Tönnies entend fonder une sociologie pure qu'il oppose à une sociologie appliquée, faite d'applications des catégories fondamentales. Il poursuivra en ce sens des travaux sur l'opinion publique et la pathologie sociale.

Georg Simmel (1858-1918) : est né à Berlin. Après des études de philosophie (il soutient une thèse sur Kant), il assure à l'Université des séminaires fort prisés. Malgré tout, Simmel n'obtient pas de poste définitif avant 1914 (Strasbourg). D'un éclectisme peu académique, il porte intérêt aux faits sociaux les plus massifs comme aux phénomènes *a priori* plus insignifiants (l'esthétique du visage, les ruines, l'aventure, la figure de l'anse...). Épistémologue (*Sociologie et épistémologie*, 1918), il est l'auteur de *Philosophie de l'argent* (1900) et de *Soziologie* (1908).

Max Scheler (1874-1928) : afin de rendre compte de ce fait social massif qu'est le capitalisme, ce philosophe s'inscrit dans une ligne de pensée phénoménologique. Pour Scheler, le capitalisme doit avant tout être analysé par une « attitude de conscience » envers le monde, un « esprit capitaliste » qui consiste à envisager toute chose à partir du profit qu'il est possible de réaliser, ou pas, grâce à elle. Cet esprit n'est pas le propre d'une classe ni d'un système : elle concerne non seulement les capitalistes mais aussi les salariés, non seulement le capitalisme (en son sens habituel) mais aussi le système socialiste.

Alfred Weber (1868-1958) : frère de Max Weber, il travaille tout particulièrement sur l'opposition entre civilisation et culture. La *civilisation* représente, à l'image de la science et des techniques, le pôle universel de l'histoire des hommes, le processus d'accumulation des connaissances et savoir-faire. Tout cela est transformé, dans chaque *culture* particulière, au travers de la religion, de l'art, des mythes... propres à chaque peuple.

Oswald Spengler (1880-1936) : publie en 1918 un ouvrage qui connaît immédiatement le succès (*Le déclin de l'Occident*). Dans une période où prévaut l'amertume de la défaite et où l'Allemagne se vit comme une nation détentrice des valeurs les plus nobles, Spengler soutient que la civilisation occidentale se situerait sur la pente d'une inéluctable décadence.

sciences humaines et sociales. Dans la *Revue de synthèse historique* fondée par le positiviste Henri Berr, le sociologue durkheimien François Simiand préconise par exemple une véritable révolution des méthodes de l'historien (« Méthode historique et sciences sociales », 1903). Simiand recommande à ce dernier la rupture avec ses idoles (le politique, l'individuel et le chronologique) de façon à pouvoir fonder une histoire lourde, soucieuse d'abord de mettre à jour des récurrences et des stabilités. De ce projet, l'école des Annales (Marc Bloch, Lucien Febvre puis Fernand Braudel) est, à partir de 1929, grandement redevable.

3. La sociologie allemande au début du XXe siècle

Sur le plan institutionnel, la sociologie allemande naissante se défait, avec beaucoup plus de mal encore que son homologue française, de l'emprise des disciplines constituées (comme l'économie et la philosophie). Le terme de sociologie fait certes son apparition dès 1880 et, à l'initiative de Simmel, Weber et Tönnies, se constitue en 1909 une Société allemande de sociologie. Mais les divisions internes de cette dernière et la reconnaissance tardive de l'Université auront tôt fait de briser le premier élan. Par ailleurs, à la différence de la France, il ne se forme pas en Allemagne une école hégémonique comparable à l'école durkheimienne. L'ensemble des théories sociologiques allemandes offre, par contre, une image moins éclatée qu'en France. Dans le bilan de la sociologie allemande qu'il dresse en 1935, Raymond Aron discerne ainsi deux tendances significatives :

– une sociologie de type systématique (Tönnies, Simmel) qui se donne pour mission de dégager *a priori* des catégories fondatrices de l'activité sociale et de la société ;

– une sociologie historique dont la démarche est orientée vers des études plus historiques des phénomènes sociaux.

Les éléments d'une sociologie pure

Bien qu'elle ouvre sur des horizons historiques, l'œuvre de Ferdinand Tönnies est véritablement fondatrice de la sociologie systématique. En opposant la notion de communauté à celle de société,

L'OPPOSITION COMMUNAUTÉ/SOCIÉTÉ SELON TÖNNIES

Volonté organique ·············>Communauté
ordre du naturel, du biologique, de l'affectif

Cellule ······························> famille
Vie organique ····················> lien du sang
Instinct et plaisir ················> instincts et plaisirs maternels, paternels, fraternels
Habitude ···························> coutume, mœurs, rites, religion
Mémoire ···························> transmission de la coutume, des mœurs, des rites et de la religion

Sur le plan juridique, il y a règne du **statut** (droit naturel), expression de la coutume, des mœurs, de la religion.

Volonté réfléchie ···············> Société
ordre du superficiel, de la machine, du rationnel

Réflexion ···························> étude de la valeur abstraite
Calcul et spéculation ···········> profit et gain
Connaissance ····················> culture sociale
Égoïsme ···························> commerce
Domination ·······················> capitalisme

En société, avec le commerce, l'échange... règne le **contrat** qui s'objective au mieux avec la société anonyme.

Source : d'après J. Leif, Introduction à *Communauté et société*, Paris, © Retz, 1977, p. 32.

La dualité de Ferdinand Tönnies hérite de nombreux schémas forgés par ses contemporains. Notons, pour exemple, les influences de Schopenhauer (le monde comme représentation/le monde comme volonté), de Spencer (homogène/hétérogène), de Wundt (volonté simple-*der Wille*/volonté réfléchie-*die Willkür*) ou encore de Maine (sociétés de statut/sociétés contractuelles). Selon Tönnies, le diptyque communauté/société serait par ailleurs homologue aux oppositions entre femmes et hommes, entre peuple et hommes instruits, entre travail domestique et activité commerciale...

Tönnies propose une distinction qui emportera l'adhésion de nombreux sociologues. Pour fonder en raison cette dualité, il emprunte tout d'abord un point de vue psychologique sur la volonté, base de toutes les situations sociales. Tönnies oppose :

– la volonté organique (*Wesenwille*) qui plonge ses racines au plus profond de notre histoire d'être mental et physiologique (le plaisir, l'habitude et la mémoire en sont les trois manifestations premières) ;

– à la volonté réfléchie (*Kürwille*) qui est une action raisonnée, tendue vers le futur. Elle a pour but la recherche du bonheur par le moyen de la vanité, de l'égoïsme et de la domination.

Partant de cette dualité, Tönnies dérive dans le champ sociologique les catégories de communauté et de société. La communauté (*Gemeinschaft*) caractérise des relations sociales fondées sur l'affectivité et l'esprit de groupe. La famille, les réseaux locaux de connaissance en sont deux exemples typiques. L'état de société (*Gesellschaft*) correspond à celui décrit par Hobbes dans son *Léviathan* : les relations y sont formelles, artificielles et fondées sur l'intérêt individuel. Elles sont gérées à l'aide d'une politesse froide et impersonnelle.

Ferdinand Tönnies utilise d'abord son couple de notions dans une perspective historique : au sein de la société industrielle, l'essor des grandes villes, l'expansion et la rationalisation des entreprises et administrations... ne révèlent-ils pas le passage progressif de la communauté vers la société ? Dans cette dernière, la séparation entre les hommes se traduit par un échange accru de choses, par un développement des pratiques contractuelles. « La société est l'état dans lequel chaque homme est un commerçant » (Adam Smith, cité par Tönnies). Cette évolution, suppute Tönnies, conduit au socialisme, système qui détruira définitivement les liens communautaires entre les hommes.

Dans l'esprit de Tönnies, on doit à Schmalenbach, un élève de Simmel, l'introduction d'une troisième catégorie : celle de ligue (*Bund*). La ligue est une forme sociale qui, historiquement, précède la communauté et la société. Elle se définit par l'accord exalté, l'enthousiasme quasi religieux ou encore l'amour du chef qui soudent les membres du groupe. Schmalenbach verra dans les mouvements de jeunesse, mais aussi dans le national-socialisme allemand, les traits typiques de ce mode d'organisation sociale.

DES LOIS DE L'HISTOIRE COMME SIMPLIFICATIONS ABUSIVES DES PHÉNOMÈNES COMPLEXES

« Supposons que nous observions un changement de l'état A à l'état B. Cette séquence nous paraîtra éventuellement comme régie par une loi. Mais imaginons que l'état A se compose des éléments *a, b, c* et l'état B des éléments α, β, γ. Nous ne pouvons alors affirmer que α est la conséquence de *a* que si nous observons que A^1 est suivi de B^1, où A^1 et B^1 sont des états se composant respectivement des éléments *a, d, e,* et α, δ, ε. Supposons maintenant que nous cherchions à affiner l'analyse, et que nous décomposions à leur tour les états *a* et α en composantes, les relations entre ces composantes étant gouvernées par des lois particulières. En continuant ainsi, on doit finalement aboutir à des lois élémentaires. Les lois sont celles qui règlent les relations entre les parties les plus petites. Et leur combinaison détermine les faits complexes qui sont donnés à l'observation immédiate.

On ne peut en toute rigueur parler de loi de l'histoire qu'à partir du moment où on a pu déterminer l'effet de ces éléments ultimes. Car il est inutile de préciser que, lorsque B suit A, il faut que la séquence se répète à chaque fois que A réapparaît sous une forme absolument identique. Sinon, on ne peut parler de loi et on ne peut dire que A est la cause de B. Mais A, c'est l'ensemble des circonstances qui produisent B, et il ne faut pas ici ramener la notion de cause à l'acception affaiblie qu'on lui prête parfois, lorsqu'on la conçoit comme un choc positif et direct produisant l'effet B. D'un autre côté, la cause A ne contient pas non plus l'ensemble innombrable des conditions qui interfèrent avec elle ou qui l'accompagnent, conditions qu'elle fait comme traverser et dont la banalité risque de faire oublier qu'elles sont, de fait, indispensables. La plus petite modification des facteurs qui composent A peut, en effet, rendre la loi liant A et B caduque et sans intérêt (...)

Les événements que nous cherchons à subsumer sous les lois de l'histoire ont précisément ce caractère de complexité. Et nos constructions théoriques d'un côté, nos jugements de valeur de l'autre nous conduisent à bien des illusions sur la multiplicité des facteurs responsables d'un événement singulier. Nos constructions théoriques, parce qu'elles nous amènent à construire des substantifs synthétiques pour les besoins de l'action et de la connaissance ; nos jugements de valeur, parce qu'ils nous conduisent à insister sur tel ou tel aspect d'un événement complexe, parce que c'est lui qui nous intéresse principalement. Le résultat, c'est que nous traitons comme *quantité négligeable* tous les autres aspects ; or, sans eux, l'état de choses qui nous intéresse n'aurait objectivement jamais pu se produire. »

Source : G. Simmel, *Les problèmes de la philosophie de l'histoire* (1892), Paris, © P.U.F., 1984, pp. 134-135.

La sociologie formale de Georg Simmel

Outre son intérêt particulier pour l'épistémologie historique qui le conduit à réfuter toute tentation nomologique à énoncer des lois de l'histoire, une des interrogations centrales de Simmel est la différenciation sociale. Dans un petit texte de 1909 demeuré célèbre (*Brücke und Tür*), il livre une analyse vitaliste du fait social. Pour Georg Simmel, la vie sociale est un mouvement par lequel ne cessent de se remodeler les relations entre individus. Ces relations sont, à l'image du pont qui relie et de la porte qui sépare, empreintes de tendances contradictoires à la cohésion et à la dispersion.

Pour analyser ces relations, Simmel avance un concept directeur : celui d'action réciproque. Par là, il entend tout simplement l'influence que chaque individu exerce sur autrui. Cette action est guidée par un ensemble de motivations diverses (instincts érotiques, intérêts pratiques, foi religieuse, impératifs de survie ou d'agression, plaisir ludique, travail...) et c'est la totalité – sans cesse mouvante – de ces actions qui contribue à unifier la totalité des individus en une société globale.

L'objet d'analyse de Georg Simmel n'est ni l'individu ni la société en tant que tels : tout son intérêt se focalise sur l'interaction créatrice entre ces deux pôles extrêmes. La production de la société par les individus et le façonnement permanent des individus par la société est, en ce sens, la matrice fondatrice du lien social. Contrairement à Durkheim, Simmel privilégie donc, non la contrainte, mais le devenir de la société. C'est pourquoi il parlera plus volontiers de socialisation que de société. Cependant, Simmel n'ignore pas non plus l'existence de structures lourdes qui poussent à la reproduction sociale. Il leur assigne simplement un statut comparable à ces événements microsociaux de la vie quotidienne, ces interactions multiples et fugaces (la sociabilité) qui constituent aussi l'essence des relations humaines.

En opposition au contenu d'une action (les motivations qui guident l'agir humain), Simmel nomme formes sociales le produit des actions réciproques. Dans l'analyse de Simmel, un exemple typique de forme sociale est la mode. Expression de l'individualisme moderne sans pour autant cesser de trahir les distinctions de classe, elle révèle, peut-être mieux que toute autre forme, l'essence dynamique du social. Si les

LES FORMES SOCIALES SELON SIMMEL

La mode comme forme sociale

« Imitation d'un modèle donné, la mode satisfait un besoin social, elle mène l'individu dans la voie suivie par tous, elle indique une généralité qui réduit le comportement de chacun à un pur et simple exemple. Cela dit, elle satisfait tout autant le besoin de distinction, la tendance à la différenciation, à la variété, à la démarcation. Et elle y parvient d'un côté par le changement des contenus qui imprime à la mode d'aujourd'hui sa marque individuelle par rapport à celle d'hier et de demain, mais de l'autre, encore plus énergiquement, grâce au fait que les modes sont toujours des modes de classe, que celles de la couche supérieure se distinguent de celles de la couche inférieure et se voient abandonnées par la première dès que la seconde commence à se les approprier. La mode n'est donc jamais qu'une forme de vie parmi beaucoup d'autres, qui permet de conjoindre en un même agir unitaire la tendance à l'égalisation sociale et la tendance à la distinction individuelle, à la variation. »

Source : G. Simmel, « La mode » (1895) in *La tragédie de la culture,* Paris, © Rivages, 1988, p. 91.

Argent et rapports sociaux

« Le rôle de l'argent à l'intérieur du système des évaluations monétaires peut se mesurer à l'évolution des amendes monétaires. Dans ce domaine s'impose à nous, comme un phénomène des plus frappants, la réparation de l'homicide volontaire par le paiement d'une somme – fait si courant dans les civilisations primitives qu'on se dispensera d'en fournir des exemples, du moins en ce qui concerne sa version simple et directe. Moins notée que sa fréquence est cependant l'intensité avec laquelle le rapport entre la valeur de l'homme et celle de l'argent domine souvent les représentations juridiques. Dans l'Angleterre anglo-saxonne, à l'origine, il existait aussi un *wergeld* pour le meurtre du roi ; il était légalement fixé à 2 700 shillings. Mais pareille somme, dans les circonstances d'alors, demeurait fictive et impossible à rassembler. Son sens réel était que, pour la remplacer dans une certaine mesure, le meurtrier et toute sa famille devaient être vendus comme esclaves, à moins encore que la différence, s'il faut en croire un interprète de cette loi, ne fût si grande que la mort seule ait pu la compenser – une simple dette d'argent ! (...)

Partant de là, néanmoins, ce n'est pas seulement l'argent qui devient alors mesure de l'homme, mais aussi l'homme qui devient alors mesure de l'argent. La somme à payer pour le meurtre d'un individu se présente comme unité monétaire dans les deux cas. D'après Grimm, le passé composé *skillan* veut dire à peu près : j'ai tué ou j'ai blessé ; donc : je dois réparation. Or le *solidus* était le tarif simple d'après lequel les amendes se calculaient dans le droit coutumier. C'est pourquoi on a supposé que le mot *shilling*, dans la logique du sens attribué à *skillan*, le désignait "l'unité pénale". La valeur de l'être humain apparaît donc ici comme base de classement du système monétaire et comme base de fixation de la valeur monétaire. »

Source : G. Simmel, *Philosophie de l'argent* (1900), Paris, © P.U.F., 1987, pp. 445-446.

formes sociales (juridiques, artistiques, coutumières...) sont le produit de l'homme et des interactions entre les hommes, elles sont aussi, pour nombre d'entre elles, en voie constante d'objectivation. Ce processus d'abstraction leur confère une logique de fonctionnement autonome qui les rend étrangères aux sujets qui les ont engendrées.

Les formes sociales sont pourtant des éléments nécessaires à la vie quotidienne. Elles seules donnent un cadre aux liens sociaux. Ce paradoxe, qui se nourrit d'une tendance constante à la réification des relations humaines, est au cœur de ce que Simmel nomme la *tragédie culturelle de la modernité*. Ainsi en est-il de l'argent. Instrument d'échange, outil d'évaluation des choses *et* des hommes, il facilite grandement, en ce début de siècle, le développement économique des sociétés modernes. Hélas, constate Simmel, l'argent enferme dans le même temps les individus dans des relations sociales appauvries car soumises toujours davantage à calcul et stratégies.

La dérive du « systématisme »

À la suite de Tönnies et de Simmel, A. Vierkandt (1867-1953) et L. von Wiese (1876-1969) se sont révélés les plus ardents défenseurs d'un type de sociologie « pure ». Pour Vierkandt (*Gesellschaftlehre*, 1923), tout d'abord, parce que les relations sociales ne sont jamais purement communautaires ni purement sociétaires, les deux modèles d'organisation de Tönnies valent moins par l'opposition tranchée qu'elles constituent que par les limites extrêmes qu'elles signalent. La diversité des formes sociales qui s'inscrivent entre ces deux pôles ne doit pas non plus occulter, à son avis, l'existence première d'un ensemble d'instincts individuels (sentiment de soi-même, instinct de soumission, tendance à porter secours...). De ces instincts, traduits en terme de comportements sociaux grâce à la pression des groupes, le sociologue pourrait rendre compte à la condition *sine qua non* d'emprunter une posture phénoménologique.

Quant à Léopold von Wiese (*System der Soziologie*, 1924-29), fidèle disciple de Simmel, il maintient plus ferme encore que Vierkandt le cap théorique de son mentor. À l'instar de Simmel, von Wiese investit le champ de toutes les interactions humaines (des plus fugaces aux plus stables, de celles qui rapprochent à celles qui séparent...) mais en étant bien persuadé qu'une lecture homogène de ces phénomènes est possible. Pour lui, en effet, tout processus social (P) est la résultante de comportements individuels (H) dans une situation donnée (S). L'analyse sociologique peut alors se résumer en une courte formule : (P) = (H) x (S). Soit, en décomposant chacun des deux termes de droite : (P) = (I x E) x (U x H_1) où I désigne les tendances héréditaires qui gouvernent en partie les attitudes d'un individu, E les expériences passées de ce même individu, U le milieu naturel et H_1, enfin, l'attitude des autres individus.

S'il met son schéma à l'épreuve des faits, von Wiese n'empêchera pas la lente dérive du courant systématique. De ce déclin scientifique, les travaux d'Othmar Spann sont la meilleure illustration. Théoricien, si ce n'est idéologue, Spann tire l'ordre du social d'une hiérarchie des valeurs. Il élabore ainsi, sur le modèle de l'oignon, une représentation de la société dont le sommet est constitué d'une élite détentrice des valeurs les plus nobles, le corps intermédiaire composé d'un grand nombre aux valeurs inférieures et la base formée d'un ensemble plus restreint d'individus soudés par des valeurs négatives.

Pourfendeur de l'individualisme moderne, Spann se fait fort de démontrer que le pouvoir doit naturellement revenir à ceux qui se trouvent imprégnés des valeurs supérieures. Ce pouvoir doit être, de surcroît, un instrument de domination dont l'excellence se révèlera avec la construction d'un État fort et véritable (*Der wahre Staat*, 1921).

Sociologie et histoire

En dépit d'un souci formaliste excessif, la sociologie allemande a su se révéler capable de produire d'intéressantes et subtiles analyses socio-historiques relatives aux traits caractéristiques des formes d'organisation du capitalisme moderne (les classes et strates sociales, les partis politiques, la connaissance...). Outre Max Weber (chap. 6), nombreux sont finalement ceux qui se sont engouffrés dans cette voie (Thurnwald, Geiger, Kracauer, Elias...).

Ainsi en est-il, par exemple, de Joseph Schumpeter (1883-1950). La thèse majeure de cet Autrichien, auteur d'ouvrages sur l'impérialisme et les classes sociales, est que le capitalisme serait hélas condamné à terme par un processus croissant de routinisation et de bureaucratisation (*Capitalisme, socialisme et démocratie*, 1942).

Exploitant à l'inverse une veine marxiste, F. Oppenheimer (1864-1943) dénoncera pour sa part le caractère oppressif de l'État, acteur partisan au sein d'une lutte de classes dont l'enjeu majeur est l'appropriation des terres (*System der Soziologie*, 1923-33, 4 vol.). Dans cette même perspective socio-historique, retenons également le nom de Werner Sombart (1863-1941), cofondateur avec Schumpeter et Weber des *Archiv für Sozialwissenschaft und Sozialpolitik* (1903), première véritable grande revue de sciences sociales allemande. Comme Weber mais sans partager les analyses de ce dernier, Sombart étudie les déterminants sociaux et culturels de la vie économique (*Le capitalisme moderne,* 1902-1927 ; *Le Bourgeois*, 1913).

Il vaut, enfin, d'évoquer Ernst Troeltsch (1865-1923), un des meilleurs spécialistes de son époque en histoire et sociologie de la religion chrétienne (*Der Historismus und seine Probleme,* 1922, *The Social Teaching of the Christian Churches,* 1950). Ce professeur de théologie, un proche de Weber, s'est notamment intéressé au dilemme que pose pour un chrétien l'exigence des principes religieux (pureté, abnégation...) dans un monde terrestre considéré comme impur et dans lequel il convient malgré tout de vivre. Selon Troeltsch, afin de résoudre cette difficulté, le christianisme a inventé trois types d'institution (la mystique, la secte, l'Église) qui constituent autant d'étapes dans le processus de « routinisation du charisme » (Weber).

La mystique répond à l'impératif de pureté en érigeant une forme radicale de rupture avec le monde des hommes. Elle favorise la relation directe entre le croyant et Dieu dans le cadre de groupes lâches et informels. La secte, second type idéal, est une petite communauté égalitaire à laquelle les membres se sont joints de façon volontaire. Privilégiant la recherche de la perfection intérieure, elle renonce également à tout contrôle de la vie sociale, à tout compromis avec le monde.

L'Église est, enfin, une organisation foncièrement conservatrice qui a pour projet la domination des masses. C'est une institution hiérarchisée qui se donne pour mission la prise en charge de la contradiction entre injonction religieuse et activité matérielle des fidèles : par la grâce et le salut qu'elle leur accorde, l'Église lave ses ouailles des souillures du monde. De cette manière s'affirment tant son influence réelle sur un nombre important d'hommes que sa façon de composer avec le monde de ces derniers.

VILFREDO PARETO (1848–1923)

Vilfredo Pareto possède cette particularité notable d'avoir été un pionnier non seulement en sociologie mais également en économie. Nourri à la mécanique rationnelle et au darwinisme, cet ingénieur de formation a pour ambition, à ses débuts, de montrer que « le développement de la société humaine s'accomplit selon des lois fixes et déterminées comme celles que nous a révélées la physique. » Il défend, en ce sens, une méthode logico-expérimentale. Longtemps frappé de suspicion pour son aval donné au facisme italien naissant, Pareto poursuit un parcours intellectuel complexe : s'il adhère, dès ses premiers travaux sur la politique économique, à une forme d'idéologie libérale antiprotectionniste et pacifiste, Pareto reconnaîtra volontiers (dans *Les systèmes socialistes*, 1902-1903) que le socialisme « facilite l'organisation des élites qui surgissent des classes inférieures et il est, à notre époque, un des meilleurs instruments d'éducation de ces classes ».
Si Pareto a connu un certain succès international (notamment dans les années trente aux États-Unis), ses vues ne sont plus guère prises en considération par les sociologues d'aujourd'hui. Par contre, le Pareto qui succéda en 1893 à la chaire d'économie laissée vacante par Walras à Lausanne, constitue toujours une référence majeure de l'analyse économique dominante. D'abord influencé par Walras, l'auteur du *Manuel d'économie politique* (1906) rompt progressivement avec ce dernier et innove en énonçant non seulement une loi statistique sur la répartition des revenus mais, surtout, en formalisant les problèmes de valeur à l'aide de courbes d'indifférence.

ACTION LOGIQUE, ACTION NON LOGIQUE

150. Il y a des actions qui sont des moyens appropriés au but, et qui s'unissent logiquement à ce but. Il en est d'autres auxquelles ce caractère fait défaut. Ces deux classes d'actions sont très différentes, suivant qu'on les considère sous leur aspect objectif ou sous leur aspect subjectif. (...) Nous appellerons « actions logiques », les opérations qui sont logiquement unies à leur but, non seulement par rapport au sujet qui accomplit ces opérations, mais encore pour ceux qui ont des connaissances plus étendues ; c'est-à-dire les actions ayant subjectivement et objectivement le sens expliqué plus haut. Les autres actions seront dites « non logiques » ; ce qui ne signifie pas illogiques. Cette classe se divisera en différents genres (...)

152. Les actions logiques sont très nombreuses chez les peuples civilisés. Les travaux artistiques et scientifiques appartiennent à cette classe, au moins en ce qui concerne les personnes qui connaissent ces deux disciplines. Pour les exécuteurs matériels de ces travaux, qui ne font qu'accomplir les ordres de leur chefs, ce sont des actions de la 2e classe, 4e genre. Les actions étudiées par l'économie politique appartiennent, elles aussi, en très grande partie, à cette classe. On doit y ranger, en outre, un certain nombre d'opérations militaires, politiques juridiques, etc.

Source : V. Pareto, *Traité de sociologie générale* (1916), Genève-Paris, © Droz, pp. 67-68.

4. L'apport de Vilfredo Pareto à la sociologie italienne

Outre la Grande-Bretagne, la France et l'Allemagne, la sociologie gagne au tournant du siècle d'autres nations telles la Belgique (avec le très proudhonien Guillaume de Greef) et l'Italie. Dans ce dernier pays, la philosophie politique s'illustre d'abord avec les œuvres du marxiste Antonio Labriola ou du plus libéral Benedetto Croce. Mais leurs travaux sont marqués par un fort antipositivisme qui les éloignent des sciences sociales. Si la criminologie (Cesare Lombroso, Scipio Sighele) s'avère plus proche de la sociologie, il revient presque exclusivement à Gaetano Mosca, Robert Michels et surtout Vilfredo Pareto d'avoir œuvré en faveur de cette dernière discipline.

Action logique et non logique chez Pareto

Vilfredo Pareto, auteur d'un volumineux *Traité de sociologie générale* (1916), est venu aux sciences sociales dans le but explicite d'enrichir des schémas d'analyse économique centrés exclusivement sur la fiction d'individus rationnels. Persuadé de la valeur scientifique des sciences sociales, Pareto réfute tout postulat déterministe. Il estime au contraire que « les faits sociaux sont mutuellement dépendants » et que c'est la composition de ces forces multiples qui engendre des (dés)équilibres économiques ou sociaux. Sous la pression des intérêts, des sentiments, des idées... ces équilibres se font et se défont : telle est la logique de l'évolution sociale.

Pour opérer une scission nette entre économie et sociologie, Pareto oppose action logique et action non logique. L'action logique est celle qui emprunte des moyens adéquats aux fins qu'elle se donne et qui a toute chance de parvenir au but effectivement visé. L'action non logique (ce qui ne signifie pas illogique) est le fait d'un individu qui mobilise des moyens inadéquats à la fin recherchée (danser pour faire advenir la pluie par exemple) ou qui ne peut, en dépit d'efforts que l'on pourrait considérer comme rationnels, faire correspondre désirs subjectifs et résultats objectifs. Aussi, même si elle n'est pas logique, une action n'en est-elle pas moins pourvue d'une certaine efficacité. Pareto constate enfin que, dans la mesure où la raison n'est pas le seul moteur de nos motivations mais qu'elle coexiste avec les passions, les sentiments, la tradition... le second type d'action a « une grande part dans le phénomène social ».

RÉVOLUTION ET CIRCULATION DES ÉLITES

« Si l'on voulait indiquer en peu de mots les différences qui existent entre l'état social avant la Révolution française (M), et l'état actuel (N), on devrait dire qu'elles consistent principalement en une prédominance des intérêts économiques et en une beaucoup plus grande intensité de la circulation des élites. Désormais, la politique étrangère des États est presque exclusivement économique (§ 2328), et la politique intérieure se réduit aux conflits économiques. D'autre part, sauf un petit nombre de restrictions, en Allemagne et en Autriche, non seulement tous les obstacles à la circulation des élites ont disparu, mais encore celle-ci est devenue effectivement intense, grâce à l'appui de la prospérité économique. Aujourd'hui, presque tous ceux qui possèdent à un haut degré les résidus de la 1re classe (instinct des combinaisons), et qui savent faire preuve d'aptitudes dans les arts, dans l'industrie, dans l'agriculture, dans le commerce, dans la constitution d'entreprises financières, honnêtes ou malhonnêtes, dans la duperie des bons producteurs d'épargne, dans l'habileté à obtenir l'autorisation d'exploiter les citoyens les moins habiles, grâce à la politique, aux protections douanières ou autres, aux faveurs de tout genre, ceux-là sont certains, à moins d'une étrange malchance, non seulement de s'enrichir, mais aussi d'obtenir honneurs et pouvoir, en somme de faire partie de la classe gouvernante (...)

La circulation des élites d'aujourd'hui fait donc entrer dans la classe gouvernante un grand nombre de personnes qui détruisent la richesse, mais elle y en fait entrer un plus grand nombre encore qui la produisent. Nous avons là une preuve très certaine que l'action de ces dernières l'emporte sur celle des premières, puisque la prospérité économique des peuples civilisés s'est énormément accrue. En France, après 1854, au temps de la fièvre des constructions de chemins de fer, plusieurs financiers peu honnêtes, plusieurs politiciens, se sont enrichis et ont détruit de grandes sommes de richesses ; mais des sommes incomparablement plus grandes de richesses ont été produites par les chemin de fer, et le résultat final de l'opération a été une grande augmentation de prospérité pour le pays. Nous n'avons pas à rechercher ici si on pouvait l'obtenir également en épargnant les dépenses que coûtèrent les parasites financiers, politiques et autres ; nous traitons de mouvements réels, non de mouvements virtuels ; nous décrivons ce qui a eu lieu et ce qui a lieu, nous ne voulons pas aller plus loin. »

Source : V. Pareto, *Traité de sociologie générale* , *op.cit.*, pp. 1501-1502.

L'analyse précise des actions non logiques suppose de scinder, d'une part, l'action en tant qu'elle est fondée sur des croyances précises (c'est le domaine des résidus) et, d'autre part, les arguments mobilisés pour justifier l'action non logique (domaine des dérivations). Les résidus correspondent à la manifestation des instincts que l'on retrouve enfouis chez tout homme. Dans son *Traité*, V. Pareto recense six types de résidu (l'instinct de combinaison, la persistance des agrégats, l'extériorisation des sentiments, la sociabilité, l'intégrité des individus et de ses dépendances et le résidu sexuel). Les dérivations, variables selon les époques et les cultures, constituent une sorte de voile qui sert à justifier les actions non logiques et à leur donner une forme logique et cohérente.

Changement social et circulation des élites

Pour penser le changement, Pareto montre d'abord que celui-ci n'est jamais ni linéaire ni progressif. Il n'est pas non plus orienté vers un but ultime. L'évolution des sociétés ne saurait donc donner lieu à de quelconques prédictions. Pour Pareto, le changement social doit être appréhendé en terme d'oscillations, de mouvements ondulatoires. Ainsi procèdent d'ailleurs les économistes qui, aujourd'hui encore, raisonnent à l'aide de cycles. En matière de croyances, constate par exemple Pareto, il est possible de prendre acte, de façon similaire, de vagues successives de foi et d'incrédulité. Ce retour au même exprime bien la permanence des résidus et les changements des dérivations : dans l'optique paretienne, la foi socialiste n'est ainsi qu'une forme nouvelle de foi religieuse. C'est ce modèle que Pareto met à l'épreuve pour produire une théorie des élites.

Avant lui, le juriste italien Gaetano Mosca (1858-1941), auteur de *Elementi di scienza politica* (1896), avait pointé le caractère organisé des élites au sein de toutes les sociétés ayant atteint un stade donné de développement. Les élites forment un groupe minoritaire qui détient le pouvoir au sein de la société. Pour justifier l'inégalité politique, elles savent, par de multiples artifices, se jouer des dominés. Ce qui fait tenir le réseau des élites, ce sont des liens de parenté, des valeurs et intérêts communs. Ce réseau reste, au demeurant, hétérogène. Selon Mosca, c'est donc un cercle encore plus restreint, un noyau dur qui détermine le destin des sociétés.

CRITIQUE INSTITUTIONNALISTE ET SOCIOLOGIE DE LA DISTINCTION (VEBLEN, GOBLOT)

Thorstein Veblen (1857-1929), fils de paysans norvégiens venus vivre aux États-Unis, a toujours été relégué à la marge du système de reconnaissance institutionnelle américain. Son travail, notamment sa *Théorie de la classe de loisir* (1899), ne lui vaudra d'ailleurs quelque notoriété qu'après sa mort. Influencé par l'évolutionnisme de Darwin, Veblen rejette tout autant l'économie marginaliste que le marxisme. Frappé par l'opposition entre le travail paysan et l'activité bourgeoise qui autorise l'enrichissement par de simples transactions, Veblen considère que l'homme est dual : il contient en lui un instinct artisan et un instinct prédateur. Le premier favorise la domestication rationnelle de la nature en évitant tout gaspillage ; le second pousse à la dépossession d'autrui. Cette seconde tendance est le fondement de la nouvelle classe dominante : la classe de loisir, celle qui affirme sa supériorité sociale par un non-travail. La consommation, en déduit Veblen, n'a pas pour seul but l'acquisition. Selon lui, la théorie économique traditionnelle oublie qu'à travers la richesse les hommes recherchent aussi l'estime et la reconnaissance sociale. Le loisir et la « consommation ostentatoire » témoignent de la possibilité pécuniaire, pour une frange exclusive de la société, de s'offrir une vie d'oisiveté.

Dans la tradition de Veblen, celle qui ouvre la voie à ce que l'on nomme aujourd'hui une sociologie de la distinction, il faut évoquer le travail d'**Edmond Goblot** (1858-1935). Ce logicien français, condisciple de Durkheim à l'École normale supérieure, a observé la bourgeoisie provinciale à la charnière du XIXe et du XXe siècle. Dans son ouvrage *La barrière et le niveau* (1925), il montre que ces bourgeois, n'ayant aucun moyen matériel de s'affirmer comme classe sociale à part entière, ont délibérément opté pour une stratégie de distinction. La mode bourgeoise doit être ainsi comprise : comme barrière, elle définit des attributs spécifiques (type de costume, manière de parler...), trace des frontières entre bourgeois et non-bourgeois ; comme niveau, elle fait de ces marqueurs sociaux la condition minimale à la définition d'une identité commune (peu importe, par exemple, la façon de parler le latin ; qu'ils le maîtrisent parfaitement ou non, les bourgeois constituent un groupe qu'ils veulent distinct parce que tous ses membres parlent le latin...).

Bien qu'il l'ait nié, Pareto hérite largement de ce schéma d'analyse. Pour lui, en dépit des discours démocratiques (dérivations), la société n'échappe pas à la réalité du résidu qu'est la scission entre gouvernants et gouvernés.

Les élites, celles qui sont promises au pouvoir, ont pour point commun d'appartenir à l'ensemble des individus qui font montre par leur talent ou leur travail d'une compétence supérieure à la moyenne. Pareto constate que les élites n'ont de cesse de se substituer les unes aux autres aux commandes de la société. Cette circulation assure la montée en puissance régulière des meilleurs qui assurent ainsi équilibre et changement social. Selon la loi de l'ondulation, une élite s'épuise, puis une autre lui succède : « Les aristocraties ne durent pas... Quelles qu'en soient les causes, il est incontestable qu'après un certain temps elles disparaissent. L'histoire est un cimetière d'aristocraties » (*Traité..., op. cit.*, p. 1304).

En vertu de cette théorie, on peut comprendre que dans les révolutions se joue le remplacement d'élites anciennes par des élites nouvelles issues des classes inférieures. Ce schéma permet à Pareto de décrire la pente déclinante sur laquelle se situe la bourgeoisie européenne de son époque ainsi que la montée concomitante (dont il se défiait) d'autres élites issues du sein ouvrier et socialiste. Pareto en éprouvait une amertume d'autant plus grande qu'il pensait avoir sous les yeux une bourgeoisie ignorante et passive devant cette « phase descendante de la liberté et montante de l'organisation ».

5. Aux États-Unis, la naissance d'une sociologie plus pragmatique

Devancée par les travaux d'anthropologues (Lewis Henry Morgan, Franz Boas) qui en finissent avec une science axée sur des typologies de race, la sociologie naît aux États-Unis dans un pays en pleine croissance économique et urbaine. Les thèmes de la ville, de l'immigration, des ghettos, de l'acculturation (entrechoquement de cultures différentes), de la stratification... sont donc au cœur des premières réflexions de cette science nouvelle. Aussi, bien plus qu'en Europe, et sous l'impulsion de pionniers comme Lester Ward, la sociologie succombe-t-elle rapidement aux charmes d'une expertise sociale explicitement vouée à l'éclairage des politiques réformistes.

AUX FONDEMENTS DE LA SOCIOLOGIE INTERACTIONNISTE AMÉRICAINE (Charles H. Cooley, Georges H. Mead)

Outre-Atlantique, la perspective interactionniste qui se développe timidement, au début du siècle, est l'occasion de réfléchir à nouveaux frais sur les relations microsociales. Tel est le cas de **Charles H. Cooley** (1864-1929), auteur de *Human nature and the social order* (1902) et de *Social organization* (1909). L'apport majeur de Cooley réside dans une distinction célèbre entre groupes primaires et groupes secondaires. Les groupes primaires (comme la famille) rassemblent des individus proches, liés durablement les uns aux autres par des valeurs communes et une forte division des rôles. Dans ces groupes se nouent les relations les plus étroites entre individu et société. Comme c'est le cas dans une entreprise ou n'importe quelle autre organisation, les groupes secondaires vivent, eux, sur la base de relations plus formelles et plus distendues. S'il se veut théoricien des groupes, Cooley n'établit pas pour autant une hiérarchie logique entre individu et société ; pour lui, « *self and society are twin-born* ».

Largement inspiré des thèses de Cooley, **Georges H. Mead** (1863-1932) est le second auteur qui a fortement influencé la tradition de la sociologie interactionniste américaine. Auteur de *L'Esprit, le soi et la société* (1934), Georges H. Mead a porté son intérêt sur la socialisation de l'individu par l'interaction avec autrui ou, pour employer la terminologie de Mead lui-même, sur la formation du soi à travers l'échange avec la communauté. Dans cette perspective, la communauté prend la forme des classes sociales d'appartenance, des sous-groupes « concrets » (partis, corporations) ou « abstraits » (débiteurs). Dans l'interaction, l'échange – qui prend la forme du langage, des gestes et des symboles – a lieu avec ce que Mead nomme « l'autrui-généralisé » : figure idéelle qui ramasse l'ensemble des valeurs et normes de comportements que porte la communauté et qui servira de guide à l'action de l'ego.

Le développement du jeune enfant se réalise selon ce schéma. Par sa capacité progressive à jouer le rôle d'autrui et à analyser sa conduite de ce même point de vue, l'enfant peut acquérir l'usage raisonné et complet de la communication avec autrui. Autrement dit, l'échange est à la fois un processus d'intériorisation des normes et un mode d'autorégulation de la communauté. « Un homme, écrit Mead, possède une personnalité parce qu'il appartient à une communauté dans sa propre conduite. Il utilise le langage comme moyen de recevoir sa personnalité ; puis à travers le processus d'adoption des divers rôles que fournissent tous les autres, il arrive à adopter l'attitude des membres de la communauté. » Symétriquement, la société doit être comprise comme structure émergente, comme produit d'un faisceau d'actions communicationnelles entre individus orientés les uns vers les autres.

En tant que discipline autonome, la sociologie américaine s'affirme dans la dernière décennie du XIXe siècle. L'*American Journal of Sociology* est créé en 1895. William Sumner (1840-1910) est le premier professeur attitré de sociologie à partir de 1876. Ce dernier est l'auteur de *Folkways* (1906), ouvrage teinté de spencerisme qui se veut fondateur d'une science attentive aux coutumes, aux mœurs et à la morale. En 1892, grâce à un financement privé, est fondé à Chicago sous la houlette de Albion Small le premier département de sociologie. Si d'autres universités lui emboîtent le pas – Columbia avec Franklin Giddins puis, beaucoup plus tard, Harvard avec Pitirim Sorokin –, c'est Chicago qui donne tout son allant à la sociologie naissante.

Et le succès est au rendez-vous. Au début du XXe siècle, la sociologie connaît un développement considérable sans comparaison possible avec les pays européens : plus de deux cents institutions de l'enseignement supérieur sont alors concernées par cette discipline. Jusqu'aux années trente, le soutien financier de l'État, de groupes privés (fondation Rockfeller) et de comités et associations (religieuses notamment) contribuent à piloter le développement d'une sociologie qui passe progressivement de préoccupations morales à un souci accru de scientificité.

Sur le plan théorique, la sociologie américaine naissante est grandement influencée par une partie de la sociologie européenne, celle qui est en fait la moins établie sur le plan académique (Darwin, Spencer, Simmel, Tarde...). On retrouve ainsi des préoccupations microsociologiques, largement étrangères à un Durkheim, dans les travaux menés par Charles H. Cooley et par Georges H. Mead. Mais, à vrai dire, la novation véritable de la sociologie américaine n'est pas, en ce début de siècle, d'ordre théorique : son point fort – ainsi que l'illustrent les travaux fondateurs de l'école de Chicago – est de constituer un creuset au sein duquel vont s'élaborer des méthodes d'investigation empirique des plus performantes.

L'école de Chicago ou le développement de l'écologie urbaine

Dès les années 1910, en effet, beaucoup de chercheurs du département de sociologie de l'université de Chicago ont pour trait commun une référence méthodologique qui tend à privilégier l'étude de terrain. L'enseignement des statistiques n'est certes pas négligé : en témoigne

TROIS TYPES DE PERSONNALITÉ

« La netteté des attitudes qui composent un caractère et la schématisation correspondante des données sociales dans la façon dont un individu organise sa vie laissent place cependant à un éventail très large en ce qui concerne une question fondamentale : l'étendue des possibilités d'évolution ultérieure qui restent à l'individu après sa stabilisation. Ceci dépend de la nature des attitudes que présente le caractère, des structures d'organisation et aussi de la façon dont elles sont toutes deux rapprochées et systématisées. Trois cas types peuvent être ici définis.

L'ensemble des attitudes qui constituent le caractère peut être tel qu'il empêche quasiment la formation d'une nouvelle attitude dans des conditions de vie données, parce que les attitudes réfléchies de l'individu ont atteint une telle fixité qu'il n'est plus sensible qu'à une seule catégorie d'influences – celles qui forment la partie la plus permanente de son milieu social. Les seules possibilités d'évolution qui restent donc à l'individu sont soit les lents changements qu'il subira avec l'âge et que le temps apportera à son milieu social, soit un bouleversement de conditions tellement radical qu'il détruira à la fois les valeurs auxquelles il s'était adapté et, très probablement, sa propre personnalité. Le "philistin" est l'incarnation littéraire de ce type de personnalité. On l'oppose au type "bohémien" dont les possibilités d'évolution ne sont pas fermées par la simple raison que son caractère en est resté à un stade de formation inachevé. Certains aspects de son caractère en sont encore au stade primaire, et, si d'autres se sont peut-être intellectualisés, ils restent sans aucune relation entre eux et ne forment pas un ensemble stable et systématisé ; ceci n'exclut cependant pas la formation de nouvelles attitudes, ce qui laisse l'individu ouvert à toutes les influences. À l'opposé de ces deux types, l'on trouve une troisième catégorie d'individus dont le caractère s'est stabilisé et structuré mais qui présente la possibilité et même la nécessité d'une évolution, parce que les attitudes réfléchies qui le composent présentent elles-mêmes une tendance au changement, réglée par des projets d'activité productive : l'individu restera ouvert à toutes les influences qui seront conformes à son évolution préconçue. Ce type représente l'individu créatif. »

Source : W.-I. Thomas, F. Znaniecki, *The Polish Peasant in Europe and America* (1918-1921), New York, Dover Publications, 1958, t. 2, traduit in P. Birnbaum, F. Chazel, *Théorie sociologique*, Paris, © P.U.F., Thémis, 1975, pp. 45-46.

la présence, à compter de 1927, de W. Ogburn, un partisan de la démarche quantitative. Mais la novation vient bien de tous ceux qui revendiquent une démarche anthropologique fondée sur la monographie, démarche dont l'objectif est de saisir *in situ* la dynamique des interactions sociales. Cette volonté méthodologique s'instruit clairement de la philosophie pragmatiste américaine (W. James, J. Dewey), doctrine qui donne une valeur avant tout instrumentale aux idées : est vrai ce qui est confirmé par l'expérience, ce qui produit des conséquences satisfaisantes.

Les recherches de William Thomas et Florian Znaniecki sur la communauté polonaise immigrée de Chicago (*The Polish Peasant in Europe and America*, 1918-1920) inaugurent ce nouveau programme de travail sociologique. À l'aide d'un matériau biographique conséquent, ils élaborent une typologie des formes pures de la personnalité sociale. Thomas et Znaniecki distinguent trois figures majeures : celle du philistin (conformiste soumis à la tradition sociale), du bohémien (de caractère particulièrement instable) et du créatif (réfléchi et ouvert au changement). À Thomas, l'on doit également des réflexions particulièrement stimulantes sur l'intérêt que peut avoir le sociologue à analyser non pas simplement la situation sociale objective mais, également, la façon dont elle est interprétée par les acteurs eux-mêmes. De sorte que « si les hommes définissent leurs situations comme réelles, elles sont réelles aussi dans leurs conséquences » (*The Child in America*, 1932).

Robert E. Park (journaliste tard venu à l'université mais qui hérite de son expérience professionnelle antérieure un goût constant pour l'observation directe) et Ernest W. Burgess s'inscrivent dans la suite historique de ces travaux. Fidèles à la logique microsociologique de leurs prédécesseurs, Park et Burgess développent, dans leur célèbre *Introduction to the Science of Sociology* (1921), une comparaison mécaniste. Ils suggèrent que, toutes proportions gardées, le système social peut se comprendre – à l'image du cosmos – en termes d'éléments et de forces.

Mais le travail de Park et Burgess repose surtout sur un emprunt explicite à l'écologie animale. De cette discipline et de Darwin, Park (qui fut élève de Simmel) retiendra une idée-force : dans un champ spatial limité, il existe un ensemble équilibré (ou déséquilibré) de liaisons entre éléments. À l'instar de l'équilibre du milieu naturel, il faut concevoir l'équilibre d'une communauté humaine comme un mixte de forces

LA VILLE SELON ROBERT E. PARK

« La ville, dans l'optique de cet article, est quelque chose de plus qu'une agglomération d'individus et d'équipements collectifs : rues, immeubles, éclairage électrique, tramways, téléphones etc. ; c'est également quelque chose de plus qu'une simple constellation d'institutions et d'appareils administratifs : tribunaux, hôpitaux, écoles, postes de police et corps de fonctionnaires de toutes sortes. La ville est plutôt un état d'esprit, un ensemble de coutumes et de traditions, d'attitudes et de sentiments organisés, inhérents à ces coutumes et transmis avec ces traditions. Autrement dit, la ville n'est pas simplement un mécanisme matériel et une construction artificielle. Elle est impliquée dans les processus vitaux des gens qui la composent : c'est un produit de la nature et, particulièrement, de la nature humaine (...)

La ville a été étudiée récemment du point de vue de sa géographie et, plus récemment encore, du point de vue de son écologie. À l'intérieur des limites d'une communauté urbaine – et, en fait, de n'importe quelle aire naturelle d'habitat humain – des forces sont à l'œuvre qui tendent à produire un groupement ordonné et caractéristique de sa population et de ses institutions. La science qui cherche à isoler ces facteurs et à décrire les constellations typiques de personnes et d'institutions produites par leur convergence, nous l'appelons écologie humaine, par opposition à l'écologie végétale ou animale.

Les transports et les communications, les tramways et le téléphone, les journaux et la publicité, les édifices en acier et les ascenseurs – toutes choses, en fait, qui tendent à accentuer en même temps la concentration et la mobilité des populations urbaines – sont les facteurs principaux de l'organisation écologique de la ville.

Pourtant, la ville n'est pas seulement une unité géographique et écologique : c'est en même temps une unité économique. L'organisation économique de la ville est fondée sur la division du travail. La multiplication des emplois et des professions au sein de la population urbaine est un des aspects les plus frappants et les moins bien compris de la vie urbaine moderne. En ce sens, rien ne nous interdirait de nous figurer la ville, c'est-à-dire les lieux, les hommes et tous les rouages et équipements administratifs qui leur sont liés, comme un tout organique ; une sorte de système psycho-physique dans lequel, au travers duquel, les intérêts privés et politiques trouvent une expression non seulement collective, mais organisée.

Une grande partie des éléments que nous considérons d'ordinaire comme constitutifs de la ville – ses statuts, ses organisations formelles, ses immeubles, ses chemins de fer urbains, etc. – sont ou semblent être de simples artefacts. Mais tous ces éléments ne sont par eux-mêmes que des services, des équipements accessoires et ne deviennent partie prenante de la ville vivante que si et dans la mesure où ils sont eux-mêmes connectés, par l'usage et la volonté, aux forces vives des individus et des communautés, exactement comme un outil à la main de l'homme. »

Source : *L'école de Chicago - Naissance de l'écologie urbaine.* Présentation d'Y. Grafmeyer et d'I. Joseph, Paris, © Aubier, Champ urbain, 2e éd. 1984, pp. 83-84.

entre règne humain et règne technique. Tel est le sens de leur étude classique sur la ville (Robert E. Park, Ernest Burgess et R. McKenzie, *The city*, 1925). S'intéressant à Chicago, ville en pleine croissance démographique, les sociologues montrent comment l'arrivée de vagues successives d'immigrés d'ethnies différentes (Allemands, Italiens, Polonais, Chinois...) a été déterminante de l'occupation de l'espace. La ville se construit sur le modèle de cercles concentriques, ensemble au sein duquel chaque anneau, ou portion d'anneau, possède une forte homogénéité ethnique et sociale : centre-ville (le *loop*), zone de transition où résident les immigrants les plus pauvres, quartiers propres aux ouvriers américains gagnant bien leur vie...

Espace de concurrence et de communication, la ville se recompose au rythme incessant des installations et expulsions nouvelles, des ascensions professionnelles... C'est pourquoi, alors même qu'elle produit davantage de rationalité et de planification, la ville engendre tout en même temps de la « désorganisation ». À l'image de Chicago, l'instabilité de l'équilibre urbain (due notamment à l'hétérogénéité entre les quartiers et à la mobilité résidentielle des individus) est source de ségrégation, de délinquance et de marginalité.

La ville est, enfin, définie en opposition aux sociétés locales traditionnelles. À nouveau proche en cela des analyses de Simmel, Park met l'accent sur la complexité, l'anonymat, l'impersonnalité et la superficialité des contacts qui caractérisent le monde urbain. En s'intéressant au ghetto, L. Wirth (*The Ghetto*, 1928 ; « Urbanism as a way of life », *American Journal of Sociology*, 1938) se situe dans ce même ensemble de préoccupations. Wirth insiste sur l'impact décisif de la société urbaine industrielle : dépersonnalisation, différenciation sociale accrue et remplacement des contacts primaires (affaiblissement des liens de parenté, disparition du voisinage...) au profit de contacts secondaires (adhésion à des groupes d'intérêt formels) constituent, pour cet élève de Park et Burgess, les traits caractéristiques du mode de vie urbain.

Outre la ville, de nombreux objets seront passés au tamis de l'enquête telle qu'elle a été expérimentée par l'école de Chicago. La marginalité et la ségrégation raciale, par exemple, seront étudiées en vertu de ces principes qui, aujourd'hui encore, trouvent d'ardents défenseurs parmi les professionnels de la sociologie.

Léopold Survage, *La Ville* (1919).
Photo Jean-Loup Charmet.

TROISIÈME PARTIE

FONDATIONS

ÉMILE DURKHEIM (1858-1917)

Émile Durkheim est né en 1858 à Épinal (Lorraine). Il est élevé selon les canons de la tradition juive, apprend l'hébreu, fréquente l'école rabbinique mais, en dépit d'une longue tradition familiale en la matière, il ne devient pas rabbin. Ses études le conduisent à l'École normale supérieure où il passe l'agrégation de philosophie et côtoie notamment Bergson et Jaurès. Jeune professeur de philosophie en province, il travaille à une thèse (*De la division du travail social,* publiée en 1893) qu'il inscrit sous le signe de l'articulation problématique entre individu et société (pour un bilan détaillé de l'entrée de Durkheim en sociologie, cf. B. Lacroix, « La vocation originelle d'E. Durkheim », *Revue française de sociologie,* n° XVII-2, avril-juin 1976). En 1885, Durkheim bénéficie d'un congé d'étude de un an en Allemagne. Il en revient avec deux solides articles sur la philosophie et la science positive de la morale allemande. En 1887, il est nommé par le responsable de l'enseignement supérieur (L. Liard) comme chargé de cours en science sociale et pédagogie à l'université de Bordeaux. Travailleur acharné, enseignant appliqué, Durkheim jette les bases d'une réflexion sociologique globale qu'il nourrit au départ de ses lectures critiques de Comte, Spencer, Espinas ou encore Schäffle et Tönnies. Dans la dynamique scientifique qu'incarne alors au mieux Claude Bernard, Durkheim suit un fil directeur : la fondation d'une morale séculière. En définissant la société sur le modèle d'un organisme doté d'une conscience collective, il investit de multiples champs qui vont de l'étude des formes de solidarité sociale à l'histoire de la sociologie (Montesquieu, Rousseau). Durkheim porte ainsi intérêt à l'histoire du système éducatif (*L'évolution pédagogique en France*, cours 1902-1909 publiés en 1938), ce qui l'amène à définir l'école comme un instrument de lutte idéologique, relativement autonome, et pour le monopole duquel luttent des groupes politiques issus des classes dominantes (cf, en ce sens, la contribution de M. Cherkaoui au numéro spécial « Durkheim » de la *Revue française de sociologie*, XVII-2, avril-juin 1976). Durkheim suit également avec une attention particulière l'évolution de la famille. Il s'emploiera ainsi à opérer des distinctions fines entre formes familiales, à discerner les grandes tendances de son évolution historique et encore à proposer une analyse nouvelle de la prohibition de l'inceste (1898). En 1902, E. Durkheim remplace à la Sorbonne un des chantres de la laïcité : F. Buisson. Il occupe alors un poste de science de l'éducation. Nommé professeur en 1906, l'intitulé exacte de sa chaire se transforme en 1913 en « science de l'éducation et sociologie ». Auparavant, en 1896, Durkheim a fondé *L'Année sociologique,* revue qui fédère de jeunes collaborateurs qui constitueront sous sa houlette l'école française de sociologie. Fortement affecté par la mort au front de son fils André, Durkheim décède en novembre 1917.

5

Émile Durkheim et l'école française de sociologie

Le contenu de l'œuvre de Durkheim est inséparable du cadre socio-historique qui l'a vu naître : celui d'une IIIe République qui cherche non seulement à surmonter ses incertitudes politiques (obsession de l'unité nationale, crise du boulangisme...) mais aussi à résoudre la « question sociale » de façon pacifique et juridique. Face à un mouvement ouvrier qui n'a jamais été aussi puissant et uni, les républicains choisissent d'intégrer la classe ouvrière grâce à de nouvelles lois sur les risques sociaux (comme la loi sur les accidents de travail de 1889), de valoriser l'école comme canal de socialisation... Dans cet esprit où le solidarisme acquiert presque rang de doctrine officielle de la République, Durkheim, d'abord sensible à la question de l'unité politique, posera prioritairement, dès son retour d'Allemagne en 1886, le problème de la solidarité, de l'intégration de l'individu à la société et cela au travers de thèmes aussi divers que la division du travail, le droit, la famille, l'école ou encore la religion.

1. Le projet sociologique

Des préoccupations morales...

Le climat dans lequel Émile Durkheim développe ses travaux est celui d'une action et d'une réflexion globales qui visent notamment à résoudre les problèmes sociaux liés à l'industrialisation croissante de la société. La sociologie de Durkheim ne fait pas exception, elle est tout empreinte d'esprit réformiste. Quelques éléments biographiques permettent de rendre compte également de ce choix

L'ÉCOLE, UN IDÉAL RÉPUBLICAIN

« On ne comprendrait pas la politique républicaine, si on la détachait du courant d'opinion qui la porte. **L'instruction est, à l'époque, un idéal collectif.** De même qu'aujourd'hui la majorité des membres de notre société admet que la croissance économique est l'objectif essentiel de la collectivité, de même, dans la seconde moitié du XIXe siècle, on croyait à l'instruction (...). Optimistes, les contemporains ne doutaient ni de la raison, ni de la nature. L'école apportait un remède à l'injustice sociale comme à l'immoralité ou à la délinquance. Que, dans le peuple, cette confiance ait été confuse, mêlant volonté de promotion sociale et d'indépendance intellectuelle, c'est certain. Il reste qu'elle était réelle : on ne doutait pas que ce qui était écrit dans les livres fût vrai et utile ; l'accès à l'instruction était donc, de toute façon, la promesse d'une vie meilleure.

C'est cette conviction qui suscite les progrès de la scolarisation que nous avons décrits ; c'est elle qui anime le mouvement d'opinion qu'incarne la ligue de l'enseignement et sur lequel s'appuieront les républicains ; c'est elle qui fait des lois scolaires de Ferry et de Goblet des lois "fondamentales".

Les républicains au pouvoir ne sont unanimes ni sur les objectifs, ni sur la méthode. La commission nommée par la Chambre de 1877, et son rapporteur, Paul Bert, souhaitaient une loi d'ensemble. Jules Ferry, ministre du 4 février 1879 au 14 novembre 1881, puis du 30 janvier au 7 août 1882 et enfin du 21 février au 20 novembre 1883, fait triompher une méthode plus empirique et s'attaque successivement à chaque point du programme (...)

Dans l'enseignement supérieur, c'est la loi du 18 mars 1880, qui supprime les jurys mixtes et interdit aux établissements libres de prendre le titre d'université. **Dans l'enseignement secondaire,** dont le directeur est Zévort, c'est la grande réforme des programmes de 1880 et la fondation des externats de jeunes filles (loi du 21 décembre 1880). **Dans l'enseignement primaire,** que dirige Buisson, c'est la fondation des Écoles normales de Fontenay et Saint-Cloud, et la loi du 9 août 1879 instituant dans chaque département une École normale de jeunes filles. Ce sont aussi les lois du 1er juin 1878 et du 20 mars 1883 qui facilitent la construction des maisons d'école. L'organisation pédagogique est revue, les programmes transformés.

Mais l'essentiel de l'œuvre républicaine est de constituer l'enseignement primaire en service public. C'est là le sens de la gratuité totale, établie par une loi du 16 juin 1881, de l'obligation, imposée par la loi du 28 mars 1882 au père de famille, d'envoyer ses enfants à l'école de 7 à 13 ans, sauf s'ils obtiennent avant cet âge leur certificat d'études. C'est surtout la laïcité des programmes, corollaire de l'obligation, instituée par la même loi et qui se traduit en pratique par la suppression de l'enseignement du catéchisme. Ce sera enfin la laïcité des locaux scolaires, interdits aux ministres des cultes par la loi de 1882, et celle du personnel, édictée par la loi du 30 octobre 1886. »

Source : A. Prost, *Histoire de l'enseignement en France, 1800-1967,* Paris, © A. Colin, 1968, pp. 191-193.

constant. Issu d'une famille juive, d'un père rabbin lui-même issu d'une génération de rabbins, Durkheim est influencé par l'enseignement hébraïque qu'il reçoit dans son enfance. Même s'il se détourne de la voie religieuse, son analyse restera influencée par le respect de la loi, la force de la communauté. La défaite de 1870, la Commune et, ultérieurement, l'affaire Dreyfus (pour lequel il prit parti) sont quelques événements historiques qui marquent le sociologue, aiguisent sa crainte du déchirement sociétal et ancrent sa ferme volonté de militer pour la cohésion sociale.

De ses études, Durkheim retient l'enseignement et la rigueur méthodologique de l'historien Fustel de Coulanges (*La Cité antique,* 1864); il est marqué également par la pensée des philosophes néokantiens Émile Boutroux et Charles Renouvier. De Renouvier, un des penseurs les plus influents de son époque et fort soucieux de fonder une véritable morale républicaine (il est l'auteur d'un *Manuel républicain*), Durkheim fait d'ailleurs son maître. En embrassant, lui aussi, le métier d'enseignant, Durkheim s'inscrit dans ce mouvement de magnification de l'école laïque qui caractérise la IIIe République. La question de l'enseignement est alors vitale pour les républicains. D'elle dépend l'avenir de la république : tous militent pour un enseignement primaire gratuit, obligatoire et laïque, programme qui prend forme de lois grâce à Jules Ferry à compter des années 1880. Durkheim est un chantre de ce mouvement au point que certains n'ont pas hésité à voir en lui « le grand prêtre et le théologien de la religion civile de la troisième République » (Bellah).

Plus encore, Durkheim croit à l'égalité de tous devant la loi, au respect des droits civiques et des libertés politiques. Nul étonnement donc à ce qu'il manifeste tout à la fois un goût pour l'action politique et un souci pour la pédagogie, qui lui paraît être un des canaux privilégiés de l'intégration sociale. Mais c'est en fondant la sociologie que Durkheim se donne les moyens scientifiques les plus adéquats pour penser et solutionner la crise sociale.

... à l'objet de la sociologie

Très tôt, Durkheim porte un intérêt tout particulier au socialisme, doctrine à laquelle il n'adhère pas personnellement, mais à laquelle il consacrera un cours. Pour remédier aux problèmes sociaux, Durkheim ne retient pas cette voie mais veut fonder une

QU'EST-CE QU'UN FAIT SOCIAL ?

« Voilà donc un ordre de faits qui présentent des caractères très spéciaux : ils consistent en des manières d'agir, de penser et de sentir, extérieures à l'individu, et qui sont douées d'un pouvoir de coercition en vertu duquel ils s'imposent à lui. Par suite, ils ne sauraient se confondre avec les phénomènes organiques, puisqu'ils consistent en représentations et en actions ; ni avec les phénomènes psychiques, lesquels n'ont d'existence que dans la conscience individuelle et par elle. Ils constituent donc une espèce nouvelle et c'est à eux que doit être donnée et réservée la qualification de *sociaux.* Elle leur convient ; car il et clair que, n'ayant pas l'individu pour substrat, ils ne peuvent en avoir d'autre que la société, soit la société politique dans son intégralité, soit quelqu'un des groupes partiels qu'elle renferme, confessions religieuses, écoles politiques, littéraires, corporation professionnelles, etc. D'autre part, c'est à eux seuls qu'elle convient ; car le mot de social n'a de sens défini qu'à condition de désigner uniquement des phénomènes qui ne rentrent dans aucune des catégories de faits déjà constituées et dénommées. Ils sont donc le domaine propre de la sociologie. Il est vrai que ce mot de contrainte, par lequel nous les définissons, risque d'effaroucher les zélés partisans d'un individualisme absolu. Comme ils professent que l'individu est parfaitement autonome, il leur semble qu'on le diminue toutes les fois qu'on lui fait sentir qu'il ne dépend pas seulement de lui-même. Mais puisqu'il est aujourd'hui incontestable que la plupart de nos idées et de nos tendances ne sont pas élaborées par nous, mais nous viennent du dehors, elles ne peuvent pénétrer en nous qu'en s'imposant ; c'est tout ce que signifie notre définition. »

Source : E. Durkheim, *Les Règles de la méthode sociologique* (1895), Paris, © P.U.F., Quadrige, 1983, pp. 5-6.

morale scientifique. La morale, ensemble de règles définies qui déterminent la conduite de façon impérative, Durkheim cherche à la penser en se situant à égale distance des préceptes moraux philosophiques les plus abstraits (comme ceux de Kant) et des principes d'autres sciences comme la biologie. « Nous ne voulons pas, écrit-il, tirer la morale de la science mais faire la science de la morale » (*De la division du travail social,* préface de la première édition).

La science, écrit-il encore, peut nous aider à trouver le sens dans lequel nous devons orienter notre conduite. Ce souci majeur – la fondation d'une morale nouvelle – est caractéristique des préoccupations de nombreux auteurs contemporains de Durkheim : l'Allemand Wilhelm Wundt, dans le laboratoire duquel Durkheim sera stagiaire lors de son séjour outre-Rhin, le Français Charles Renouvier ou encore l'Anglais Herbert Spencer. Mais elle est révélatrice également de cette volonté, caractéristique des hommes d'État de l'époque de Durkheim, de chercher à constituer une morale civique et laïque.

Durkheim trouve le principe et la source de la moralité dans la solidarité sociale. Pour lui, ainsi qu'il l'expose dans un livre publié après sa mort (*Leçons de sociologie. Physique des mœurs et du droit*), il existe deux grandes formes de faits moraux :

– les mœurs, tout d'abord, renvoient aux devoirs que les hommes ont les uns envers les autres parce qu'ils appartiennent à un groupe social. Durkheim recense trois groupes importants : la famille, la corporation professionnelle et l'État.

– le droit renvoie à une éthique plus générale – puisque indépendante de toute condition locale. Cette éthique constitue les soubassements du droit à la vie et du droit à la propriété.

Comprendre les formes de solidarité et leur logique de fonctionnement, c'est comprendre le système des règles de conduite, c'est mettre en lumière la simple idée que tout fait moral est une règle avec sanction. La sociologie peut alors se définir comme science des faits sociaux. **Un fait social étant toute manière de faire, fixée ou non, qui exerce sur l'individu une contrainte extérieure.** Si le droit nous contraint, suggère donc Durkheim, il existe tout un système de règles moins visibles qui guident notre pratique : façon de s'habiller, de consommer, de penser... Ce sont ces façons de penser et d'agir – régularités socialement déterminées – que le

LA RÉGULARITÉ DES FAITS SOCIAUX : LE CAS DU SUICIDE

« Le taux des suicides, en même temps qu'il n'accuse que de faibles changements annuels, varie suivant les sociétés du simple au double, au triple, au quadruple et même davantage (v. tableau). Il est donc, à un bien plus haut degré que le taux de la mortalité, personnel à chaque groupe social dont il peut être regardé comme un indice caractéristique. Il est même si étroitement lié à ce qu'il a de plus profondément constitutionnel dans chaque tempérament national, que l'ordre dans lequel se classent, sous ce rapport, les différentes sociétés reste presque rigoureusement le même à des époques très différentes. C'est ce que prouve l'examen de ce même tableau. Au cours des trois périodes qui y sont comparées, le suicide s'est partout accru ; mais, dans cette marche en avant, les divers peuples ont gardé leurs distances respectives. Chacun a son coefficient d'accélération qui lui est propre.

Le taux des suicides constitue donc un ordre de faits un et déterminé ; c'est ce que démontrent, à la fois, sa permanence et sa variabilité. Car cette permanence serait inexplicable s'il ne tenait pas à un ensemble de caractères distinctifs, solidaires les uns des autres, qui, malgré la diversité des circonstances ambiantes, s'affirment simultanément ; et cette variabilité témoigne de la nature individuelle et concrète de ces mêmes caractères, puisqu'ils varient comme l'individualité sociale elle-même. En somme, ce qu'expriment ces données statistiques, c'est la tendance au suicide dont chaque société est collectivement affligée. Nous n'avons pas à dire actuellement en quoi consiste cette tendance, si elle est un état *sui generis* de l'âme collective, ayant sa réalité propre, ou si elle ne représente qu'une somme d'états individuels. Bien que les considérations qui précèdent soient difficilement conciliables avec cette dernière hypothèse, nous réservons le problème qui sera traité au cours de cet ouvrage. Quoi qu'on pense à ce sujet, toujours est-il que cette tendance existe soit à un titre soit à l'autre. Chaque société est prédisposée à fournir un contingent déterminé de morts volontaires. Cette prédisposition peut donc être l'objet d'une étude spéciale et qui ressortit à la sociologie. »

Source : E. Durkheim, *Le Suicide* (1897), Paris, © P.U.F., 1983, p. 13 et p. 15.

Taux des suicides par million d'habitants dans les différents pays d'Europe.

	période 1866-70	1871-75	1874-78	Numéros d'ordre à la		
				1re période	2e période	3e période
Italie	30	35	38	1	1	1
Belgique	66	69	78	2	3	4
Angleterre	67	66	69	3	2	2
Norvège	76	73	71	4	4	3
Autriche	78	94	130	5	7	7
Suède	85	81	91	6	5	5
Bavière	90	91	100	7	6	6
France	135	150	160	8	9	9
Prusse	142	134	152	9	8	8
Danemark	277	258	255	10	10	10
Saxe	293	267	334	11	11	11

sociologue aura pour tâche de mettre à jour. Plus explicitement encore, le fait social est un phénomène observable et explicable à l'aide de catégories (le principe de causalité en premier lieu) et d'instruments scientifiques. À ce titre, il constitue l'objet propre de cette science nouvelle qu'est la sociologie.

Les règles de la méthode sociologique

Circonscrire un objet d'étude particulier ne suffit pas pour fonder une science. Encore faut-il posséder une méthode rigoureuse d'analyse et d'explication. Durkheim s'attelle rapidement à cette tâche et énonce, dans *Les Règles de la méthode sociologique* (1895), les principes fondamentaux auxquels doit se soumettre le sociologue.

Pour respecter les canons de la scientificité, il faut d'abord considérer les faits sociaux comme des choses. Cette injonction, parfois mal comprise ou sévèrement critiquée (J. Monnerot, *Les faits sociaux ne sont pas des choses,* 1946), signifie non que les faits sociaux sont réductibles à des faits naturels mais simplement que, tout comme le physicien ou le biologiste observe « de l'extérieur » son objet d'étude, le sociologue doit savoir se mettre à distance des faits sociaux qu'il observe. « Est chose, écrit Durkheim, tout ce qui est donné, tout ce qui s'offre ou plutôt s'impose à l'observation » (*Les Règles..., op. cit.*).

Cette posture méthodologique est d'autant plus difficile à adopter que nous vivons dans le monde social que nous étudions. Nous croyons le connaître, pouvoir deviner ses ressorts cachés. Il faut en fait se défier de ces impressions et *écarter systématiquement les prénotions.* Autrement dit, il s'agit de se défaire de nos préjugés, de nous affranchir des fausses évidences que nous procure notre expérience sensible. Il faut, en bref, refuser de considérer le social comme immédiatement donné, transparent au regard du sociologue. De même que le physicien doit substituer à l'impression de chaleur une mesure exacte grâce au thermomètre, le sociologue doit s'armer pour définir l'objet de ses recherches et être aussi objectif que possible.

Afin de construire son objet d'étude, il faut, seconde règle, isoler et définir la catégorie de faits que l'on se propose d'étudier. À la façon de la biologie médicale, Durkheim distingue alors le *normal du pathologique*. Le normal correspond à la moyenne : « Un fait social est normal pour un type social déterminé, considéré à une phase déterminée de son développement, quand il se produit dans la moyenne des sociétés de cette espèce, considérées à la phase correspondante de leur évolution » (*Les Règles..., op. cit.*). En vertu d'une telle définition et aussi choquant que cela puisse paraître, le crime est un fait social normal. Il n'existe pas, en effet, de société où le crime est absent. Mieux, le crime est un phénomène nécessaire à toute vie en société car en tant que viol aux sentiments collectifs, il est l'expression d'une limite : celle de la toute-puissance de la conscience morale.

Il faut, dernier précepte méthodologique d'importance, *expliquer le social par le social*. Pour Durkheim, les faits sociaux – qui sont des phénomènes réguliers donc explicables – n'ont d'autres causes que des faits sociaux antérieurs (et non des phénomènes biologiques, psychologiques...). Pour le montrer, le sociologue doit privilégier la méthode des *variations concomitantes* (comparaison des variations respectives des variables étudiées). Avec celles énoncées précédemment, cette règle constitue une des bases d'un rationalisme positiviste à l'objectif pragmatique avoué : si elles ne devaient avoir qu'un intérêt spéculatif, estimait Durkheim, ses recherches ne mériteraient pas une heure de peine.

2. Les mutations du monde social

Les premiers travaux, qui conduisent Durkheim à éprouver la démarche sociologique, sont encore largement influencés par la problématique comtienne des lois d'évolution des sociétés. La thèse de Durkheim, éditée en 1893, porte ainsi sur la question de la division du travail social, moyen privilégié, selon l'auteur, d'aborder l'étude des sociétés dites « supérieures ».

Division du travail et formes de la solidarité sociale

Dans *De la division du travail social,* la thèse massive soutenue par Durkheim est que la division du travail a d'abord pour fonction de produire de la solidarité sociale. Cette assertion n'est pas neutre dans le contexte intellectuel où évolue Durkheim. En effet, prendre une telle position, c'est s'opposer aux thèses qui analysent la division du travail comme facteur de désordre. Mais c'est prendre le contre-pied également des thèses qui réduisent la division du travail à une source de progrès économique (les économistes classiques) ou encore à celles qui analysent cette division comme un simple moyen pour les hommes de vivre sans contraintes en société, le lien social se réduisant désormais à l'échange économique (Spencer).

Pour Durkheim, le progrès de l'industrie, des arts et de la science et les services économiques que peut rendre la division du travail sont peu de choses à côté de l'effet moral qu'elle produit. La division du travail engendre une intégration du corps social, elle permet de répondre aux besoins d'ordre et d'harmonie. Elle est, de ce fait, un facteur premier de cohésion et de solidarité sociales. Pour mener une telle démonstration en toute rigueur, Durkheim commence par s'intéresser au droit, phénomène extérieur et objectivé qui présente l'avantage de reproduire fidèlement les diverses formes de solidarité sociale.

Il distingue deux types de sanctions (correspondant à deux règles juridiques) qu'il lui semble alors particulièrement pertinent d'opposer : la sanction répressive d'une part (sanction du droit pénal qui vise à atteindre quelqu'un dans sa fortune, son honneur ou sa vie) ; la sanction restitutive d'autre part (sanction du droit civil, commercial ou administratif qui n'implique pas une souffrance de l'agent mais la remise en état des choses).

De cette dualité, Durkheim déduit deux formes historiques de solidarité sociale. La première est caractéristique des *sociétés à solidarité mécanique.* Ce sont les sociétés que l'on qualifie encore volontiers, en ce début de siècle, de « primitives » ou encore d'« inférieures ». En leur sein, les deux consciences de l'être humain – conscience individuelle et conscience collective – sont liées : les individus sont unis grâce à leur ressemblance. Puisque dans ces sociétés un certain nombre d'états de conscience sont communs à tous les membres de la société, tout écart doit être sanctionné par le châtiment du transgresseur. Telle est la logique d'un droit répressif.

La seconde forme est caractéristique des *sociétés à solidarité organique,* sociétés dites « industrielles » ou « supérieures ». Dans

SOLIDARITÉ MÉCANIQUE ET SOLIDARITÉ ORGANIQUE

Il y a dans chacune de nos consciences, avons-nous dit, deux consciences : l'une, qui nous est commune avec notre groupe entier, qui, par conséquent, n'est pas nous-même, mais la société vivant et agissant en nous ; l'autre qui ne représente au contraire que nous dans ce que nous avons de personnel et de distinct, dans ce qui fait de nous un individu. La solidarité qui dérive des ressemblances est à son *maximum* quand la conscience collective recouvre exactement notre conscience totale et coïncide de tous points avec elle : mais, à ce moment, notre individualité est nulle (...)

Les molécules sociales qui ne seraient cohérentes que de cette seule manière ne pourraient donc se mouvoir avec ensemble que dans la mesure où elles n'ont pas de mouvements propres, comme font les molécules des corps inorganiques. C'est pourquoi nous proposons d'appeler mécanique cette espèce de solidarité. Ce mot ne signifie pas qu'elle soit produite par des moyens mécaniques et artificiellement. Nous ne la nommons ainsi que par analogie avec la cohésion qui unit entre eux les éléments des corps bruts, par opposition à celle qui fait l'unité des corps vivants. Ce qui achève de justifier cette dénomination, c'est que le lien qui unit ainsi l'individu à la société est tout à fait analogue à celui qui rattache la chose à la personne. La conscience individuelle, considérée sous cet aspect, est une simple dépendance du type collectif et en suit tous les mouvements, comme l'objet possédé suit ceux que lui imprime son propriétaire.

Il en est tout autrement de la solidarité que produit la division du travail. Tandis que la précédente implique que les individus se ressemblent, celle-ci suppose qu'ils diffèrent les uns des autres. La première n'est possible que dans la mesure où la personnalité individuelle est absorbée dans la personnalité collective ; la seconde n'est possible que si chacun a une sphère d'action qui lui est propre, par conséquent une personnalité. Il faut donc que la conscience collective laisse découverte une partie de la conscience individuelle, pour que s'y établissent ces fonctions spéciales qu'elle ne peut pas réglementer ; et plus cette région est étendue, plus est forte la cohésion qui résulte de cette solidarité. En effet, d'une part, chacun dépend d'autant plus étroitement de la société que le travail est plus divisé, et, d'autre part, l'activité de chacun est d'autant plus personnelle qu'elle est plus spécialisée. Ici donc, l'individualité du tout s'accroît en même temps que celle des parties ; la société devient plus capable de se mouvoir avec ensemble, en même temps que chacun de ses éléments a plus de mouvements propres. Cette solidarité ressemble à celle que l'on observe chez les animaux supérieurs. Chaque organe, en effet, y a sa physionomie spéciale, son autonomie, et pourtant l'unité de l'organisme est d'autant plus grande que cette individuation des parties est plus marquée. En raison de cette analogie, nous proposons d'appeler organique la solidarité qui est due à la division du travail.

Source : E. Durkheim, *De la division du travail social* (1893), Paris, © P.U.F., 1973, pp. 98-101.

ces dernières, la solidarité *sui generis* qui rattache les deux consciences de l'être humain résulte non plus de la ressemblance mais de la différenciation de plus en plus importante entre individus. Il y a donc, autrement dit, parcellisation et complémentarité des rôles au sein du système social. Dans ces sociétés, la division du travail remplit la fonction qui autrefois était dévolue à la conscience commune : celle d'opérateur de cohésion. Du même coup également, le droit coopératif l'emporte sur le droit répressif.

Les causes et les conséquences de la division du travail

Pour le Durkheim de la *Division du travail social,* il existe une sorte de loi de gravitation du monde social qui conduit la solidarité mécanique à se raréfier au profit d'une solidarité organique toujours croissante. Comment rendre compte, dans ce cadre historique, de l'essor de la division du travail ? Certainement pas, affirme Durkheim, au moyen des explications fournies par les économistes classiques. Ces derniers croient que la recherche du bonheur passe par l'obtention de davantage de richesses, la richesse étant atteinte avec d'autant plus de facilité que la division du travail est effective. Or, rétorque Durkheim, les métamorphoses que provoque la division du travail coûtent trop longtemps et rapportent peu immédiatement. Il n'est donc pas intéressant pour une génération de se sacrifier ainsi.

Avec deux facteurs de plus faible importance (la moindre prégnance de la conscience commune et la diminution de l'hérédité), Durkheim tient l'augmentation du volume et de la densité matérielle et morale des sociétés pour l'origine réelle du développement de la division du travail. L'accroissement démographique, la coexistence d'individus toujours plus nombreux sur une même surface géographique et la multiplication des communications sociales ont pour conséquence une lutte pour la vie. Pour survivre, les hommes doivent créer une nouvelle forme de solidarité en démultipliant les rôles et en divisant le travail social.

Durkheim est conscient, malgré tout, de l'existence de formes de division du travail qui ne produisent pas de solidarité sociale. Tel est le cas, notamment, des situations d'anomie. Cet état apparaît dans des circonstances diverses comme l'inadéquation de certaines

VERS UN MODÈLE DE FAMILLE CONJUGALE

« Le grand changement qui s'est produit à ce point de vue, c'est l'ébranlement progressif du communisme familial. À l'origine, il s'étend à tous les rapports de parenté ; tous les parents vivent en commun, possèdent en commun. Mais dès qu'une première dissociation se produit au sein des masses amorphes de l'origine, dès que les zones secondaires apparaissent, le communisme s'en retire pour se concentrer exclusivement dans la zone primaire ou centrale. Quand du clan émerge la famille agnatique [(a)], le communisme cesse d'être la base du clan ; quand, de la famille agnatique, se dégage la famille patriarcale, le communisme cesse d'être la base de la famille agnatique. Enfin, peu à peu, il est entamé jusqu'à l'intérieur du cercle primaire de la parenté. Dans la famille patriarcale, le père de famille en est affranchi, puisqu'il dispose librement, personnellement de l'avoir domestique. Dans la famille paternelle, il est plus marqué, parce que le type familial est d'une espèce inférieure ; cependant les membres de la famille peuvent posséder une fortune personnelle, s'ils ne peuvent pas en jouir ou l'administrer personnellement. Enfin, dans la famille conjugale, il n'en reste plus que des vestiges, le mouvement est donc lié aux mêmes causes que le précédent. Les mêmes raisons qui ont pour effet de restreindre progressivement le cercle familial, font aussi que la personnalité des membres de la famille s'en dégage de plus en plus.

De ces changements la solidarité domestique sort-elle affaiblie ou renforcée ? Il est bien difficile de répondre à cette question. Par un endroit, elle est plus forte puisque les liens de parenté sont aujourd'hui indissolubles ; mais d'un autre côté les obligations auxquelles elle donne naissance sont moins nombreuses et moins importantes. Ce qui est certain, c'est qu'elle s'est transformée ; elle dépend de deux facteurs : les personnes et les choses. Nous tenons à notre famille parce que nous tenons aux personnes qui la composent ; mais nous y tenons aussi parce nous ne pouvons pas nous passer des choses, et que, sous le régime du communisme familial, c'est elle qui les possède. De l'ébranlement du communisme, il résulte que les choses cessent de plus en plus d'être un ciment de la société domestique. La solidarité domestique devient toute personnelle. Nous ne sommes attachés à notre famille que parce que nous sommes attachés à la personne de notre père, de notre mère, de notre femme, de nos enfants. Il en était tout autrement autrefois où les liens qui dérivaient des choses primaient au contraire ceux qui venaient des personnes, où toute l'organisation familiale avait avant tout pour objet de maintenir dans la famille les biens domestiques, et où toutes les considérations personnelles paraissaient secondaires à côté de celles-là. »

Source : E. Durkheim, « La famille conjugale » (1892) in *Textes* III, Paris, © éd. de Minuit, 1975, pp. 41-43.

(a) la parenté par agnation est une parenté par les mâles, c'est-à-dire qu'elle groupe les descendants d'une même souche masculine (M.L.).

fonctions les unes par rapport aux autres (problèmes de faillites au moment des crises économiques), l'opposition entre ouvriers et employeurs avec la dissolution des corporations ou la division accrue du travail scientifique qui morcelle la communauté des chercheurs. La rupture anomique se fait jour dès que l'on brise la conscience commune des individus en introduisant des barrages opaques entre eux : les règles juridiques et morales anciennes ne sont plus valides, l'individu est enfermé dans une tâche précise qui l'empêche « de rien voir au-delà ». Si Durkheim recense d'autres formes anormales de division du travail, il lui apparaît clairement que c'est un remède à l'anomie, une nouvelle articulation entre individualisme et solidarité qu'il s'agira d'inventer.

Recompositions sociales et rôle de l'État

Par-delà le seul problème de la division du travail, le vaste mouvement de gravitation du monde social que décrypte Durkheim a pour conséquence de bousculer les régulations sociales et politiques traditionnelles. La tourmente de la Révolution française a emporté certains « organes secondaires » de la vie sociale. Ainsi la famille, ancien siège de l'autorité, se délite-t-elle pour se transformer en un unique centre de vie privée. Au fur et à mesure de l'extension du milieu social, le groupe familial s'est réduit au modèle de la famille paternelle. Ce modèle est lui-même relayé aujourd'hui par celui de la famille conjugale dont les éléments permanents se limitent au mari, à la femme et aux enfants mineurs et célibataires. Institution sociale (et non naturelle), la famille moderne se rétrécit, s'institue principalement grâce au mariage et privilégie désormais les relations entre personnes (non plus la reproduction matérielle et le maintien des biens domestiques), relations que consolide une nouvelle législation étatique en matière de droits et de devoirs domestiques.

Le changement ne touche pas que la famille. Les divisions territoriales, les monastères et autres associations qui avaient pris le relais de la parenté ont également été disloqués avec la Révolution. À l'inverse, avec la moindre importance de la conscience collective, l'État a forci et s'est imposé comme une institution distincte. En tant que force unique de la centralisation, il est un organe de rationalité et d'émancipation. Il absorbe et rationalise des fonctions qui,

QU'EST-CE QUE L'ÉTAT ?

« L'État, c'est proprement l'ensemble des corps sociaux qui ont seuls qualité pour parler et pour agir au nom de la société. Quand le Parlement a voté une loi, quand le gouvernement a pris une décision dans les conseils de sa compétence, toute la collectivité se trouve liée par cela même. Quant aux administrations, ce sont des organes secondaires, placés sous l'action de l'État, mais qui ne le constituent pas. Leur fonction est de réaliser les résolutions arrêtées par L'État (...)
L'utilité d'un organisme de ce genre est d'introduire la réflexion dans la vie sociale et la réflexion y a un rôle d'autant plus considérable que l'État est plus développé. Assurément l'État ne crée pas la vie collective, pas plus que le cerveau ne crée la vie du corps et n'est la cause première de la solidarité qui y unit les fonctions diverses. Il peut y avoir et il y a des sociétés politiques sans État. »

Source : E. Durkheim, *Textes III, op.cit.* , pp. 173-174.

UNE MONSTRUOSITÉ SOCIOLOGIQUE

« [L'État] tendit donc, par la force des choses, à absorber en lui toutes les formes d'activités qui pouvaient présenter un caractère social, et il n'y eut plus en face de lui qu'une poussière inconsistante d'individus. Mais alors, il fut par cela même nécessité à se surcharger de fonctions auxquelles il était impropre et dont il n'a pas pu s'acquitter utilement. Car c'est une remarque souvent faite qu'il est aussi envahissant qu'impuissant. Il fait un effort maladif pour s'étendre à toutes sortes de choses qui lui échappent ou dont il ne se saisit qu'en les violentant. De là ce gaspillage de forces qu'on lui reproche et qui est, en effet, sans rapport avec les résultats obtenus. D'un autre côté, les particuliers ne sont plus soumis à d'autre action collective que la sienne, puisqu'il est la seule collectivité organisée. C'est seulement par son intermédiaire qu'ils sentent la société et la dépendance où ils sont vis-à-vis d'elle. Mais, comme l'État est loin d'eux, il ne peut avoir sur eux qu'une action lointaine et discontinue ; c'est pourquoi ce sentiment ne leur est présent ni avec la suite ni avec l'énergie nécessaires. Pendant la plus grande partie de leur existence, il n'y a rien autour d'eux qui les tire hors d'eux-mêmes et leur impose un frein. Dans ces conditions, il est inévitable qu'ils sombrent dans l'égoïsme ou dans le dérèglement. L'homme ne peut s'attacher à des fins qui lui soient supérieures et se soumettre à une règle, s'il n'aperçoit au-dessus de lui rien dont il soit solidaire. Le libérer de toute pression sociale, c'est l'abandonner à lui-même et le démoraliser. Telles sont, en effet, les deux caractéristiques de notre situation morale. Tandis que l'État s'enfle et s'hypertrophie pour arriver à enserrer assez fortement les individus, mais sans y parvenir, ceux-ci sans lien entre eux, roulent les uns sur les autres comme autant de molécules liquides, sans rencontrer aucun centre de forces qui les retienne, les fixe et les organise. »

Source : E. Durkheim, *Le Suicide* (1897), Paris, © P.U.F., Quadrige, 1983, p. 448.

autrefois, étaient remplies par d'autres instances. Ainsi peut se comprendre le développement d'une bureaucratie. Par ailleurs, grâce à son développement, les citoyens peuvent échapper aux allégeances locales (à commencer par la tutelle de l'Église).

Mais l'État peut être en même temps une « monstruosité sociologique » (*Le Suicide,* p. 448). Ce dernier est tellement éloigné des réalités locales que lorsqu'il « essaie de les réglementer, il n'y parvient qu'en faisant violence et en les dénaturant » (*Leçons de sociologie,* 1950, p. 77). Pour cette raison, Durkheim défend une conception pluraliste et démocratique de la société politique. Pour lui, l'État occupe une place normale si, à son action propre, s'ajoute celle de pouvoirs intermédiaires, subordonnés et dépendants. Il s'agira des « groupes secondaires » qui, bénéficiant d'une autorité légale, ont pour mission de satisfaire aux besoins d'intégration et de moralité des individus.

Quant à l'État proprement dit, il doit « appeler progressivement l'individu à l'existence morale ». Son devoir est de promouvoir une morale civique et de sacrifier au « culte de la personne humaine ». De ce point de vue, Durkheim déduit d'abord, contre les libéraux, qu'un État fort peut, et doit, se mettre au service de l'individu. Ensuite, au moment même où se crée en France la « Fédération générale des associations professionnelles des employés de l'État » (1905), Durkheim défend la thèse du nécessaire apolitisme des fonctionnaires. Parce que ces derniers sont responsables d'une mission d'intérêt public, ils ne pourraient prétendre, estime le sociologue, à l'organisation de la défense de leurs intérêts propres.

3. Les formes et les déterminants du lien social

Une des interrogations centrales de l'œuvre de Durkheim concerne, en une époque tourmentée, les déterminants de la cohésion sociale. Dans son étude sur le suicide, Durkheim a magistralement mis en exergue le poids déterminant de la société sur les comportements individuels. Ce résultat, qui a trop souvent conduit à conjuguer naïvement sociologie durkheimienne et déterminisme social, doit être relié à au moins deux éléments complémentaires. Tout d'abord, comme le laissent deviner ses analyses de l'État, Durkheim n'est en rien un « anti-individualiste forcené ». À la lutte

SUICIDE ET INTÉGRATION RELIGIEUSE

« Ainsi, s'il est vrai de dire que le libre examen, une fois qu'il est proclamé, multiplie les schismes, il faut ajouter qu'il les suppose et qu'il en dérive, car il n'est réclamé et institué comme un principe que pour permettre à des schismes latents ou à demi déclarés de se développer plus librement. Par conséquent, si le protestantisme fait à la pensée individuelle une plus grande part que le catholicisme, c'est qu'il compte moins de croyances et de pratiques communes. Or, une soirée religieuse n'existe pas sans un credo collectif et elle est d'autant plus une et d'autant plus forte que ce credo est plus étendu. Car elle n'unit pas les hommes par l'échange et la réciprocité des services, lien temporel qui comporte et suppose même des différences, mais qu'elle est impuissante à nouer. Elle ne les socialise qu'en les attachant tous à un même corps de doctrines et elle les socialise d'autant mieux que ce corps de doctrines est plus vaste et plus solidement constitué. Plus il y a de manières d'agir et de penser, marquées d'un caractère religieux, soustraites, par conséquent, au libre examen, plus aussi l'idée de Dieu est présente à tous les détails de l'existence et fait converger vers un seul et même but les volontés individuelles. Inversement, plus un groupe confessionnel abandonne au jugement des particuliers, plus il est absent de leur vie, moins il a de cohésion et de vitalité. Nous arrivons donc à cette conclusion, que la supériorité du protestantisme au point de vue suicide vient de ce qu'il est une Église moins fortement intégrée que l'Église catholique.

Du même coup, la situation du judaïsme se trouve expliquée. En effet, la réprobation dont le christianisme les a pendant longtemps poursuivis, a créé entre les juifs des sentiments de solidarité d'une particulière énergie. La nécessité de lutter contre une animosité générale, l'impossibilité même de communiquer librement avec le reste de la population les ont obligés à se tenir étroitement serrés les uns contre les autres. Par suite, chaque communauté devint une petite société, compacte et cohérente, qui avait d'elle-même et de son unité un très vif sentiment. Tout le monde y pensait et vivait de la même manière ; les divergences individuelles y étaient rendues à peu près impossibles à cause de la communauté de l'existence et de l'étroite et incessante surveillance exercée par tous sur chacun. L'Église juive s'est ainsi trouvée être plus fortement concentrée qu'aucune autre, rejetée qu'elle était sur elle-même par l'intolérance dont elle était l'objet. Par conséquent, par analogie avec ce que nous venons d'observer à propos du protestantisme, c'est à cette même cause que doit s'attribuer le faible penchant des juifs pour le suicide, en dépit des circonstances de toute sorte qui devraient, au contraire, les y incliner. »

Source : E. Durkheim, *Le Suicide, op.cit.*, pp. 153-154.

des classes, il substitue le projet d'une intégration du corps social fondée avant tout sur le respect de la personne. Ensuite, les conceptions nouvelles que développe Durkheim à la fin de son œuvre le conduisent à infléchir sa problématique première pour définir la société non comme une machine à produire de la contrainte mais comme une entité qui transcende les individus et que, à la manière religieuse, ils ne font qu'adorer.

Le suicide comme fait social

Dans la logique des travaux de statistique morale, l'enjeu de l'étude que Durkheim consacre au suicide (1897) est de rendre compte, d'un point de vue sociologique, de ce qui peut apparaître un acte intime par excellence. Pour montrer que le suicide est un fait social et que « chaque société est prédisposée à livrer un contingent déterminé de morts volontaires », Durkheim commence par réfuter les explications psycho-pathologiques et autres interprétations fondées sur l'idée de détermination par la tendance héréditaire, l'imitation ou encore le climat. Durkheim montre par exemple que le lien de causalité direct, qu'ont cru déceler les positivistes italiens, entre saisons et taux de suicide (la chaleur serait un facteur d'excitation physique) est illusoire. Il faut, explique le sociologue français, introduire une variable intermédiaire : l'intensité sociale. Parce qu'en été, la vie sociale est plus intense, le taux de suicide est plus élevé.

Après avoir souligné la constance du taux de suicide (ainsi que la constance des écarts entre pays européens, cf. *supra*), Durkheim établit des corrélations multiples : le taux de suicide croît avec l'âge, il est plus élevé chez les hommes que chez les femmes, plus important à Paris qu'en Province, plus élevé en début de semaine, il s'accroît avec l'intensité de l'activité sociale et la durée du jour... De même, les protestants se suicident-ils plus que les catholiques et ces derniers plus encore que les juifs.

Pour rendre compte de tous ces résultats, Durkheim distingue trois formes majeures de suicide : l'altruiste, l'égoïste et l'anomique. Dans une note de bas de page, il en introduit même une quatrième, peu importante à ses yeux : le suicide fataliste (suicide d'esclave, par exemple). Le suicide altruiste, en premier lieu, est caractéristique d'individus si fortement insérés et confondus à leur groupe d'appartenance (comme les militaires) qu'ils sont incapables de résister à

L'ANALYSE DURKHEIMIENNE DU SUICIDE : DES CONTROVERSES MÉTHODOLOGIQUES AU RENOUVEAU DES DÉBATS

Suite à la parution du *Suicide,* les critiques et compléments au travail de Durkheim n'ont pas manqué. Dans *Les causes du suicide* (1930), M. Halbwachs souligne ainsi les difficultés d'interprétation liées au type d'enregistrement du phénomène étudié. Il montre également tout l'intérêt qu'aurait tiré Durkheim à soigner davantage son travail statistique pour séparer l'effet des différentes variables explicatives les unes par rapport aux autres. Halbwachs remarque encore que la seule étude des suicides « réussis » (et non des tentatives avortées) oblitère pour partie l'analyse : on sait, en effet, que la population concernée est différente (elle est plus féminine pour les tentatives ratées, plus masculine dans le cas des suicides réussis). Dans son ouvrage, M. Halbwachs indique par ailleurs que s'il a bien augmenté dans la seconde moitié du XIXe siècle, le taux de suicides a tendance, au début du XXe siècle, à stagner. Ensuite, et surtout, Halbwachs infléchit l'hypothèse durkheimienne relative à l'intégration religieuse. Il montre que l'appartenance à un groupe de confession catholique ou protestante est l'expression d'un ensemble de variables relatives au genre de vie. Ainsi les catholiques vivent-ils, dans leur majorité, en milieu rural, milieu où coutumes et traditions sont plus fortes et donc plus intégratrices. À l'inverse, les protestants sont plus urbains, davantage porteurs de valeurs individualistes et portés à l'investissement dans le monde. Le genre de vie et l'insertion dans l'espace géographique sont d'autant plus importants à intégrer que ces deux facteurs sont variables d'un pays à l'autre. Halbwachs explique ainsi pourquoi, en Angleterre, le taux de suicides est, chez les protestants, beaucoup plus faible que ne pouvait le laisser présager la théorie durkheimienne.

Après Halbwachs, la critique méthodologique la plus serrée qui ait été adressée à Durkheim est redevable à J. D. Douglas (*The Social Meaning of Suicide,* Princeton University Press, 1967). Dans son ouvrage, Douglas remarque d'abord qu'il n'existe pas une définition unique et universelle du suicide mais que celle-ci est socialement construite et varie selon le temps et l'espace. En second lieu, certains groupes sociaux savent, mieux que d'autres, dissimuler (pour des raisons morales, religieuses...) les suicides. Enfin, il faudrait affronter le problème des différences entre définition théorique (celle du chercheur) et enregistrement administratif. Ce problème apparaît clairement lorsque l'on met à jour l'écart entre les données relevées par l'administration judiciaire et celles qui proviennent des enregistrements opérés par le corps médical (sur ce point, cf. P. Besnard, « Anti ou antédurkheimisme, contribution au débat sur les statistiques officielles du suicide », *Revue française de sociologie,* juin 1976, et C. Baudelot et R. Establet, *Durkheim et le suicide,* P.U.F., 1984). De ces remarques, Douglas conclut qu'il importe, pour analyser le suicide, de mener des enquêtes non pas statistiques mais biographiques. Il faut, dans chaque cas, s'intéresser aux motifs précis qui ont conduit à la mort volontaire. J. Baechler (*Les Suicides,* Calmann-Lévy, 1975) a analysé en ce sens le suicide comme un acte « stratégique », acte qui permet à un individu de résoudre ses angoisses existentielles.

un coup du sort. Cette forme de suicide ne concerne, en cette fin de XIXe siècle, qu'une minorité d'individus et de milieux très intégrés. Durkheim privilégie donc logiquement l'analyse des deux autres formes de suicide, formes en cela caractéristiques de l'époque qu'elles sont révélatrices d'un relâchement croissant des liens qui nouent l'individu à la société.

Ainsi en est-il du suicide égoïste. Lorsqu'ils songent essentiellement à eux-mêmes et se trouvent livrés à la proie de désirs infinis, les individus ne peuvent retrouver l'équilibre que si une force extérieure les conduit à la modération. Lorsque cette force fait défaut (c'est-à-dire lorsque l'intégration au groupe social s'affaiblit) alors hommes et femmes sont davantage enclins à s'enlever la vie. Preuve en est le taux de suicide plus élevé chez les célibataires (dont la vie déréglée est davantage pardonnée qu'aux pères de famille) qui ne bénéficient pas de ce cadre intégrateur qu'est la famille. La démonstration est identique avec la variable religieuse : le catholique ne puise pas ses principes de conduite comme le protestant dans sa conscience mais reçoit ces principes de l'extérieur. Bénéficiant d'un cadre intégrateur, les catholiques se suicident en conséquence beaucoup moins que les protestants.

Suicide et anomie

Afin de caractériser la dernière forme de suicide, Durkheim emprunte le terme d'anomie au philosophe Jean-Marie Guyau (1854-1888). Ce mot, il convient de le souligner, n'est systématiquement utilisé par Durkheim que dans deux de ses ouvrages (*De la division du travail social, Le Suicide*) et, encore, en des sens variés : Durkheim distingue ainsi diverses formes d'anomies (anomie aiguë/chronique, anomie régressive/progressive) et propose plusieurs définitions qui oscillent entre le mal de l'infini et l'irréglementation de la vie économique. À compter de 1902, il cessera finalement de faire un usage systématique de cette notion et les durkheimiens, quant à eux, ignoreront tout bonnement l'usage de ce terme (sur le destin de ce concept, cf. P. Besnard, *L'Anomie,* P.U.F., 1987).

Dans *Le Suicide,* Durkheim veut surtout mettre en évidence l'existence d'un dérèglement social (*a-nomos* : absence de normes) qui se répercute directement sur le volume de morts volontaires. L'anomie, ce symptôme pathologique, s'explique par un délitement

(suite de la p. 170)

En dépit de ces remises en cause successives, les thèses de Durkheim donnent encore aujourd'hui matière à débat et à vérification. De nombreux travaux ont ainsi été consacrés à la logique de classification des suicides distingués par Durkheim. Après avoir recensé ces multiples essais, P. Besnard (*L'Anomie,* 1987) a réactivé, quant à lui, l'analyse de la socialisation de Durkheim en reprenant l'opposition entre intégration (assimilation à un groupe social) et régulation (esprit de discipline). Dans ce cadre, les quatre types de suicide se rattachent aisément aux états extrêmes de ces variables : une intégration sociale insuffisante conduit au suicide égoïste, une trop forte intégration au suicide altruiste, une régulation sociale faible au suicide anomique et un excès de régulation sociale au suicide fataliste.

Empruntant une autre voie de recherche, C. Baudelot et R. Establet (*op. cit.*) ont voulu actualiser la recherche de Durkheim. Leurs conclusions majeures mettent en évidence continuités et inflexions. Il y a, tout d'abord, permanence du fait social, c'est-à-dire régularité des effectifs globaux de suicides. La famille, second point, est toujours un cadre intégrateur privilégié. Par contre, alors que le suicide était avant tout, au XIXe siècle, un phénomène urbain, celui-ci est devenu aujourd'hui un phénomène rural. De même, contrairement aux résultats antérieurs de Durkheim, Baudelot et Establet constatent que le suicide concerne d'abord les couches sociales les plus défavorisées (et non plus les riches comme au XIXe siècle). Pour ces deux auteurs, ces novations s'expliquent par l'émergence de nouvelles formes d'intégration à la vie sociale. Il est ainsi évident que, depuis le XIXe siècle, les valeurs ont changé : l'urbain n'est plus aujourd'hui un déraciné. Aux Etats-Unis, des travaux allant dans un sens similaire ont également été réalisés. K. Breault (« A test of Durkheim's theory of religious and family integration, 1933-1980 », *American Journal of Sociology,* Vol. 92, 3, 1986), par exemple, a procédé à un test empirique sur la période 1933-1980. Breault trouve, comme Durkheim, deux variables déterminantes : le divorce et l'appartenance à une communauté religieuse. L'auteur met notamment en évidence l'existence d'un taux de suicide plus faible chez les catholiques que chez les non-catholiques.

Si certains travaux réhabilitent les démonstrations durkheimiennes, il est intéressant de souligner l'émergence parallèle aux États-Unis d'analyses « tardiennes », analyses qui lient imitation et suicide. Certains chercheurs (comme D. P. Phillips et K. A. Bollen, *American Sociological review,* 47, 1982) ont observé une augmentation significative du nombre de morts volontaires après annonce médiatique du suicide d'une personnalité. Persuadés qu'il s'agit bien d'un phénomène d'imitation, ces chercheurs soulignent que le taux de suicide est plus fort au sein des catégories traditionnellement reconnues plus sensibles aux médias et aux modes (adolescents, filles). À cet argumentaire, on a pu objecter que ce n'est pas un phénomène d'imitation qui serait ici démultiplié. Les annonces médiatiques ne feraient que précipiter des intentions de suicide. De surcroît, l'on s'aperçoit que le suicide d'une personnalité ne pèse pas plus que le suicide annoncé d'une personne anonyme. Enfin, il semblerait que les médecins, eux-mêmes influencés par la thèse de l'imitation, pourraient avoir tendance à surestimer les morts par suicide après chaque annonce médiatique.

de la coutume qui n'encadre plus étroitement l'activité sociale. Puisque les forces intégratrices se dérobent, les individus en compétition les uns avec les autres ne peuvent plus borner leurs désirs. Ils demandent trop de l'existence jusqu'à éprouver irritation et dégoût envers celle-ci. Ils contribuent, en conclut Durkheim, à faire du suicide anomique un phénomène régulier et spécifique des sociétés modernes. Le suicide anomique se révèle clairement dans les phases des cycles économiques : en période de boom économique, les ambitions et aspirations des individus ne sont plus bornées précisément mais s'étendent à l'infini. La disproportion entre aspirations et satisfactions qui en résulte est cause de suicide. Ce malaise est caractéristique des sociétés modernes qui ont connu un développement exceptionnel des activités économiques. En faisant éclater les communautés traditionnelles, l'industrie et le commerce « faiblement empreints de moralité » dévalorisent, au seul profit de l'intérêt, de nombreuses valeurs et obligations pourtant indispensables à la vie sociale. Ce n'est d'ailleurs pas un hasard, remarque Durkheim, si le taux de suicide anomique est plus élevé dans les secteurs les plus « avancés » de la société : chez les protestants, dans le monde urbain, industriel et laïc...

Pour parer à cette crise sociale, Durkheim milite en faveur d'une lutte contre l'anomie conjugale au moyen d'un mariage rendu plus indissoluble et d'une activité féminine sociale plus intense. Pour ce qui concerne l'anomie économique, Durkheim propose de développer les corporations de métiers, institutions intermédiaires entre l'État et les individus. Il souhaite leur voir jouer le rôle d'organisation économique, politique, juridique en charge de règlements mais surtout d'autorité morale à même de remplir, par le sens renouvelé de la communauté, le vide social que le sociologue ne cesse de déplorer.

Individualisme et société

Singulièrement obsédé par le problème du lien entre individu et société, Durkheim ne croit ni aux doctrines religieuses ni à la fiction de l'harmonie des intérêts égoïstes des économistes libéraux comme remèdes possibles à la crise sociale. Il porte par contre une attention toute particulière aux doctrines socialistes. Dans un travail qui restera inachevé (cours professé en 1895 et 1896 et publié ultérieurement sous le titre *Le Socialisme*), Durkheim entreprend une

MORALE LAÏQUE, INDIVIDUALISME ET ÉDUCATION

« Non seulement une éducation purement rationnelle apparaît comme logiquement possible, mais encore elle est commandée par tout notre développement historique. Sans doute, si l'éducation avait brusquement pris ce caractère, il y a quelques années, on pourrait douter qu'une transformation aussi soudaine fût bien impliquée dans la nature des choses. Mais, en réalité, elle n'est que le résultat d'un développement graduel dont les origines remontent, pour ainsi dire, aux origines mêmes de l'histoire. Il y a des siècles que l'éducation se laïcise. On a dit quelquefois que les peuples primitifs n'avaient pas de morale. C'était une erreur historique. Il n'y a pas de peuple qui n'ait sa morale : seulement, celle des sociétés inférieures n'est pas la nôtre. Ce qui la caractérise, c'est précisément qu'elle est essentiellement religieuse. J'entends par là que les devoirs les plus nombreux et les plus importants sont, non pas ceux que l'homme a envers les autres hommes, mais ceux qu'il a envers ses Dieux. Les obligations principales ne sont pas de respecter son prochain, de l'aider, de l'assister, mais d'accomplir exactement les rites prescrits, de donner aux Dieux ce qui leur est dû, et même, au besoin, de se sacrifier à leur gloire (...)

Mais peu à peu, les choses changent. Peu à peu, les devoirs humains se multiplient, se précisent, passent au premier plan, tandis que les autres, au contraire, tendent à s'effacer (...)

Et en effet, si nous avons senti, avec plus de force que nos pères, la nécessité d'une éducation morale entièrement rationnelle, c'est évidemment que nous sommes devenus plus rationalistes. Or, le rationalisme n'est qu'un des aspects de l'individualisme : c'en est l'aspect intellectuel. Il n'y a pas là deux états d'esprit différents, mais l'un n'est que l'envers de l'autre, et réciproquement. Quand on sent le besoin de libérer la pensée individuelle, c'est que, d'une manière générale, on sent le besoin de libérer l'individu. La servitude intellectuelle n'est qu'une des servitudes que combat l'individualisme. Or, tout développement de l'individualisme a pour effet d'ouvrir la conscience morale à des idées nouvelles et de la rendre plus exigeante. Car, comme chacun des progrès qu'il fait a pour conséquence une conception plus haute, un sens plus délicat de ce qu'est la dignité de l'homme, il ne peut se développer sans nous faire apparaître comme contraires à la dignité humaine, c'est-à-dire comme injustes, des relations sociales dont naguère nous ne sentions nullement l'injustice. Inversement, d'ailleurs, la foi rationaliste réagit sur le sentiment individualiste et le stimule. Car l'injustice est déraisonnable et absurde, et, par suite, nous y devenons d'autant plus sensibles que nous sommes plus sensibles aux droits de la raison. Par conséquent, un progrès quelconque de l'éducation morale dans la voie d'une plus grande rationalité ne peut pas se produire, sans que, au même moment, des tendances morales nouvelles ne se fassent jour, sans qu'une soif plus grande de justice ne s'éveille, sans que la conscience publique ne se sente travaillée par d'obscures aspirations. L'éducateur qui entreprendrait de rationaliser l'éducation, sans prévoir l'éclosion de ces sentiments nouveaux, sans la préparer et la diriger, manquerait donc à une partie de sa tâche. »

Source : E. Durkheim, *L'éducation morale* (cours 1902-1903), Paris © P.U.F., 1974, p. 5 et p. 10.

lecture « scientifique » des idées socialistes saint-simoniennes. Condisciple de Jaurès à l'École normale supérieure, Durkheim ne cache pas une certaine sympathie critique envers ce corps de pensée. Pourtant, il ne peut se résoudre à la violence, au parti pris ouvriériste et à la dimension politicienne qui marque le mouvement socialiste. Durkheim s'écarte également du schéma marxiste de lutte des classes – symptôme de dérèglement plutôt que solution sociale – et refuse de réduire, comme le font de nombreux socialistes, la dynamique de la société à de simples enjeux économiques.

Le problème est de penser autrement la socialisation des individus au sein d'une société à solidarité organique. Comme l'a montré J.-C. Filloux, Durkheim se prononce pour une méritocratie inspirée de Saint-Simon, méritocratie qui concilie l'individualisme et l'égalité des chances. L'ambition affichée vise rien moins qu'à la reconstitution d'un corps social uni et respectueux de la personne dont l'autonomie et la liberté sont devenues immenses avec le développement de la division du travail. Il faut une autorité, écrit Durkheim dans son cours sur le socialisme, dont les individus reconnaissent la supériorité et qui dise le droit. Cette autorité, ce n'est ni l'État – trop éloigné des individus –, ni les groupes religieux – au caractère de plus en plus abstrait et intellectuel –, ni enfin la famille – cercle trop étroit et qui a perdu sa fonction intégratrice – qui peuvent la détenir. Comme Sismondi, Durkheim retient, nous l'avons vu, la solution des corporations de métier.

Dans le champ de ces interrogations, il faut aussi inscrire les nombreuses préoccupations de Durkheim relatives à l'éducation. Pour le sociologue, l'apprentissage scolaire constitue le processus de socialisation par excellence. C'est un canal privilégié d'intégration à la société, une période charnière pendant laquelle les individus apprennent à se soumettre à la discipline. Durkheim ne réduit pas pour autant l'éducation à un processus forcé et autoritaire. Pour trouver le chemin de la morale, il distingue trois passages obligés : l'esprit de discipline, l'attachement aux groupes sociaux et l'autonomie de la volonté. L'école produit justement l'amour de la discipline, du groupe et des institutions. Elle favorise également, dans une période individualiste, le développement de la personnalité et de l'autonomie. Aux yeux du sociologue français, l'instituteur est ce prêtre laïc qui a pour mission de révéler la loi de la société aux

« Toutes les croyances religieuses connues, qu'elles soient simples ou complexes, présentent un même caractère commun : elles supposent une classification des choses, réelles ou idéales, que se représentent les hommes, en deux classes, en deux genres opposés, désignés généralement par deux termes distincts que traduisent assez bien les mots de *profane* et de *sacré.* La division du monde en deux domaines comprenant, l'un tout ce qui est sacré, l'autre tout ce qui est profane, tel est le trait distinctif de la pensée religieuse ; les croyances, les mythes, les gnomes, les légendes sont ou des représentations ou des systèmes de représentations qui expriment la nature des choses sacrées, les vertus et les pouvoirs qui leur sont attribués, leur histoire, leurs rapports les unes avec les autres et avec les choses profanes. Mais, par choses sacrées, il ne faut pas entendre simplement ces êtres personnels que l'on appelle des dieux ou des esprits ; un rocher, un arbre, une source, un caillou, une pièce de bois, une maison, en un mot une chose quelconque peut être sacrée. Un rite peut avoir ce caractère ; il n'existe même pas de rite qui ne l'ait à quelque degré. Il y a des mots, des paroles, des formules qui ne peuvent être prononcés que par la bouche des personnages consacrés ; il y a des gestes, des mouvements qui ne peuvent être exécutés par tout le monde. Si le sacrifice védique a eu une telle efficacité, si même, d'après la mythologie, il a été générateur de dieux loin de n'être qu'un moyen de gagner leur faveur, c'est qu'il possédait une vertu comparable à celle des êtres les plus sacrés. Le cercle des objets sacrés ne peut donc être déterminé une fois pour toutes ; l'étendue en est infiniment variable selon les religions. Voilà comment le bouddhisme est une religion : c'est que, à défaut de dieux, il admet l'existence de chose sacrées, à savoir des quatre vérités saintes et des pratiques qui en dérivent (...)

Nous arrivons donc à la définition suivante : *Une religion est un système solidaire de croyances et de pratiques relatives à des choses sacrées, c'est-à-dire séparées, interdites, croyances et pratiques qui unissent en une même communauté morale, appelée Église, tous ceux qui y adhèrent.* Le second élément qui prend ainsi place dans notre définition n'est pas moins essentiel que le premier ; car, en montrant que l'idée de religion est inséparable de l'idée d'Église, il fait pressentir que la religion doit être une chose éminemment collective. »

Source : E. Durkheim, *Les formes élémentaires de la vie religieuse* (1912), Paris, © P.U.F., Quadrige, 1985, pp. 50-51, p. 63.

enfants, de les pénétrer de sa chaleur. Afin de faire advenir cette société où les hommes communient, Durkheim a été le premier, par ses cours aux instituteurs, professeurs de l'École normale et de l'enseignement secondaire, à contribuer au développement de l'école laïque en laquelle il croyait profondément.

La religion comme phénomène collectif

Ses positions laïques n'ont pas empêché Durkheim de prendre à bras-le-corps la question de la religion. Reconnaissant en celle-ci un fait social de première importance, il produit une interprétation sociologique originale qui le conduira à montrer non seulement que la société est « un être psychique d'une espèce nouvelle qui a sa manière propre de sentir et d'agir », qu'à travers la religion c'est cet être que nous vénérons mais plus encore que les catégories fondamentales de l'entendement (temps, espace, genre, nombre, cause, substance, personnalité...) dérivent de la pensée religieuse.

En 1899, le sociologue propose une première approche des phénomènes religieux à partir de l'obligation de croyance. Mais, bénéficiant notamment du travail parallèle de deux de ses disciples (Hubert, Mauss), Durkheim développe véritablement sa réflexion dans *Les formes élémentaires de la vie religieuse* (1912). Dans cet ouvrage, il se démarque des injonctions méthodologiques des *Règles de la méthode sociologique* en affirmant que, pour comprendre la religion, il importe de se mettre dans l'état d'esprit du croyant. À défaut d'adopter une telle posture compréhensive, le chercheur se condamne à être un aveugle qui parle de couleurs. Durkheim soutient ensuite que la foi est liée à la raison : le croyant considère comme véridique sa vision du monde et juge efficace ses pratiques rituelles.

Pour étayer sa démonstration, Durkheim se donne pour objet d'étude ce qu'il considère comme la religion « la plus simple » qu'il puisse connaître : le totémisme australien. En mettant à jour les ressorts du phénomène à son stade élémentaire, il espère pouvoir expliquer ce qui constitue la nature de toute religion. Ce qui est universel et commun à toutes les religions connues, avance-t-il alors, c'est la division du monde en deux domaines : le sacré et le profane. Le sacré ne désigne pas simplement des dieux mais également des

SOCIÉTÉ ET CONSCIENCE COLLECTIVE

« De même, il est bien vrai que la société ne comprend pas d'autres forces agissantes que celles des individus ; seulement *les individus, en s'unissant, forment un être psychique d'une espèce nouvelle qui, par conséquent, a sa manière propre de penser et de sentir.* Sans doute, les propriétés élémentaires d'où résulte le fait social sont contenues en germe dans les esprits particuliers. Mais le fait social n'en sort que quand elles ont été transformées par l'association, puisque c'est seulement à ce moment qu'il apparaît. *L'association est, elle aussi, un facteur actif qui produit des effets spéciaux.* Or, elle est par elle-même quelque chose de nouveau. Quand des consciences, au lieu de rester isolées les unes des autres, se groupent et se combinent, il y a quelque chose de changé dans le monde. Par suite, il est naturel que ce changement en produise d'autres, que cette nouveauté engendre d'autres nouveautés, que des phénomènes apparaissent dont les propriétés caractéristiques ne se retrouvent pas dans les éléments dont ils sont composés (...)
La puissance qui s'est ainsi imposée à son respect et qui est devenue l'objet de son adoration, c'est la société, dont les Dieux ne furent que la forme hypostasiée. *La religion, c'est en définitive le système de symboles par lesquels la société prend conscience d'elle-même ; c'est la manière de penser propre à l'être collectif.* Voilà donc un vaste ensemble d'états mentaux qui ne seraient pas produits si les consciences particulières ne s'étaient pas unies, qui résultent de cette union et se sont surajoutés à ceux qui dérivent des natures individuelles. »

Source : E. Durkheim, *Le Suicide, op.cit.*, p. 350-353.

« Ainsi, la formation d'un idéal ne constitue pas un fait irréductible, qui échappe à la science ; il dépend de conditions que l'observation peut atteindre ; c'est un produit naturel de la vie sociale. Pour que la société puisse prendre conscience de soi et entretenir, au degré d'intensité nécessaire, le sentiment qu'elle a d'elle-même, il faut qu'elle s'assemble et se concentre. Or, cette concentration détermine une exaltation de la vie morale qui se traduit par un ensemble de conceptions idéales où vient se peindre la vie nouvelle qui s'est ainsi éveillée ; elles correspondent à cet afflux de forces psychiques qui se surajoutent alors à celles dont nous disposons pour les tâches quotidiennes de l'existence. Une société ne peut ni se créer ni se recréer sans, du même coup, créer de l'idéal. Cette création n'est pas pour elle une sorte d'acte surégatoire, par lequel elle se compléterait, une fois formée ; c'est l'acte par lequel elle se fait et se refait périodiquement. Aussi, quand on oppose la société idéale à la société réelle comme deux antagonistes qui nous entraîneraient en des sens contraires, on réalise et on oppose des abstractions. La société idéale n'est pas en dehors de la société réelle ; elle en fait partie. »

Source : E. Durkheim, *Les formes élémentaires..., op.cit.*, pp. 603-604.

objets, des gestes, des paroles... que les interdits isolent et séparent. À la suite de R. Smith, Durkheim précise qu'il y a plus exactement deux sortes de sacré : le pur et l'impur. L'un est faste et l'autre néfaste. Mais l'opposition n'est qu'apparente : « Avec du pur, on fait de l'impur, et réciproquement. C'est dans la possibilité de ces transmutations que consiste l'ambiguïté du sacré » (*Les formes..., op. cit.*, p. 588).

Au niveau d'organisation le plus élémentaire, le clan retrouve dans le totem son critère du sacré, le totem étant la représentation – par-delà la réalité qu'il désigne – d'une force de participation concrète des différents membres du clan. À l'instar du totem, le sacré incarné dans la réalité sociale se nomme *mana*. Ainsi que le définissent les ethnologues (Codrington le premier), le mana est un pouvoir indéfini, une force anonyme dont l'impersonnalité est comparable aux forces physiques. Il est doté d'une valeur magique, religieuse et sociale. Au niveau supérieur, celui de la société tribale, le mana s'individualise dans des âmes que crée la société : ce sont les dieux. Qu'il s'agisse de totem ou de dieux, on a ici, note Durkheim, la manifestation d'une conscience collective qui travaille à la cohésion de la société.

De son étude, Durkheim retient une autre opposition fondamentale : celle du magique et du religieux. La magie isole, le religieux relie. La magie est une pratique individuelle et diffuse ; à l'inverse, la religion suppose un acte collectif, un groupe social, une Église, un culte, des symboles précis. La religion peut alors se définir comme un « système solidaire de croyances et de pratiques relatives à des choses sacrées ». Il en résulte que la moralité est tout entière du côté de la religion, la morale n'est-elle pas d'ailleurs marquée du sceau du sacré : à la fois inviolable et désirable ?

Aussi, note Durkheim, **la société est à ses membres ce que Dieu est à ses fidèles**, simple manière d'affirmer que la religion n'est rien d'autre que la transfiguration de la société.

De la conscience collective

Pour certains sociologues, en tant qu'opérateur de socialisation, la notion de conscience collective constitue la pièce maîtresse de toute l'œuvre de Durkheim. Dès son premier ouvrage, Durkheim en

DURKHEIM, PRÉCURSEUR DU STRUCTURALISME ?

Le retour au savoir scientifique comme base de la morale d'avenir des sociétés complexes, et par conséquent l'adhésion au laïcisme et la soumission relative au positivisme peuvent très bien se situer dans la logique même d'une tradition « spinoziste » de la culture juive européenne. Il est frappant de constater l'homogénéité de l'œuvre de Durkheim, dont tous les éléments tardifs ne font que déployer une problématique entièrement construite dès la production de sa thèse. Tout à fait à l'inverse de Comte, qui s'abandonne au délire mystique de sa construction épistémologique « géante », Durkheim ne fait que développer une voie tracée d'avance et contrôlée ; cette voie, c'est l'actualisation, la modernisation de la problématique moraliste, par l'acceptation positive des changements dans la nature de la société. Cette acceptation positive ne fait d'ailleurs que revenir à l'intuition monothéiste qui, par bien des aspects, se révèle dans les faits « athée » au sens où la figure divine qu'elle pose est la plus propre à refléter [a] la matérialité de l'instance tenue pour réellement effective : la société, et la Loi qui l'incarne. Il n'est donc pas du tout étonnant que Durkheim ait fini par étudier les formes élémentaires de la vie religieuse, et que, dans sa « lignée », la filiation marquée par le même environnement culturel se soit spécialisée sur les fondements structurels du « sociétal », avec Marcel Mauss, et Claude Lévi-Strauss [b]. La boucle tentait ainsi de se boucler entre la volonté de retrouver dans le savoir, le contrôle, la visibilité sur notre existence sociale, et le pari que depuis ses formes les plus primitives, et notamment dans la logique de l'échange, la « loi » de culture se trouve déjà inscrite, préparée, même si elle prend les formes de la pensée sauvage, et se camoufle derrière le *Mana* et la coupure profane/sacré. De ce point de vue, les critiques exprimées par Lévi-Strauss à l'égard de l'obsession idéaliste de Durkheim me *semblent simplement renvoyer à un transfert de la même problématique*. Au fond, l'ethnologue ne s'est pas contenté de l'existence floue, à demi-réelle du social, traduite dans la notion de « conscience collective », mais il a cherché à en cerner la réalité concrète dans les structures mentales créées par les états de culture, de même qu'à sa manière Lacan s'essayait à justifier dans le préculturel (immaturation de l'enfant, stade du miroir) la présence de la structure intersubjective. Là encore, la démarche moraliste précède et impulse le défi scientifique, tant, du moins, que l'auteur ne cherche pas à les faire coïncider en forçant les conclusions de la recherche. C'est dans la dérive démonstratrice que s'exerce la démarche du savoir scientifique dans ce type d'œuvre. Il est utile de s'en souvenir, à la fois pour nourrir un respect pour la valeur dynamique, heuristique de l'« obsession » morale de ces grands intellectuels, et pour la distinguer en même temps de ses résultats, et de la valeur d'autres démarches : comme celle que nous situerions « dans le fil du désir ».

Source : D. Duclos, « Projet éthique et positivisme dans la démarche sociologique de Durkheim », *Cahiers internationaux de sociologie,* vol. LXX, 1981, pp. 95-96.

(a) Dans l'imaginaire, s'entend.

(b) On trouve des textes de Lévi-Strauss qui font écho direct à ceux de Durkheim sur l'affinité des structures de la pensée mythique et de la pensée scientifique. Exemple dans *La structure des mythes*, 1955, p. 255.

propose une définition claire. C'est « l'ensemble des croyances et des sentiments communs à la moyenne des membres d'une même société et formant un système déterminé [de similitudes] qui a sa vie propre ».

La conscience collective signifie bien ce qu'est le social. Preuve que le tout n'est pas la somme des parties, le groupe social pense, sent, agit autrement que ne le feraient ses membres isolés. Les groupes, la société possèdent une individualité psychique propre qui se réfléchit dans une conscience collective.

Cette notion n'est cependant pas sans poser problème. Tout d'abord, ainsi que l'a remarqué Evans-Pritchard, l'idée de conscience collective et à travers elle les processus d'intégration de l'individu à la société sont, dans la pensée même de Durkheim, relativement fluctuants. Au début de son œuvre, Durkheim met l'accent sur la contrainte. Avec *Les formes élémentaires de la vie religieuse,* c'est une sorte d'effervescence sociale, une communion créatrice d'idéaux qui sert de canal d'intégration : « Un jour viendra où nos sociétés connaîtront à nouveau des heures d'effervescence créatrice au cours desquelles de nouveaux idéaux surgiront, de nouvelles formules se dégageront qui serviront, pendant un temps, de guide à l'humanité. » (*Les formes, op. cit.*, p 611). Cette création d'idéaux est réactivée périodiquement dans les moments d'exaltation comme ceux de la Révolution française.

Un second problème logique a trait à la communication entre les individus. Selon Durkheim, « les consciences individuelles sont fermées les unes aux autres ; elles ne peuvent communiquer qu'au moyen de signes où viennent se traduire leurs états intérieurs » (*Les formes..., op. cit.*). L'échange s'opère par la fusion de tous les sentiments particuliers en un sentiment commun. Le respect de la loi, la vie en société sont donc, en quelque sorte, un mode de communion avec le groupe social. Pour Gurvitch, cette position implique l'existence, entre individus, d'une communication préalable à toute forme d'union sociale.

Durkheim ne crédite-t-il pas, ce faisant, les thèses de ses propres adversaires (à commencer par Tarde) en réduisant la conscience collective à la simple agrégation de consciences individuelles ?

GENÈSE DU DURKHEIMISME

Une percée difficile

« D'emblée les juristes (à l'instar de Maurice Hauriou) invoquent le manque de scientificité de la discipline et le "danger" qu'elle représente pour les jeunes gens ; ils craignent de voir la sociologie former des esprits dogmatiques, sceptiques, menaçant l'ordre public. L'opposition des philosophes regroupés autour de la *Revue de Métaphysique et de Morale* (fondée par Elie Halevy) n'a pas ce fond idéologique. Leurs craintes sont d'ordre "professionnel" : les sociologues empiètent par trop sur leurs domaines d'étude (la morale notamment) et risquent de faire éclater le savoir philosophique. Durkheim subit ainsi un certain nombre de déconvenues : en 1894, Alfred Espinas lui est préféré pour occuper la chaire d'histoire d'économie sociale à la Sorbonne ; en 1897, c'est au tour du philosophe Jean Izoulet, bien que peu prisé par ses pairs, d'être pressenti à la place de Durkheim à la nouvelle chaire de philosophie sociale du Collège de France. Mais Durkheim ne se décourage pas et se construit une réputation de savant sérieux en étendant le cercle de ses relations dans les milieux universitaire et administratif. Il est aidé en cela par son collaborateur Célestin Bouglé, normalien agrégé de philosophie comme lui, qui devient maître de conférence en philosophie à Montpellier en 1898 et obtient une chaire de philosophie sociale à Toulouse dès 1901. Durkheim reçoit ainsi la charge d'un cours de sciences de l'éducation à la Sorbonne, avant de devenir titulaire de cette chaire lorsque Ferdinand Buisson la lui abandonne en 1906. Cette victoire reste limitée dans la mesure où seules les chaires de Bordeaux et d'histoire d'économie sociale à la Sorbonne ont une vocation proprement sociologique. »

Un succès tardif

« C'est un nouveau combat qui s'engage lorsque Espinas se met en disponibilité ; Bouglé se porte candidat mais un lobby d'historiens (dont Ernest Lavisse) et d'hommes politiques soutient Hauser. Face à cette levée de boucliers, Durkheim réussit à imposer à l'administration l'ajournement de l'élection. Un an plus tard, en 1907, les esprits se sont calmés et Bouglé peut être élu. La sociologie s'impose enfin : Lucien Levy-Bruhl, proche du groupe durkheimien prend la chaire de philosophie moderne de la Sorbonne ; Fauconnet, soutenu par Durkheim, succède à Bouglé à Toulouse. De leur côté les ethnologues durkheimiens Mauss et Hubert se sont imposés à l'École pratique des hautes études : Mauss devient en 1907 titulaire de la direction d'études d'histoire des religions des peuples non civilisés. Après la guerre, Bouglé succède à Durkheim à la Sorbonne, Fauconnet est maître de conférence en sociologie et sciences de l'éducation (1921), puis professeur de sociologie en 1932. Commence alors l'âge d'or de la sociologie sur le plan institutionnel. Même le bastion d'opposants du Collège de France, rival de la Sorbonne, est conquis ; Mauss y professe de 1931 à 1942. Halbwachs remplace Bouglé, nouveau directeur de l'École normale supérieure en 1935. Cet âge d'or s'achève à la fin de la décennie avec les disparitions de Bouglé et de Fauconnet, qui ne sont pas remplacés compte tenu de la crise de recrutement qui sévit dans l'entre-deux-guerres. »

Source : J.-C. Marcel, I. Sekulic, « Le durkheimisme », *Les Cahiers Français,* « Découverte de la sociologie », n° 247, Juillet-septembre 1990, pp. 12-13.

4. L'école française de sociologie

Le développement de l'école française de sociologie dont Durkheim prend la tête au début du XXe siècle ne se fait pas sur une terre complètement vierge. Sans compter la difficile reconnaissance de la sociologie aux côtés des disciplines comme l'histoire, l'économie, le droit... la France est le lieu d'élection de diverses associations et institutions sociologiques concurrentes à l'école durkheimienne (cf. chap. 4).

Le groupe des durkheimiens

Durkheim et ses disciples (dont beaucoup sont dreyfusards, républicains et socialistes) n'acquerront que fort lentement des positions universitaires et institutionnelles propres à leur conférer le monopole de la légitimation du savoir sociologique. Même si se constitue à leur initiative, fort tardivement il est vrai, un Institut français de sociologie (fondé par Marcel Mauss en 1924), les durkheimiens ne constituent pas véritablement un groupe homogène et soudé. Les élèves et collaborateurs de Durkheim ont certes cet avantage indéniable, au regard des institutions existantes, d'être pour beaucoup d'entre eux normaliens, agrégés et/ou philosophes. Mais de nombreuses embûches (des carrières difficiles notamment) et critiques de tous bords (comme celles, acerbes, contre Durkheim le premier, de Sorel, Massis, Péguy ou encore des fils de Tarde) parsèmeront malgré tout la vie de ce mouvement.

En dépit de ces résistances multiples, la sociologie positiviste fait école et son influence est réelle jusqu'à la Seconde Guerre mondiale. Sans être directement intégrées à l'école française de sociologie, quelques personnalités fortes ont d'abord contribué à son essor. Tel est le cas, par exemple, de Lucien Lévy-Bruhl (père de H. Lévy-Bruhl, futur sociologue du droit) qui partage avec Durkheim une même volonté : celle de tirer une morale de l'étude sociologique des mœurs (*Morale et science des mœurs,* 1903). Mais Lévy-Bruhl se fait surtout connaître en développant des thèses sur les sociétés dites « primitives », thèses qu'il oppose à l'animisme de James Frazer. Lévy-Bruhl soutient qu'il existe un mode de pensée différent entre « primitifs » et « modernes ». Pour lui, la mentalité primitive est première par rapport à la nôtre car elle est pré-logique, mystique et tout

CARTE DES RELATIONS ET SPÉCIALISATIONS AU SEIN DE L'ÉCOLE DURKHEIMIENNE

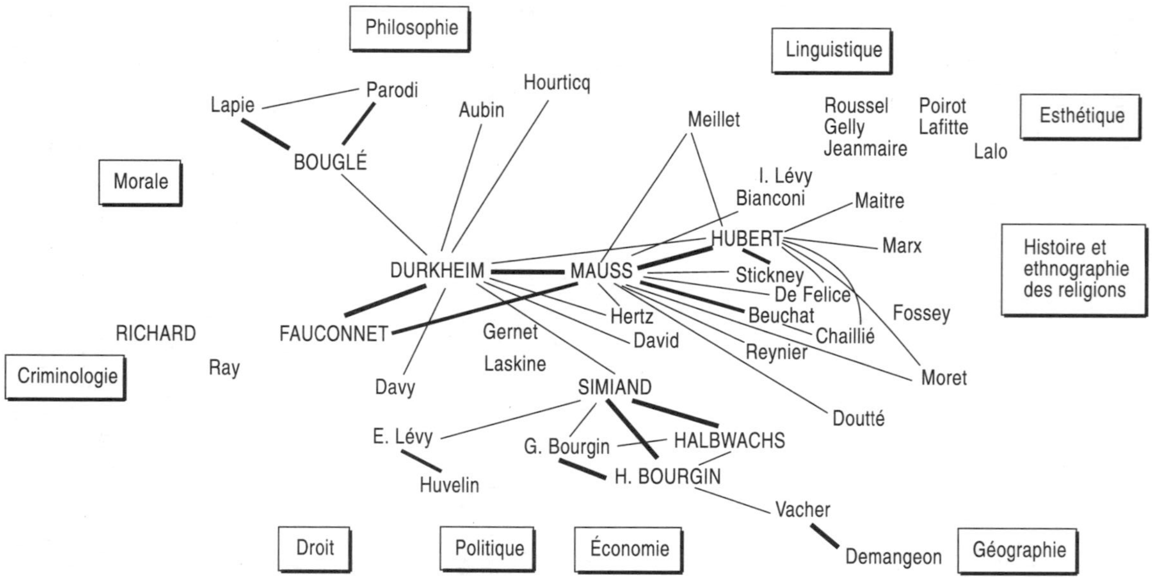

Les lignes reliant les individus symbolisent les relations (de collaboration, d'enseignement, d'amitié, etc.) qui sont attestés comme d'une certaine importance. Elles sont plus ou moins épaisses selon l'intensité de ces relations. Les noms des principaux collaborateurs de l'*Année sociologique* 1re série sont en majuscules.

Source : P. Besnard, « La formation de l'équipe de l'Année sociologique », *Revue Française de sociologie*, n° XX - 1, janvier - mars, 1979, p. 22.

entière dominée par les représentations collectives traditionnelles. « La mentalité primitive, écrit Lévy-Bruhl, ne se préoccupe pas de remonter ou de descendre la série des conditions qui sont elles-mêmes conditionnées. Elle part, comme nous, du donné sensible immédiat, mais elle abandonne aussitôt ce que nous appelons la réalité objective pour chercher à déceler la cause occulte, mystique, la puissance invisible qui s'est manifestée par un changement dans le donné sensible » (*La mentalité primitive,* 1922, p. 127). Dans le cas d'un empoisonnement, le primitif ne cherche ni l'origine, ni le mécanisme physique du phénomène, il pense que la victime est le jouet de quelque puissance invisible. De manière corollaire, dans ce type de pensée, il n'est pas appliqué rigoureusement le principe d'identité : un être peut être lui-même et un autre tout en même temps.

Quant à l'école durkheimienne proprement dite, il convient d'évoquer, si l'on veut illustrer la fertilité de ses travaux, la diversité des champs d'étude explorés (cf. carte ci-contre). Parmi les thèmes traités par les durkheimiens, la sociologie religieuse, l'ethnologie et l'étude de la constitution sociale des catégories de l'activité humaine constituent des entrées privilégiées. C'est ainsi que l'on doit à Henri Hubert (auteur, avec Mauss, d'un *Mélange d'histoire des religions* ainsi que d'articles importants sur la magie et le sacrifice) un éclairage décisif sur la notion de sacré. Hubert s'est inspiré de cette notion pour décrire le temps social, temps « composé de parties discontinues, hétérogènes et tournant sans cesse sur lui-même ». C'est, autrement dit, un temps qualitatif qui se déroule au rythme d'une chronologie faite de mythes et de rites institués par la société. En s'appuyant sur l'étude des formes d'organisation de la Chine ancienne, Marcel Granet (*La Civilisation chinoise,* 1929) met en évidence, de même, le caractère proprement social des catégories temps et espace (en Chine, le temps est perçu sur un mode cyclique et l'espace de façon carrée et hiérarchisée). Quant à Robert Hertz (*Sociologie religieuse et folklore,* 1928), il étudie les représentations collectives de la mort ou encore les fondements religieux de la prééminence de la main droite (sacrée) sur la main gauche (impure et profane).

Dans la mesure où le droit leur apparaissait en correspondance avec la morale et la religion, les durkheimiens n'ont pas non plus ménagé leur peine pour mettre en exergue, souvent à l'aide d'une approche ethnologique, sa facture sociale. Outre ceux de Durkheim et

LA PRÉÉMINENCE DE LA MAIN DROITE - ÉTUDE SUR LA POLARITÉ RELIGIEUSE

« Quelle ressemblance plus parfaite que celle de nos deux mains ! Et pourtant, quelle inégalité plus criante !
À la main droite vont les honneurs, les désignations flatteuses, les prérogatives : elle agit, elle ordonne, elle *prend*.
Au contraire, la main gauche est méprisée et réduite au rôle d'humble auxiliaire : elle ne peut rien par elle-même ; elle assiste, elle seconde, elle *tient*.
La main droite est le symbole et le modèle de toutes les aristocraties, la main gauche de toutes les plèbes.
Quels sont les titres de noblesse de la main droite ? Et d'où vient le servage de la gauche ? (...)
La prépondérance de la main droite est obligatoire, imposée par la contrainte, garantie par des sanctions ; par contre, un véritable interdit pèse sur la main gauche et la paralyse. La différence de valeur et de fonction qui existe entre les deux côtés de notre corps présente donc au plus haut point les caractères d'une institution sociale ; et l'étude qui veut en rendre compte relève de la sociologie (...)
Suivant une représentation fort répandue, au moins dans le domaine indo-européen, la communauté forme un cercle clos, au centre duquel se trouve l'autel, l'arche sainte, où descendent les dieux et d'où rayonnent les grâces. À l'intérieur de l'enceinte règnent l'ordre et l'harmonie, tandis qu'au-delà s'étend la vaste nuit, sans limite, sans loi, chargée de germes impurs et traversée de forces chaotiques. À la périphérie de l'espace sacré, les fidèles, l'épaule droite tournée vers l'intérieur, accomplissent autour du foyer divin le circuit rituel. D'un côté, ils ont tout à espérer, de l'autre, tout à craindre. La droite est le *dedans,* le fini, le bien-être et la paix assurés ; la gauche est le *dehors,* l'infini, l'hostile, la perpétuelle menace du mal. »

Source : R. Hertz, *Sociologie religieuse et folklore,* Paris, © P.U.F., 1928, pp. 84-88 et 97.

LE RÉGIME DES CASTES

« Quand nous déclarons que l'esprit de caste règne dans une société, nous entendons que les différents groupes dont cette société est composée se repoussent au lieu de s'attirer, que chacun d'eux se replie sur lui-même, s'isole, fait effort pour empêcher ses membres de contracter alliance, ou même d'entrer en relation avec les membres des groupes voisins. Un homme refuse systématiquement de chercher femme en dehors de son cercle traditionnel ; bien plus, il repousse tout aliment préparé par d'autres que par ses congénères . Cet homme obéit à l'"esprit de caste".
Répulsion, hiérarchie, spécialisation héréditaire, l'esprit de caste réunit ces trois tendances. Il faut les retenir toutes trois si l'on veut obtenir une définition complète du régime des castes. Nous dirons qu'une société est soumise à ce régime si elle est divisée en un grand nombre de groupes héréditairement spécialisés, hiérarchiquement superposés, et mutuellement opposés – si elle ne tolère en principe ni parvenus, ni métis, ni transfuges de la profession – si elle s'oppose à la fois aux mélanges de sangs, aux conquêtes de rangs et aux changements de métiers. »

Source : C. Bouglé, *Essais sur le régime des castes* (1908), Paris, © Alcan, 3e éd., 1935, pp. 3-4.

de Mauss, fleurissent ainsi de nombreux travaux : ceux, par exemple, de G. Richard (*L'origine de l'idée de droit,* 1892), P. Huvelin (*Magie et droit individuel,* 1907), L. Gernet (*Recherche sur le développement de la pensée juridique et morale en Grèce,* 1917), P. Fauconnet (*La responsabilité,* 1920), G. Davy (*La foi jurée,* 1922) ou encore J. Ray (*Essai sur la structure logique du code civil français,* 1926). Le domaine économique a été par contre beaucoup moins circonscrit. L'apport, en la matière, provient surtout de François Simiand et, plus marginalement, des frères Bourgin et de Maurice Halbwachs (*Les expropriations et le prix des terrains à Paris,* 1909). François Simiand énonce, en opposition au schéma de l'analyse économique néo-classique, une théorie des « préférences collectives » (*La méthode positive en sciences économiques,* 1912) et s'emploie à développer une théorie sociologique de la situation des personnes économiquement dépendantes, de l'évolution des prix et des salaires (*Le salaire, l'évolution sociale et la monnaie,* 1932).

Dans cet ensemble de chercheurs, pour la plupart collaborateurs à *L'Année sociologique* (revue qui se donne pour mission de recenser la littérature sociologique internationale), une mention particulière revient d'une part à Célestin Bouglé et, d'autre part, à Maurice Halbwachs et Marcel Mauss. Célestin Bouglé a d'abord exprimé de sérieuses réserves sur la méthodologie durkheimienne. Tout comme P. Lapie et D. Parodi, il souhaitait en effet accorder une place plus importante à la conscience individuelle que ne le faisait Durkheim. Mais, surtout, Bouglé a été de son vivant un des universitaires les plus en vue de l'école française : directeur de l'École normale supérieure, il a avant tout contribué à la diffusion des travaux sociologiques de son temps.

Bouglé nous a laissé cependant deux ouvrages importants. Le premier (*Les idées égalitaires,* 1899) porte sur la genèse sociale des idées égalitaires, idées qui lui semblent être tant le produit naturel que le moteur de la société moderne. Sa seconde étude marquante (*Essai sur le régime des castes,* 1908) souligne le rôle hégémonique que jouent, en tant que structure sociale hiérarchisée, les castes constitutives de la société indienne. Cet agencement a des conséquences directes sur le droit, le mode de consommation des individus ou encore le faible développement économique. La littérature, exclusivement sacrée, est par ailleurs au service des privilégiés de l'élite brahmanique. Cette dernière bénéficie, explique Bouglé, de la

LES CARACTÉRISTIQUES SOCIALES DE LA CONDITION OUVRIÈRE

« Il n'est guère douteux, en effet, que toutes les activités ouvrières soient à base d'instincts ou de dispositions humaines. Acuité sensorielle, sûreté des mouvements, résistance nerveuse, force musculaire, ingéniosité, agilité, c'est là tout un ensemble de facultés actives et sensibles qui nous semblent développer simplement des tendances faisant partie de la nature humaine, et qui étaient en elle avant de se manifester dans un métier, à l'état embryonnaire. Ainsi, l'attachement au métier et à la tâche pourrait être, est certainement dans beaucoup de cas un motif puissant qui aide l'ouvrier à supporter bien des efforts et des privations.

Mais, d'autre part, le travail ouvrier présente aussi bien les aspects rebutants, par sa monotonie souvent, parce qu'il spécialise l'homme dans un genre d'activité mécanique étroitement limitée et tournée vers un seul aspect de la matière. Il est vrai que, par la spécialisation, nous pénétrons en quelque sorte mieux au fond des choses, et que l'homme d'un métier, d'une fonction, est supérieur à l'amateur superficiel qui prétend embrasser tous les aspects de la nature, exercer toutes les facultés de l'être humain, et ne réussit qu'à s'éparpiller et se disperser. Mais la condition ouvrière se caractérise surtout par le fait que le travail oblige, pendant la plus grande partie de la journée, de rester en contact avec la matière inerte, avec des matières malléables et fragiles, comme les ouvriers du textile, filateurs, tisserands, avec des matières dures et résistantes, comme les mineurs, avec des métaux solides ou en fusion, avec du bois, avec des matières dangereuses, avec des matières malpropres, etc. Il en résulte que le travailleur de l'industrie est isolé du monde, la plupart du temps, à la différence de tous les autres agents de la vie économique, commerçants, employés, contremaîtres, caissiers, etc., que leur travail met en rapport avec des personnes, et n'oblige pas à sortir des groupes humains.

Certes l'ouvrier travaille en équipe, associe ses efforts à ceux de ses camarades, coopère avec eux. Mais cette coopération est toute technique. Ce que les hommes associent, ce sont leurs forces et leurs mouvements physiques. Il s'établit entre eux des rapports machinaux qui n'intéressent ni la pensée, ni le sentiment. Or, l'homme, en général, a besoin du contact et de la société des autres hommes. C'est pourquoi l'ouvrier trouve longue la journée de travail, quand elle le retient en face d'un établi, ou aux prises avec la tâche matérielle. »

Source : M. Halbwachs, *Esquisse d'une psychologie des classes sociales* (1938), Paris, © M. Rivière, 1964, pp. 141-143.

spécialisation autoritaire des tâches, des inégalités et des refus du contact entre segments sociaux qui caractérisent un tel système.

Classes sociales et mémoire collective chez Halbwachs

Agrégé de philosophie qui a très tôt manifesté de l'intérêt pour Leibniz, Maurice Halbwachs (1877-1945) est un universitaire qui ne répugne pas à se mêler à l'action politique. Socialiste, membre du cabinet d'Albert Thomas, il disparaît tragiquement à la fin de la guerre à Buchenwald. Appuyées sur un usage notable des statistiques, les recherches de Maurice Halbwachs se dégageront progressivement de l'emprise intellectuelle de Durkheim. Ses travaux s'orientent essentiellement vers la sociologie des besoins, la psychologie et la morphologie sociale. Professeur à Strasbourg puis au Collège de France, Halbwachs est l'auteur d'une thèse sur la classe ouvrière et les niveaux de vie ainsi que d'ouvrages importants comme *Les cadres sociaux de la mémoire* (1925), *Les causes du suicide* (1930), *L'évolution des besoins dans la classe ouvrière* (1933). Au début du siècle, Halbwachs jouera par ailleurs un rôle important dans la diffusion de la pensée sociologique allemande (Max Weber) et américaine (Thorstein Veblen, école de Chicago) en France.

Dès sa thèse, Halbwachs estime que la mentalité, les besoins et les conduites sociales sont à mettre en liaison, dans la société industrielle, avec les rapports de production. Son argumentaire peut se résumer de la façon suivante : les classes sociales n'existent que dans les sociétés hiérarchisées et cette hiérarchie est le produit d'une représentation collective de la société et des groupes sociaux. Les différences de classe sont, en quelque sorte, cristallisées dans le rapport qu'entretiennent les groupes sociaux aux valeurs, à l'idéal commun de la société. Halbwachs nomme « foyer où se concentrent tous les éléments de la vie sociale » un tel idéal. La classe ouvrière est celle qui est la plus éloignée de ce foyer car elle est composée d'individus qui doivent sortir de la société pour s'acquitter de leur travail. À l'inverse, plus on s'élève dans la hiérarchie sociale, plus les groupes sociaux se tissent dans un réseau serré de sociabilité.

De façon originale, Halbwachs postule qu'il est possible de rendre compte de cette hiérarchie sociale par l'étude des niveaux de vie et des habitudes de consommation. Autrement dit, ce n'est pas tant du côté de la production (comme le pensent les marxistes) que

MÉMOIRE COLLECTIVE ET CLASSE SOCIALES

« Mais si nous examinions d'un peu plus près de quelle façon nous nous souvenons, nous reconnaîtrions que très certainement le plus grand nombre de nos souvenirs nous reviennent lorsque nos parents, nos amis, ou d'autres hommes nous les rappellent. On est assez étonné lorsqu'on lit les traités de psychologie où il est traité de la mémoire, que l'homme y soit considéré comme un être isolé. Il semble que pour comprendre nos opérations mentales, il soit nécessaire de s'en tenir à l'individu et de sectionner d'abord tous les liens qui le rattachent à la société de ses semblables, cependant c'est dans la société que normalement, l'homme acquiert ses souvenirs, qu'il se les rappelle, et comme on dit qu'il les reconnaît et les localise (...)

Dans les grandes villes modernes, étant donné le nombre des personnes qui y entrent en relation, d'origine souvent très diverse et lointaine, il est de plus en plus difficile pour "la société" de fixer ainsi dans sa mémoire tant de ramifications familiales. On y rencontre cependant quelques groupes, vestiges de l'ancienne noblesse, où le respect des titres s'entretient, d'autres, embryons d'une noblesse nouvelle fondés sur l'exclusivisme des relations et des alliances, sur l'importance exceptionnelle des fortunes, sur un nom que quelque circonstance a rendu éclatant. Mais, en général, la bourgeoisie, en s'accroissant de toute espèce d'apports, a perdu le pouvoir de fixer ainsi en elle une hiérarchie, d'arrêter des cadres dans lesquels les générations successives devraient se placer. La mémoire collective de la classe bourgeoise a perdu en profondeur (entendant par là l'ancienneté des souvenirs) ce qu'elle gagnait en étendue. »

Source : M. Halbwachs, *Les cadres sociaux de la mémoire,* Paris, © Alcan, 1925, p. VIII et p. 335.

du côté de la consommation qu'il s'avère pertinent de mener l'enquête. En effet, suivant en cela des intuitions de Veblen, Halbwachs est persuadé que les besoins d'un individu sont définis par sa classe d'appartenance. Il montre par exemple que les ouvriers dépensent moins, à revenu égal, pour le logement que les autres classes (les employés notamment).

Halbwachs s'est également illustré par des travaux sur la morphologie, branche de la sociologie qui étudie les formes sociales comme la population, les groupes religieux... et leur transformation. À l'instar de Mauss, il croit que l'agencement spatial révèle la personnalité sociale d'un groupe. Mais, dans la suite des travaux de Durkheim sur la conscience collective, les recherches de Halbwachs sur la mémoire collective sont certainement plus importantes encore. En ce domaine, le sociologue soutient que la mémoire, phénomène psychique individuel, est marqué par des déterminants sociaux. La mémoire n'est pas un rappel de souvenirs, c'est une construction sociale qui est rythmée par de grands points de repères historiques et sociaux. La mémoire collective est donc première par rapport à la mémoire individuelle. La mémoire sociale est, cependant, inégalement distribuée. Elle perd de sa force lorsque l'on descend dans la hiérarchie de la société : si la noblesse a su cultiver cette mémoire, la bourgeoisie l'a remplacée par des valeurs utilitaires. De par le jeu des rapports de production, la classe ouvrière est, quant à elle, constamment affrontée à la matière. Elle souffre d'un changement rapide de ses cadres et d'une indifférence au passé. En suggérant un tel schéma, Halbwachs fait travailler dans le champ sociologique une distinction chère à Bergson (qui fut son professeur) entre matière et mémoire. La matière est répétition et inertie (classe ouvrière) et la mémoire est innovation et liberté (noblesse).

Dans *La topographie légendaire des Évangiles en Terre sainte* (1941), Halbwachs donne un autre contenu à ce jeu d'hypothèses relatives à la mémoire collective. Après enquête en Palestine, il montre que la localisation géographique des épisodes de la vie de Jésus a varié dans le temps avec les diverses générations de chrétiens. En investissant les lieux saints, les dévotions européennes ont contribué à une reconstruction sociale continue : celle de l'image fluctuante, forgée et réinventée au cours des siècles, de ce qui fut l'itinéraire de Jésus.

« Tel qu'il se présente actuellement à nous, ce système a pour principe une division de l'espace en sept régions : celles du Nord, du Sud ; de l'Ouest, de l'Est, du Zénith, du Nadir, et enfin celle du Milieu. Toutes les choses de l'univers sont réparties entre ces sept régions. Pour ne parler que des saisons et des éléments, au Nord sont attribués le vent, le souffle ou l'air, et, comme saison, l'hiver ; à l'Ouest, l'eau, le printemps, les brise humides du printemps ; au Sud, le feu et l'été ; à l'Est, la terre, les semences de la terre, les gelées qui mûrissent les semences et achèvent l'année. Le pélican, la grue, la grouse, le coq des sauges, le chêne vert, etc. sont choses du Nord ; l'ours, le coyote, l'herbe de printemps sont choses de l'Ouest. À l'Est sont classés le daim, l'antilope, le dindon, etc. Non seulement les choses, mais les fonctions sociales sont réparties de cette manière. Le Nord est région de la force et de la destruction ; la guerre et la destruction lui appartiennent ; à l'Ouest, la paix (nous traduisons ainsi le mot anglais *warcure* que nous ne comprenons pas bien), et la chasse ; au Sud, région de la chaleur, l'agriculture et la médecine ; à l'Est, région du soleil, la magie et la religion ; au monde supérieur et au monde inférieur sont assignées diverses combinaisons de ces fonctions.

À chaque région est attribuée une couleur déterminée qui la caractérise. Le Nord est jaune parce que, dit-on au lever et au coucher du soleil, la lumière y est jaune ; l'Ouest est bleu, à cause de la lumière bleue qu'on y voit au coucher du soleil. Le Sud est rouge parce que c'est la région de l'été et du feu qui est rouge. L'Est est blanc parce que c'est la couleur du jour. Les régions supérieures sont bariolées comme les jeux de la lumière dans les nuages ; les régions inférieures sont noires comme les profondeurs de la terre. Quand au “Milieu” nombril du monde, représentant de toutes les régions, il en a, à la fois, toutes les couleurs. »

Source : E. Durkheim, M. Mauss « *De quelques formes de classification* » (1903) in M. Mauss, *Essais de sociologie,* Paris, © Minuit-Seuil, 1968, pp. 194-195.

Beaucoup plus fidèle à Durkheim (qui était son oncle) que ne le fut Halbwachs, Marcel Mauss a produit, lui aussi, une œuvre d'importance qui a contribué au succès et à la notoriété intellectuelle de l'école française de sociologie. À première vue, cela peut tenir du paradoxe. Mauss n'a jamais écrit, en effet, de grands ouvrages synthétiques. Plus encore, alors qu'il ne fut jamais homme de terrain (exception faite d'une mission rapide au Maroc), Mauss, qui fut professeur au Collège de France, est à l'origine de la grande vague ethnographique qui prend sa source dans les années trente. À commencer par Claude Lévi-Strauss, de grands noms de l'anthropologie lui doivent beaucoup. Parmi ses disciples, il faut compter des gens comme Marcel Griaule, Louis Dumont ou Jacques Soustelle.

Une des premières innovations de Marcel Mauss consiste à rompre (comme le fait Boas, au même moment, aux États-Unis) avec des lectures évolutionnistes de la société aussi radicales, par exemple, que celle d'Herbert Spencer. Mauss ne préjuge pas pour autant des inflexions qui autorisent le passage des sociétés primitives aux sociétés modernes. Sa conviction, ainsi qu'il a pu la révéler dans un texte rédigé conjointement avec Émile Durkheim, est qu'il existe une rationalité de la pensée primitive. À l'encontre de Lucien Lévy-Bruhl, il soutient que, dans toute société, la façon de classer les choses, de sérier les phénomènes est l'expression raisonnée d'une conscience collective. Dans les tribus australiennes, la classification des choses reproduit celle des hommes : la nature peut ainsi être divisée en objets mâles et femelles, classée dans une partition qui reproduit la division en phratrie... Chez les indiens Zuñis, le choix est différent : c'est l'espace et ses directions qui déterminent les principes de classification. Chez les Eskimos, la classification du monde est duale et oppose l'hiver à l'été...

Toujours attentif au rôle déterminant de la conscience collective dans la mise en forme des sociétés, Marcel Mauss s'intéresse également à l'évolution de certaines catégories (l'espace, le temps), notions (la personne, l'âme) et pratiques (la prière). Restituant leur genèse dans les représentations religieuses, il traque ensuite leurs transmutations progressives. En fait, l'intuition centrale de Mauss, que développera ensuite à sa manière l'anthropologie structurale, est que la conscience collective est significative. Elle inscrit dans le

LE POTLATCH

« Dans les économies et dans les droits qui ont précédé les nôtres, on ne constate pour ainsi dire jamais de simples échanges de biens, de richesses et de produits au cours d'un marché passé entre les individus. D'abord, ce ne sont pas des individus, ce sont des collectivités qui s'obligent mutuellement, échangent et contractent ; les personnes présentes au contrat sont des personnes morales : clans, tribus, familles, qui s'affrontent et s'opposent soit en groupes se faisant face sur le terrain même, soit par l'intermédiaire de leurs chefs, soit de ces deux façons à la fois. De plus, ce qu'ils échangent, ce n'est pas exclusivement des biens et des richesses, des meubles et des immeubles, des choses utiles économiquement. Ce sont avant tout des politesses, des festins, des rites, des services militaires, des femmes, des enfants, des danses, des fêtes, des foires dont le marché n'est qu'un des moments et où la circulation des richesses n'est qu'un des termes d'un contrat beaucoup plus général et beaucoup plus permanent. Enfin, ces prestations et contre-prestations s'engagent sous une forme plutôt volontaire, par des présents, des cadeaux, bien qu'elles soient au fond rigoureusement obligatoires, à peine de guerre privée ou publique. Nous avons proposé d'appeler tout ceci le *système des prestations totales.* Le type le plus pur de ces institutions nous paraît être représenté par l'alliance des deux phratries dans les tribus australiennes ou nord-américaines en général, où les rites, les mariages, la succession aux biens, les liens de droit et d'intérêt, rangs militaires et sacerdotaux, tout est complémentaire et suppose la collaboration des deux moitiés de la tribu. Par exemple, les jeux sont tout particulièrement régis par elles. Les Tlinkit et les Haïda, deux tribus du nord-ouest américain expriment fortement la nature de ces pratiques en disant que “les deux phratries se montrent respect”.
Mais, dans ces deux dernières tribus du nord-ouest américain et dans toute cette région apparaît une forme typique certes, mais évoluée et relativement rare, de ces prestations totales. Nous avons proposé de l'appeler *potlatch,* comme font d'ailleurs les auteurs américains se servant du nom chinook devenu partie du langage courant des Blancs et des Indiens de Vancouver à l'Alaska. “Potlatch” veut dire essentiellement, “nourrir”, “consommer”. Ces tribus, fort riches, qui vivent dans les îles ou sur la côte ou entre les Rocheuses et la côte, passent leur hiver dans une perpétuelle fête : banquets, foires et marchés, qui sont en même temps l'assemblée solennelle de la tribu. Celle-ci y est rangée suivant ses confréries hiérarchiques, ses sociétés secrètes, souvent confondues avec les premières et avec les clans ; et tout, clans, mariages, initiations, séances de shamanisme et du culte des grands dieux, des totems ou des ancêtres collectifs ou individuels du clan, tout se mêle en un inextricable lacis de rites, de prestations juridiques et économiques, de fixations de rangs politiques dans la société des hommes, dans la tribu et dans les confédérations de tribus et même internationalement. Mais ce qui est remarquable dans ces tribus, c'est le principe de la rivalité et de l'antagonisme qui domine toutes ces pratiques. On y va jusqu'à la bataille, jusqu'à la mise à mort des chefs et nobles qui s'affrontent ainsi. On y va d'autre part jusqu'à la destruction purement somptuaire des richesses accumulées

social un sens profond qui se décrypte dans les pensées et les conduites individuelles. Cela est particulièrement évident lorsque l'on observe les pratiques éducatives et les techniques du corps. Qu'il s'agisse de la nage, de la marche, de la course mais également de la respiration ou du sommeil, le constat ethnologique est toujours le même : chaque société possède une technique particulière qui s'imprime dans le corps des individus.

Afin de mettre en valeur, de façon plus saisissante encore, le rôle de la conscience collective, Mauss cherche à démontrer que les sociétés ont une vie rythmée par des périodes d'exaltation (fusion importante dans la conscience collective) et de ralentissement. Dans le cas des Eskimos, la scansion est particulièrement facile à repérer. En été, les familles vivent dispersées sur un vaste territoire : c'est une période de faible religiosité, d'individualisation de la propriété... En hiver, il y a rassemblement de plusieurs familles sous une même tente. C'est alors, sur fond de grands rituels publics, le collectivisme qui prévaut. Mauss insiste bien sur le fait que ce n'est pas seulement une explication climatique qui importe (vivre en fonction du gibier qui se disperse en été et se rassemble en hiver) pour rendre compte du phénomène. Il existe bel et bien une sorte de régulation sociale qui fait varier le degré de la socialisation des individus. Mauss découvre un schéma similaire avec les « parentés à plaisanterie ». Dans des sociétés où la pudeur est de règle entre tous les parents de sexe opposé, cette coutume préconise des attitudes d'incorrection notoire entre beaux-frères et belles-sœurs ou entre cousins croisés. Pour Mauss, il s'agit là d'une nouvelle manifestation de cette loi de régulation sociale : l'inconvenance constitue une forme de relâchement, un contrepoids à la rudesse de la vie collective.

Mauss travaille plus magistralement encore cette idée de régulation compensatrice dans un texte majeur intitulé *Essai sur le don* (1925). Mauss y donne la preuve que le don, dans les sociétés archaïques, n'est pas réductible à un échange économique intéressé : il charrie un système complexe de valeurs sociales, juridiques... bref, c'est un **fait social total** qui met « en branle la totalité de la société et de ses institutions ». Entre groupes sont échangés des biens, services, rites, fêtes, femmes, noms... selon un principe qui peut prendre la forme du *potlatch*. Pratiqué par des Indiens de la côte nord-ouest des États-Unis (les Kwakiutl notamment), le potlatch est une confrontation festive où s'opposent des clans et leurs chefs.

(suite de la p. 194)

pour éclipser le chef rival en même temps qu'associé (d'ordinaire grand-père, beau-père ou gendre). Il y a prestation totale en ce sens que c'est bien tout le clan qui contracte pour tous, pour tout ce qu'il possède et pour tout ce qu'il fait, par l'intermédiaire de son chef. Mais cette prestation revêt de la part du chef une allure agonistique très marquée. Elle est essentiellement usuraire et somptuaire et l'on assiste avant tout à une lutte des nobles pour assurer entre eux une hiérarchie dont ultérieurement profite leur clan.

Nous proposons de réserver le nom de potlatch à ce genre d'institution que l'on pourrait, avec moins de danger et plus de précision, mais aussi plus longuement, appeler : *prestations totales de type agonistique.* »

Source : M. Mauss « Essai sur le don », in *Sociologie et anthropologie,* Paris, © P.U.F., 1960, pp. 150-153.

Cette confrontation se fait à coup de dons et de destruction de nourritures, de couvertures ou encore de plaques de cuivre... Trois règles strictes – donner, accepter, rendre en équivalence et plus – règlent ce combat singulier d'où ne sort vainqueur que celui qui a fait montre de la plus grande capacité à donner et à détruire. Perdre, c'est perdre non seulement la face mais aussi les titres et ancêtres totémiques qui font la gloire du clan.

Mauss retrouve une pratique similaire de l'échange dans la description qu'a pu donner Malinowski (*Les Argonautes du pacifique occidental,* 1922) de la ***kula*** chez les Trobriandais (Mélanésie). La kula est un échange circulaire de bracelets et de colliers en coquillage entre les îles de l'archipel. Pour Mauss, c'est parce que dans le monde archaïque, l'on est persuadé que la chose donnée conserve une partie du donateur (ce que l'on nomme le ***hau*** dans le langage maori) qu'il est nécessaire de garder par-devers soi un objet donné. Contrepoint à la dérive du discours économiciste (qui réduit l'échange, dans les sociétés sauvages, à un pur troc intéressé), cette analyse est stimulante parce qu'elle sait redonner sa juste place au social dans l'échange économique. Elle l'est d'autant plus que, dans nos sociétés également, certaines prestations au caractère affectif marqué (cadeaux) ressemblent à des potlatchs.

MAX WEBER (1864 - 1920)

Max Weber est né à Erfurt (Allemagne) le 21 avril 1864 d'un père industriel protestant et député au Reichstag. Dès l'enfance, Weber a l'occasion de cotoyer dans le salon de ses parents de nombreux intellectuels et hommes politiques. Il poursuit des études secondaires à Berlin puis entreprend des études supérieures à Heidelberg, à Berlin puis à l'université de Göttingen où il soutient une thèse d'histoire économique (1891). Étudiant brillant, il est tôt attiré par la politique. Si ses sympathies le conduisent à pencher initialement, tout comme son père, vers des points de vue libéraux, il entretiendra ultérieurement des rapports ambivalents avec le socialisme. À propos des applications de ce système, il ne cessera par contre jamais de dénoncer la froideur des organisations bureaucratiques qui enserrent les individus dans l'anonymat. M. Weber est, au début de sa carrière, un universitaire intéressé par les questions sociales. Il adhère, dès 1888, à l'*Association pour la politique sociale,* association pour le compte de laquelle il participera à une enquête sur la situation des travailleurs ruraux en Prusse orientale. En 1894, Weber occupe une chaire d'économie politique à Fribourg puis à Heidelberg où il succède à K. Knies qui fut son professeur. La maladie l'oblige à interrompre définitivement son enseignement. Il voyage alors et élargit son horizon intellectuel, à la sociologie notamment. En 1905 paraît le premier travail sociologique majeur de Weber : *L'éthique protestante et l'esprit du capitalisme.* Cette étude sera suivie d'autres travaux sur les grandes religions mondiales. En 1908, sous l'impulsion de Weber, est créée l'*Association allemande de sociologie,* association dont Weber critique dès 1912 le manque de neutralité. En 1918, Weber publie son *Essai sur le sens de la neutralité axiologique dans les sciences sociologiques et économiques.* Après avoir servi un an dans l'armée au cours de la Première Guerre mondiale, il entame son grand traité *Économie et société* qu'il ne terminera jamais et mène de nombreuses réflexions épistémologiques. Après un retour à l'université de Munich, il s'éteint le 14 juin 1920.

L'activité intellectuelle de M. Weber a été redoublée d'un fort investissement dans la vie publique. M. Weber a ainsi été membre d'un « Comité pour l'Europe centrale », a élaboré un projet de constitution républicaine et fédérale, protesta contre le traité de paix de Versailles... Sur le plan des relations internationales, Max Weber était un partisan de la politique de puissance. Dans les années 1890, il considérait que l'Allemagne était devant une alternative : s'enfermer dans un raidissement bureaucratique ou engager, sous la responsabilité de la bourgeoisie, l'économie dans une politique d'expansion internationale. Weber militait par ailleurs pour un parlementarisme, non tant par goût de la démocratie, que parce qu'il était intimement persuadé que les assemblées étaient à même de choisir des chefs dotés d'un charisme, d'une capacité d'initiative... beaucoup plus importants que ceux sécrétés par la voie bureaucratique ou mis en place par le bon vouloir de l'empereur. Cet appel au dynamisme d'un chef nouveau, appel mâtiné de pangermanisme, lui a valu, à l'épreuve des années tourmentées de la Seconde Guerre mondiale, des critiques (comme celles de Lukàcs) souvent aussi sévères qu'injustes.

6

Max Weber, une sociologie compréhensive du monde moderne

Auteur classique de la tradition sociologique, Max Weber peut être considéré, à l'égal de Durkheim, comme le fondateur d'un courant fécond et toujours vivace. Longtemps ignoré des sciences sociales françaises, le grand sociologue allemand développe une sociologie en porte à faux avec le déterminisme des écoles durkheimiennes et marxistes. L'originalité majeure de celui qu'on a pu présenter comme le Marx de la bourgeoisie réside dans un parti pris résolument antimétaphysique : pour Weber, l'histoire est indéterminée. Pour décrypter le monde social, il importe alors de comprendre l'action des hommes du point de vue de leur subjectivité, de leurs valeurs et non simplement à partir des seules causes et contraintes extérieures.

L'attrait pour l'œuvre de Weber tient autant à la fécondité de sa méthodologie qu'à son contenu. Les thèmes abordés : les rapports entre l'économique et le social, l'analyse des formes de pouvoir, la sociologie comparée des religions, la rationalité des comportements, la bureaucratisation des sociétés modernes, la science et le politique... ont un sens autant pour l'historien, l'économiste, l'anthropologue que pour le sociologue. Plus généralement, l'étendue de l'œuvre, sa vocation à penser le social dans sa globalité en font un détour nécessaire pour tous ceux qui cherchent à comprendre la nature et l'évolution des sociétés modernes.

L'ÉCOLE HISTORIQUE ALLEMANDE

En Allemagne, dans la seconde moitié du XIXe siècle, émerge un courant critique qui cherche à rompre avec l'universalisme du siècle des Lumières. À l'instar de l'historien Ranke qui développe un type de travail s'appuyant sur la validation des faits ou du juriste Savigny qui cherche les fondements du droit et de l'État en s'ancrant dans une perspective historique et nationale donnée (c'est l'« esprit du peuple »), des économistes comme F. List (1789-1846), B. Hildebrand (1812-1878), W. Roscher (1817-1894) et K. Knies (1821-1898) prennent le parti de fonder la science économique comme science des faits historiques. Dans leurs travaux, ils cherchent à mettre en évidence l'évolution des institutions en séparant lois historiques et lois des sciences exactes. Cette méthode historiographique est explicitement mise en œuvre en opposition à l'économie politique classique dont ils considèrent qu'elle raisonne, à tort, à l'aide d'un schéma calqué sur les sciences physiques.

À compter des années soixante-dix, une seconde génération de l'école historique se constitue. Baptisé « socialistes de la chaire » (ce sont en général des professeurs d'économie politique à tendance socialiste), cet ensemble inclut des personnalités comme A. Wagner (1835-1917), G. Schmoller (1838-1917), L. Brentano (1844-1931), K. Bücher (1847-1930)... Comme leurs prédécesseurs, ils prennent position pour l'interventionnisme et privilégient l'analyse de la répartition des revenus, non celle de la production. Ils affichent, ce faisant, une nette volonté de réconcilier État et prolétariat (pour cette raison d'ailleurs, Marx n'aura que mépris pour eux). Portant un intérêt particulier à la question sociale, ces économistes se positionnent dans la querelle des méthodes qui se fait jour, en Allemagne, en 1883. Parce qu'ils revendiquent la nécessité scientifique de l'accumulation des faits, ils s'opposent frontalement aux économistes marginalistes (comme K. Menger) qui, à l'inverse, analysent les comportements économiques à l'aide d'un raisonnement abstrait fondé sur la notion d'utilité marginale. Ces derniers en déduisent d'ailleurs la loi en vertu de laquelle la valeur d'échange d'un bien est fixée par référence à l'utilité de sa dernière unité disponible.

1. Les catégories de la sociologie weberienne

À en juger par l'ampleur du matériau historique traité par Max Weber et par les thèses fécondes qu'il nous a léguées, la pensée du sociologue allemand s'inscrit d'une certaine manière dans la continuité des grandes philosophies de l'histoire du XIXe siècle. Doté d'une vaste culture historique, philosophique, économique, Weber a la volonté de construire un cadre conceptuel englobant l'ensemble des activités humaines et de les situer dans une phase historique donnée. Toutefois, il situe nettement son travail de sociologue à l'encontre de toute tradition métaphysique oublieuse des nécessités de la validation empirique.

Le territoire de la sociologie

Max Weber se distingue de nombreux pionniers des sciences sociales (Comte, Marx...) par son refus constant d'intégrer à toute force les phénomènes sociaux dans le cadre de philosophies évolutionnistes ou déterministes. Le propre de ces philosophies est d'envisager l'histoire universelle soit comme déploiement d'une logique propre soit comme simple résultante d'un élément déterminant (économie, religion...). Dans son *Histoire économique,* Weber réfute ainsi les théories qui s'enracinent dans la croyance indéfectible en une évolution économique à étapes obligées. Il montre, par exemple, l'inanité des schémas qui fondent tout développement économique à partir de ce point de départ obligé que serait le communisme primitif agraire. Bien qu'il rejette toute systématisation de l'histoire humaine, Weber ne renonce pas pour autant à une analyse globale des sociétés. Cette tentation universalisante, il faut la comprendre à partir de l'atmosphère intellectuelle dans laquelle baigne Max Weber. Celui-ci se situe dans le sillage de l'école historique allemande, école constituée d'un ensemble d'auteurs qui cherchent à rompre avec les philosophies abstraites, générales et orientées du siècle des Lumières. Qu'il s'agisse de l'histoire, du droit ou de l'économie, il importe désormais de restituer la marque de chaque époque et de chaque culture afin de l'inscrire dans un terreau de faits.

Si le projet est louable, Max Weber reproche malgré tout aux économistes et autres membres de cette école de n'avoir pas su réellement se défaire de la logique qui consiste à partir du concept

REFUS DU DÉTERMINISME ET ANALYSE PROBABILISTE : LA DÉFINITION WEBERIENNE DES CLASSES SOCIALES

Outre le couple compréhension/explication, le raisonnement probabiliste est un outil privilégié de la sociologie weberienne. Exemplaire est, à cet égard, la définition des classes sociales que livre le sociologue allemand. Cette définition est révélatrice de sa volonté de fonder une science qui ne cède en rien aux facilités du déterminisme. Ainsi, Weber raisonne-t-il en terme de « chance typique » que possèdent les individus de disposer de biens et services : « Nous appelons "situation de classe" la chance typique qui, dans un régime économique donné, résulte du degré auquel et des modalités d'utilisation selon lesquelles un individu peut disposer (ou ne pas disposer) de biens ou de services afin de se procurer des rentes ou des revenus ; chance [qui doit être évaluée sous les trois chefs] (a) de sa capacité à se procurer ces biens, (b) de ses conditions de vie extérieures, (c) de sa destinée personnelle. Nous entendons par "classe" tout groupe d'individus qui se trouvent dans la même situation de classe.

a) Une classe sera dite "classe de possession" dans la mesure où la situation de classe est essentiellement déterminée par des différences en matière de possession.

b) Une classe sera dite "classe de production" lorsque les chances d'exploitation du marché ou des services déterminent essentiellement la situation de classe.

c) On appellera "classe sociale" l'ensemble de ces situations de classe à l'intérieur duquel un changement est aisément possible et se produit de manière typique, pour une personne donnée, dans la succession des générations » (*Économie et société*, p. 309). Dans la réalité, Weber distingue quatre classes sociales : la classe ouvrière, la petite bourgeoisie, les intellectuels et les spécialistes sans biens (techniciens, employés de commerce, fonctionnaires...) et, enfin, les classes de possédants et ceux qui sont privilégiés par leur éducation (*ibid.*, p. 312).

Max Weber lie cette définition économique de la classe à celles de « conditions » et « d'ordre », notions qui signifient l'existence de strates, de privilèges d'origine sociale, politique...: « Nous appelons "conditions" [*ständische Lage*] un privilège positif ou négatif de considération sociale revendiqué de façon efficace fondé sur :

a) le mode de vie,

b) par conséquent, le type d'instruction formelle, [articulé en] *préceptes* (α) empiriques ou (β) rationnels, et la possession des formes de vie correspondantes,

c) le prestige de la naissance ou le prestige de la profession (...)

Nous appelons "ordre" [*stand*] une pluralité d'individus qui, au sein d'un groupement, revendiquent efficacement a) une considération particulière et éventuellement aussi b) un monopole particulier à leur condition.

Des ordres peuvent naître :

a) premièrement, d'un mode de vie propre, en particulier, du genre de *profession* (ordres fondés sur le mode de vie ou la profession),

b) deuxièmement, d'un charisme héréditaire, de la revendication de prestige acceptée, en vertu de l'origine sociale (ordres fondés sur la naissance),

c) de l'appropriation monopolistique des pouvoirs politiques ou hiérocratiques (ordres politiques ou hiérocratiques). » (*ibid.*, p. 314).

pour en déduire, de façon systématique, la réalité. Ainsi dans la controverse qui oppose chez les économistes, partisans de l'école historique et théoriciens de l'école marginaliste, Max Weber renvoie dos à dos les deux argumentaires. Aux premiers, Weber oppose une fin de non-recevoir à toute tentation eschatologique (celle qui vise à penser que l'histoire a un sens qui est à découvrir), fût-elle nourrie de multiples travaux empiriques. Aux seconds, Weber fait grâce de l'intérêt d'une formalisation abstraite qui peut aider le savant à mieux comprendre le monde. Mais il reproche aux économistes marginalistes de succomber, eux aussi, à l'illusion métaphysique qui consiste à tirer toute la richesse du réel de l'aridité des concepts. Dans ce débat toujours actuel, Weber refuse de trancher sur le bien-fondé d'une méthode scientifique contre une autre. Le monde est complexe, il est impossible de l'embrasser entièrement. C'est pourquoi, s'il reconnaît l'importance d'un travail formalisé, Max Weber lui adjoint la nécessité du travail de terrain. Sans pratique, une pure réflexion théorique et épistémologique deviendrait vite stérile.

Non seulement savant, Max Weber a été également engagé dans la vie publique. Très jeune d'ailleurs, il envisageait de réaliser une carrière politique. Cet intérêt pour la chose publique le conduit à réfléchir sur les rapports entre activité scientifique et activité politique. Dans les deux conférences qu'il donne à l'université de Munich en 1918, sur la vocation du savant et celle du politique, il plaide en faveur d'une nette scission entre les deux types d'activité et prend soin, pour ce faire, de séparer science et opinion. La sociologie n'a pas pour but de réformer la société ou d'engendrer une quelconque théorie révolutionnaire. La *neutralité axiologique* dont doit faire preuve le savant signifie que celui-ci doit éviter de transformer les valeurs qui le guident dans son appréhension du réel en jugement de valeur. Autrement dit, il lui faut suspendre ses convictions personnelles dans le regard critique qu'il porte sur les événements. Dans un cas, l'on a des croyances (jugements de valeur), dans l'autre des hypothèses de travail qui sont soumises aux faits (jugements de fait). En distinguant ainsi normes et réalités, Weber assigne la sociologie dans un territoire clairement démarqué : celui des réalités.

La sociologie, en tant que science des réalités, n'est donc ni une activité purement spéculative ni une analyse liée étroitement à la

KANTISME ET NÉO-KANTISME

Le néo-kantisme, un courant intellectuel né en Allemagne dans les années 1860, opère ce qu'il est convenu d'appeler un retour au criticisme de Kant. Kant avait introduit une véritable « révolution copernicienne » en philosophie en montrant que l'homme ne peut pas connaître la nature des choses, leur essence, dans la mesure où toute connaissance sur le monde est structurée par les formes *a priori* de l'entendement (notions d'espace, de temps, de causalité, de quantité...), autrement dit par les structures pré-établies de notre intelligence qui nous font appréhender le réel non pas tel qu'il est mais tel que l'esprit peut le concevoir (*Critique de la raison pure,* 1781-87). La tâche de la philosophie est donc de comprendre le sujet pensant et non la chose même. Kant récuse du même coup la valeur de toute science métaphysique dont les objets ne peuvent être livrés à notre intuition sensible. Parce qu'il montre que la raison impose ses formes aux intuitions sensibles (et livre en même temps des idées transcendantales), le kantisme s'avère ainsi une critique radicale de l'objectivité de la connaissance. Dans la logique de la triple interrogation (que puis-je savoir ? que dois-je faire ? que m'est-il permis d'espérer ?) qui fonde la problématique kantienne, la critique de la raison pure se double d'un questionnement relatif aux actions humaines volontaires : c'est le domaine de la loi morale. Réfléchissant non plus sur la connaissance du monde extérieur mais sur ce que doivent faire les hommes, Kant aboutit au fameux impératif catégorique : « Agis de telle sorte que la maxime de ta volonté puisse toujours valoir en même temps comme principe d'une législation universelle » (*Critique de la raison pratique,* Gallimard, La Pléiade, Œuvres II, p. 643).

Le néo-kantisme (ou néo-criticisme) rassemble des philosophes de l'école logique de Marburg (Ernst Cassirer, Hermann Cohen) et de l'école axiologique de Bade (M. Rickert). Fidèles aux préceptes précédents, ces théoriciens expliquent que la vocation des sciences de l'homme ne peut être de dégager la nature et la logique objective des phénomènes sociaux. La tâche des « sciences de l'esprit » sera de restituer le sens de l'action humaine tel qu'il est conçu subjectivement. Ainsi Weber hérite-t-il de Droysen l'opposition entre explication et compréhension, de Rickert (*Die Grenzen der Naturwissenschaftlichen Begriffsbildung,* 1856-1902) le décrochage entre sciences de la nature et sciences de la culture, la notion de rapports aux valeurs... autant d'éléments qui auront une influence importante sur sa théorie de la science.

pratique politique. Qu'est-ce alors ? Au final, M. Weber entend par « "sociologie" (au sens où nous entendons ici ce terme utilisé avec beaucoup d'équivoque) une science qui se propose de comprendre par interprétation l'activité sociale et par là d'expliquer causalement son déroulement et ses effets. Nous entendons par "activité" un comportement humain... ». Par ces mots qui ouvrent *Économie et société,* Weber définit le programme de la sociologie et se sépare nettement d'une thématique à la Durkheim. En effet, ce qui importe à Weber ce n'est pas tant le fait social durkheimien que l'action, l'activité sociale. Sous ce vocable, il faut entendre « l'activité qui, d'après son sens visé par l'agent ou les agents, se rapporte au comportement d'autrui, par rapport auquel s'oriente son déroulement » (*ibid.*).

Compréhension et explication

Science des activités sociales, la sociologie est, selon les canons de l'épistémologie weberienne, une science compréhensive et explicative. Il lui revient de comprendre et d'expliquer le produit de l'action des hommes ainsi que les valeurs dont ils se sont dotés. « Comprendre par interprétation l'activité sociale », telle doit être la première démarche sociologique. Cette logique du comprendre, Weber n'en est pas, à proprement parler, le père. Elle a été formulée par un philosophe allemand, Wilhelm Dilthey, puis reprise et développée par tout un courant de philosophes et sociologues « néo-kantiens » dans la lignée desquels se situe Weber. Dans son *Introduction aux sciences de l'homme,* parue en 1883, Dilthey fait une distinction radicale entre les méthodes des sciences de la nature et celles des « sciences de l'esprit ». Le propre des sciences de l'homme par rapport aux sciences de la nature est d'être confrontées à des êtres de conscience qui agissent en fonction de valeurs, de croyances, de représentations, de calculs rationnels et ne se bornent pas à réagir aux stimulations de l'environnement.

Au regard des sciences de la nature et loin de toute tentation positiviste, les sciences humaines doivent – conclut Dilthey – adopter une démarche spécifique : la méthode compréhensive. Cette méthode vise à reconstruire le sens que les individus assignent à leurs activités. Aussi, pour Weber, lorsque le sociologue emprunte la méthode compréhensive, il ne considère plus les phénomènes sociaux comme la simple expression de causes

DE MARX À NIETZSCHE ?

« C'est probablement Marx qui a exercé sur Weber l'influence la plus profonde et la plus durable ; Marx, c'est-à-dire un autre philosophe qui a investi une grande partie de ses convictions fondamentales dans des recherches concrètes. La plupart des grands ouvrages de Weber ont été conçus en vue de "vérifier" la justesse de la théorie marxienne des rapports entre infrastructure et suprastructure, (...). Les résultats de ces recherches (acceptés également par Troeltsch et confirmés par ses propres recherches dans ce même domaine) justifient en partie les hypothèses de Marx, mais d'autre part conduisent Weber à des conclusions philosophiques différentes (...)

Ce que nous savons déjà de la théorie weberienne de l'histoire nous permet de ne pas nous étonner : la "conversion" de Weber à la vision nietzschéenne était en germe dès ses premiers travaux. Sa méthode contenait un dualisme – voire un éclectisme – à la longue intenable. Il lui fallait tôt ou tard choisir entre une histoire qui est un enchaînement causal à partir de ou vers l'infrastructure économique et une autre qui se reconstitue à partir des actions sensées de l'homme, c'est-à-dire à partir de la lutte polythéiste des valeurs. La première position, adoptée sous l'influence de Marx, perd peu à peu chez lui de sa force, en partie sous l'effet de ses déceptions politiques à l'endroit du socialisme, en partie à cause de sa conviction idéologique que c'est la lutte entre les hommes et non l'idéal philosophique abstrait d'un état heureux et pacifique de la société qui explique la réalité humaine comme elle est. Sans ce côté héraclitéen inhérent à sa pensée, un rapprochement avec Nietzsche pourrait n'être qu'une coïncidence pure et simple. La violence de ses propos sur la morale et la politique rend parfaitement possible l'hypothèse que même sans Nietzsche il aurait abouti à une sorte de "machiavélisme". Mais, puisqu'il vivait à une époque où Nietzsche était la lecture de tous les intellectuels et où tout le monde parlait son langage, Weber lui aussi reçoit et conserve la marque, tant du pathos stylistique que de l'affinité idéologique avec ce philosophe.

Ainsi, pour nous attaquer immédiatement au cœur de notre problème, le changement le plus important qui intervient dans la pensée de Weber consiste alors en une considération de la catégorie de "causalité" (qu'il continuera à employer jusqu'à la fin) : la causation par les facteurs économiques cède la place à celle par la volonté. Il n'est que trop naturel qu'un mode d'explication qu'il a constamment employé pour les phénomènes d'ordre politique tende à envahir les autres phénomènes de la vie sociale. Ce changement trouve d'amples illustrations dans ses recherches concrètes : c'est un long chemin que celui qui le mène de l'histoire économique de l'antiquité au projet, en partie seulement réalisé, d'une sociologie de la domination, en passant par une sociologie du droit. Or, Nietzsche évoque clairement dès son *Par-delà le bien et le mal*, la nécessité d'accomplir cette conversion, ce retour à la seule "causalité de la volonté" qui seule permet de comprendre ce qui maintient le monde de l'intérieur, et c'est une volonté déjà débarrassée de sa formulation biologique darwinienne : la volonté de puissance. »

Source : E. Fleischmann, « De Weber à Nietzsche », *Archives européennes de sociologie,* V, 1964, p. 194 et p. 228.

extérieures, d'influences qui s'imposent aux hommes. Contrairement à Durkheim, Weber ne substantialise pas la société pour l'ériger en une réalité supérieure. L'action sociale est le produit des décisions prises par des individus qui donnent eux-mêmes un sens à leur action.

Dans la sociologie weberienne, le complément logique et nécessaire à la démarche compréhensive est l'analyse causale. Restituer le sens immanent à une action ne saurait suffire. Qu'il s'agisse d'une situation historique donnée et singulière ou de régularités statistiquement fondées, il importe également de mettre à jour des enchaînements entre les phénomènes. Expliquer consiste alors à imputer l'impact d'une action A sur une action B, à lier les actions sociales par des chaînes de causalité. À suivre d'ailleurs ces enchaînements, l'on s'aperçoit vite qu'aucun individu n'est maître des conséquences provoquées par ses actions. Ainsi une décision peut-elle aller à l'encontre des espoirs nourris initialement par son auteur, créer de façon non intentionnelle des conflits de valeurs ou de personnes... Weber l'explique en une métaphore lapidaire : l'action n'est pas un fiacre que l'on peut faire arrêter à son gré pour y monter ou en descendre suivant les cas. Au total, si les actions sont chargées de sens pour les individus, le déploiement de celles-ci ne se fait pas sans heurts ni contradictions.

Ce thème weberien, celui des paradoxes de l'action, a non seulement connu une certaine fortune en théorie sociologique (il est, en effet, au centre des préoccupations qui animent tous ceux qui se réclament aujourd'hui de l'individualisme méthodologique) mais il invite l'historien à tester certains modes de raisonnement qui peuvent s'avérer fructueux. Afin d'évaluer, par exemple, l'impact d'une variable sur un événement historique donné, M. Weber propose de la supprimer en pensée et d'estimer, toujours par expérience mentale, le déroulement des événements que l'on aurait pu observer.

La guerre des dieux

Fort d'un héritage nietzschéen qu'il assume explicitement, Max Weber reconnaît que la vie est une lutte perpétuelle, l'expression d'une volonté visant à améliorer notre condition mais en rien guidée par le fil d'un quelconque destin historique. Les antagonismes, conflits et équilibres qui en résultent sont toujours instables et ce sont eux qui rythment nos façons de vivre et de penser. Max Weber perçoit nettement les termes de ce problème à travers le filtre privilégié de la politique et de la religion. Ainsi s'est-il interrogé sur la théodicée, terme sous lequel l'on regroupe habituellement les questionnements des systèmes philosophiques qui tentent de comprendre pourquoi un Dieu bon et parfait par essence a pu engendrer à l'inverse le mal, la souffrance et l'injustice.

Appliqué aux sciences sociales, c'est alors, au choix, une ruse de la raison (qui transforme le bien en son contraire), une main invisible (qui transforme, selon la métaphore d'Adam Smith, les intérêts particuliers en intérêt général), le destin de l'humanité (la lutte des classes produit une société sans classes)... qui fournissent une réponse au problème. Weber ne se satisfait pas de ce type de schéma. Pour lui, puisque la vie sociale n'est composée que de compromis temporaires passés au gré des circonstances et des nécessités, il serait illusoire de chercher les termes d'un dépassement entre des points de vue, des intérêts ou des valeurs irrémédiablement conflictuels. Selon Weber, un tel antagonisme des valeurs est comparable à la guerre des dieux de l'Olympe. Polythéistes, les Grecs adoraient Zeus, Aphrodite, Apollon..., de même, aujourd'hui, agissons-nous sous l'égide de valeurs (liberté, égalité, justice, amour, guerre...) ou en vertu de fins souvent contradictoires. À l'instar du Nietzsche de *Par-delà le bien et le mal,* cette position conduit à faire table rase de toute hiérarchie dans les valeurs.

Dès lors, « chacun reste libre de préférer la science à la foi, c'est-à-dire la vérité contrôlable à la vérité révélée. Ainsi, en tant qu'elle est une valeur, la science peut être contestée, parce que la vérité scientifique ne vaut que pour ceux qui acceptent de se soumettre à ses contraintes et à son autorité » (J. Freund). La position ici défendue n'implique pas pour autant une démission du chercheur. Weber suggère qu'il importe de distinguer *rapport aux valeurs* (toute pratique, à commencer par la pratique scientifique, entretient des rapports à des valeurs, baigne dans une histoire à laquelle on ne peut échapper) et *jugement de valeur* (forme de jugement qui introduit l'irrationalité dans la pratique scientifique).

En dépit d'une telle précaution, le point de vue weberien n'échappe pas aux faiblesses propres à toute forme de relativisme.

Léo Strauss, théoricien du droit naturel, a repéré là une des limites majeures de la problématique weberienne. Strauss, auteur de *Droit naturel et histoire* (1953), remarque notamment – et telle est sa critique la plus acérée – que si l'on décide d'abolir tout ordre des valeurs, il devient impossible de distinguer le juste de l'injuste, de condamner quelques exactions que ce soit. N'est-ce pas au nom de valeurs (que certains tenaient pour nobles) que furent perpétrés, au cours de notre histoire, les massacres les plus horribles ? Puisse-t-on tenter de se dérober, comme le font Nietzsche et Weber, en évoquant la dignité de l'homme, sa capacité à choisir en toute autonomie ses dieux et ses démons, il n'empêche, insiste Strauss, que cette position reste dangereusement nihiliste.

Complexité historique et idéal-type

Lorsqu'il soumet l'histoire à l'épreuve de ses catégories sociologiques, Weber refuse, à l'encontre du marxisme, tout déterminisme absolu. Au déterminisme économique du matérialisme historique, Weber oppose une pluralité des causes. Chaque société est singulière et s'explique toujours par la conjugaison d'une multiplicité de facteurs économiques, politiques, culturels, moraux... De plus, s'il existe bien des déterminismes en histoire, ils ne sont pas absolus mais n'impliquent que des tendances et des probabilités. Autrement dit, pour Weber, les facteurs extérieurs qui s'imposent à l'action des hommes laissent toujours place à une marge de liberté qui permet la décision individuelle. Il serait faux, à l'inverse, de réduire la problématique weberienne à une forme d'individualisme radical qui unirait étroitement action et libre arbitre. Comme Weber le montrera dans ses études de sociologie religieuse et économique, les contraintes (morales notamment) pèsent lourdement sur les décisions que prennent quotidiennement les individus.

Si les actions sociales sont empreintes de valeurs contradictoires, si concurremment l'histoire est complexe et indéterminée, comment le sociologue peut-il, dans ces conditions, faire œuvre de science ? Afin de répondre à ce vrai problème épistémologique, Max Weber souligne d'abord qu'aucune science empirique ne peut dire quelles doivent être les fins de l'action. Cela est affaire de morale. Une science empirique ne peut édicter ce qu'il convient de faire mais seulement ce que l'individu peut ou veut faire. En second lieu, afin de faire face à la confusion et au désordre apparent que nous livre

L'IDÉAL-TYPE

« La théorie abstraite de l'économie nous offre justement un exemple de ces sortes de synthèses qu'on désigne habituellement par "idées" [*Ideen*] des phénomènes historiques. Elle nous présente, en effet, un tableau idéal [*Idealbild*] des événements qui ont lieu sur le marché des biens, dans le cas d'une société organisée selon le principe de l'échange, de la libre concurrence et d'une activité strictement rationnelle. Ce tableau de pensée [*Gedankenbild*] réunit des relations et des événements déterminés de la vie historique en un cosmos contradictoire de relations *pensées*. Par son contenu, cette construction a le caractère d'une utopie que l'on obtient en accentuant *par la pensée* [*gedankliche Steigerung*] des éléments déterminés de la réalité. Son rapport avec les faits donnés empiriquement consiste simplement en ceci : là où on constate ou soupçonne que des relations, du genre de celles qui sont présentées abstraitement dans la construction précitée, en l'espèce celles des événements qui dépendent du "marché", ont eu à un degré quelconque une action dans la réalité, nous pouvons nous représenter pragmatiquement, de façon intuitive et compréhensible, la *nature particulière* de ces relations d'après un *idéal-type* [*Idealtypus*]. Cette possibilité peut être précieuse, voire indispensable, pour la recherche aussi bien que pour l'exposé des faits. En ce qui concerne la *recherche,* le concept idéal-typique se propose de former le jugement d'imputation : il n'est pas lui-même une "hypothèse", mais il cherche à guider l'élaboration des hypothèses. De l'autre côté, il n'est pas un *exposé* du réel, mais se propose de doter l'exposé de moyens d'expression univoques. Il est donc l'"idée" de l'organisation moderne, *historiquement* donnée, de la société en une économie de l'échange, cette idée se laissant développer pour nous exactement selon les mêmes principes logiques que ceux qui ont servi par exemple à construire celle de l'"économie urbaine" au Moyen Âge sous la forme d'un concept génétique [*genetischen Begriff*]. Dans ce dernier cas on forme le concept d'"économie urbaine" non pas en établissant une moyenne des principes économiques qui ont existé effectivement dans la totalité des villes examinées, mais justement en construisant un *idéal-type.* On obtient un idéal-type *en accentuant* unilatéralement un ou plusieurs points de vue et en enchaînant une multitude de phénomènes donnés *isolément,* diffus et discrets, que l'on trouve tantôt en grand nombre, tantôt en petit nombre et par endroits pas du tout, qu'on ordonne selon les précédents points de vue choisis unilatéralement, pour former *un tableau de pensée* homogène [*einheitlich*]. On ne trouvera nulle part empiriquement un pareil tableau dans sa pureté conceptuelle : *il est une utopie.* Le travail historique aura pour tâche de déterminer dans chaque cas particulier combien la réalité se rapproche ou s'écarte de ce tableau idéal, dans quelle mesure il faut par exemple attribuer, au sens conceptuel, la qualité d'"économie urbaine" aux conditions économiques d'une ville déterminée. Appliqué avec prudence, ce concept rend le service spécifique qu'on en attend au profit de la recherche et de la clarté. »

Source : M. Weber, *Essai sur la théorie de la science* (1918), Paris, © Plon, 1959, pp. 179-181.

l'histoire, Weber procède souvent à l'aide de comparaisons. Ces comparaisons présentent l'intérêt de mettre en valeur la singularité des configurations historiques, sociales, religieuses... qu'étudie le chercheur.

Mais Max Weber a surtout proposé de travailler à l'aide d'un outil conceptuel qu'il nomme *idéal-type*. Pour analyser les actions sociales, le sociologue peut créer des catégories, des tableaux de pensée qui ne sont pas des représentations exactes de la réalité mais qui, pour les besoins de la recherche, accentuent délibérement certains traits. L'idéal-type ne reflète pas le réel mais facilite l'analyse de ses composantes. Cette image mentale est un moyen d'élaborer des hypothèses, de clarifier le langage. C'est un outil de recherche purement logique, non une fin en soi.

Ainsi n'existe-t-il pas, dans la réalité, de bureaucratie pure mais le concept idéal-typique de bureaucratie permet de cerner les tendances propres à cette forme d'organisation. De la même façon, l'« *homo oeconomicus* » ou le modèle du marché de concurrence pure et parfaite dont se servent certains économistes pour étudier la régulation marchande ne peuvent être tenus pour des descriptions de la réalité économique. Weber insiste bien sur le fait que l'idéal-type n'a pas pour seul usage l'analyse du contenu et de l'orientation des formes sociales, il permet également de déceler des causalités. C'est, en effet, en comparant la réalité d'un phénomène et la logique de son idéal-type que le chercheur pointe et valide la cohérence d'un phénomène, repère les causes extérieures qui agissent sur ce dernier.

Les formes de l'action et de la domination

Max Weber, nous l'avons vu, porte intérêt aux activités sociales qui font sens pour l'individu. *Économie et société* s'ouvre ainsi sur une étude très générale des actions humaines, actions qui peuvent être analysées à partir de quatre idéal-types fondamentaux :

– L'action traditionnelle se rattache à la coutume, à l'habitude. Pour Weber, la plupart des activités quotidiennes familières appartiennent à ce type.

– L'action affective est guidée par les passions ; la gifle donnée impulsivement, par exemple, rentre dans ce type d'activité.

LES FONDEMENTS DE LA VALIDITÉ D'UN ORDRE LÉGITIME

« Les agents peuvent accorder à un ordre une validité *légitime* :
En vertu de la *tradition* : validité de ce qui a toujours été ;
En vertu d'une croyance d'ordre *affectif* (tout particulièrement émotionnelle) : validité de la nouvelle révélation ou de l'exemplarité ;
En vertu d'une croyance *rationnelle en valeur* : validité de ce que l'on a jugé comme absolument valable ;
En vertu d'une disposition positive, à la *légalité* de laquelle on croit.
Cette légalité peut à son tour avoir une validité légitime, soit en vertu d'une entente des intéressés à son propos, soit en vertu d'un octroi [*Oktroyierung*], sur la base d'une domination de l'homme sur l'homme et d'une obéissance valant comme légitimes.
Toutes les explications supplémentaires (à l'exception de quelques concepts à définir plus loin) appartiennent à la sociologie de la domination [*Herrschaftssoziologie*] et à la sociologie du droit. Nous nous contenterons de faire les remarques suivantes :
1. La validité de règlements en vertu de l'observance sacrée de la tradition est la plus universelle et la plus primitive (...)
2. Les créations *conscientes* de règlements nouveaux étaient à l'origine presque toujours l'œuvre d'oracles prophétiques ou du moins de révélations sanctionnées par des prophéties auxquelles on croyait pieusement comme telles, et cela jusqu'à l'époque des statuts qu'édictèrent les Aïsymnètes helléniques. L'obéissance dépendait alors de la croyance en la légitimité des prophètes (...)
3. Le type le plus pur de la validité rationnelle en valeur est représenté par le "droit naturel". Quelque limitée qu'ait été son influence réelle au regard de ses prétentions idéales, on ne saurait contester que ses propositions conclues logiquement ont eu sur l'activité humaine une influence qui est loin d'être négligeable. Il ne faut pas confondre ces propositions avec le droit révélé, ni avec le droit coutumier, ni avec le droit positif.
4. La forme de légitimité actuellement la plus courante consiste dans la croyance en la *légalité,* c'est-à-dire la soumission à des statuts *formellement* corrects et établis selon la procédure d'usage.
5. Pour autant que la simple peur ou des motifs rationnels en finalité ne sont pas déterminants, mais qu'il subsiste néanmoins des représentations légalitaires, la soumission à des règlements octroyés par un ou plusieurs individus présuppose la croyance dans le pouvoir de *domination* légitime en un sens quelconque de celui ou de ceux qui les octroient (...)
6. En règle générale, en dehors des sortes les plus diverses d'intérêts, l'obéissance aux règlements est conditionnée par un mélange d'attachement à la tradition et de représentations légalitaires, pour autant qu'il ne s'agit pas de dispositions entièrement nouvelles. Dans de très nombreux cas, l'individu qui obéit n'a évidemment pas conscience de leur nature et ne sait s'il s'agit d'une coutume, d'une convention ou d'un droit. Ce sera précisément la tâche de la sociologie de découvrir les formes *typiques* de la validité. »

Source : M. Weber, *Économie et société, op.cit.*, pp. 36-37.

– L'action rationnelle en valeur (*wertrational*) n'est pas mue par la tradition ou les pulsions mais par des valeurs d'ordre éthique, esthétique ou religieux. L'aristocrate qui se bat pour son honneur, le chevalier qui part en croisade ou le capitaine qui sombre avec son bateau agissent rationnellement en valeur, même s'ils doivent y perdre la vie.

– L'action rationnelle en finalité (*zweckrational*), enfin, est une action instrumentale tournée vers un but utilitaire et qui implique l'adéquation entre fins et moyens. L'entreprise capitaliste qui gère ses biens en vue du profit maximum, le stratège militaire qui organise son armée et son plan de bataille, le savant qui expérimente et recherche des preuves, etc. fonctionnent suivant cette logique.

Ces différentes orientations ne constituent en aucune manière une classification rigide et cloisonnée des modes de l'activité sociale. Elles ne sont que de purs types construits pour servir les fins de la recherche sociologique. Dans la réalité, l'activité se rapproche plus ou moins de l'un de ces types idéaux ; bien souvent, elle les combinent. Plus encore, Weber constate que la vie sociale est faite d'interactions, qu'elle déborde d'oppositions, de conflits et de compromis. Au cœur de relations sociales pétries par les luttes, le sociologue allemand perçoit en fait la domination, domination assise sur une constellation d'intérêts (comme le monopole économique) ou domination fondée sur l'autorité (pouvoir de commander). C'est pourquoi, Weber adjoint à chaque type d'activité (traditionnelle, affective, rationnelle) un type de domination particulier.

Weber définit la domination comme la « chance de trouver une personne déterminée prête à obéir à un ordre de contenu déterminé ». Mais tout pouvoir, tout avantage a besoin d'être justifié. La domination s'accompagne nécessairement d'une forme de légitimité dont la fonction est de normaliser ce qui est. Cette légitimité n'est en fait qu'une croyance sociale : celle qui valide le pouvoir détenu par le(s) dominant(s). Le sociologue distingue alors trois formes de domination et de légitimité typiques :

– La domination traditionnelle fonde sa légitimité sur le caractère sacré de la tradition. Le pouvoir patriarcal au sein des groupes domestiques, le pouvoir des seigneurs dans la société féodale sont des formes typiques de domination traditionnelle.

– La domination charismatique est issue d'une personnalité dotée d'une aura exceptionnelle. Le chef charismatique fonde son pouvoir sur sa force de conviction, la propagande, sa capacité à rassembler et à mobiliser les foules. L'obéissance à de tels chefs tient aux facteurs émotionnels qu'ils parviennent à susciter, entretenir et maîtriser. L'histoire a vu défiler de nombreux chefs charismatiques, qu'ils soient prophètes, fondateurs d'empires, guides spirituels ou dictateurs.

– La domination légale, enfin, s'appuie sur le pouvoir d'un droit abstrait et impersonnel. Il est lié à la fonction et non à la personne. Le pouvoir dans les organisations modernes se justifie ainsi par la compétence, la rationalité des choix et non par des vertus magiques ou un droit ancestral. Cette domination légale, qui s'incarne au mieux avec la direction administrative bureaucratique, passe également par la soumission à un code, à une règle universelle et fonctionnelle (code civil, règlement intérieur...).

À propos de cette typologie, Raymond Aron, un des premiers spécialistes français de Weber, a justement fait remarquer que l'analyse des formes de domination politique correspond plus exactement à des types de soumission. Dans son analyse, Weber ne s'intéresse en effet ni aux techniques, ni à l'organisation, ni aux motivations du pouvoir mais, avant tout, aux principes de légitimité qui le fondent.

2. Penser le monde moderne

Au travers les vastes études comparatives qu'il mène sur l'histoire des religions, le droit, l'organisation économique, les formes du pouvoir ou encore sur la structure des villes, Max Weber poursuit une seule et même interrogation : comprendre la nature du monde moderne. Ce questionnement prend sens si l'on veut bien se rappeler que l'Allemagne de Guillaume II, celle des années 1890 aux années 1920, est une nation jeune qui est parvenue en quelques dizaines d'années à accéder aux rangs des premières puissances européennes. Le dynamisme économique est exceptionnel. L'émergence d'une économie capitaliste a été très rapide. Des grands centres industriels, des concentrations ouvrières et urbaines ont vu le jour. Le calcul, la gestion et l'organisation rationnelle de la production prennent le pas sur les techniques traditionnelles. Plus généralement, l'économie marchande bouleverse l'ensemble des relations sociales. Industrialisation, essor de l'État et laïcisation des mentalités : l'Allemagne du tournant du siècle vit en raccourci des mutations que connaissent alors toutes les sociétés de l'Occident moderne. C'est un ordre social nouveau, en rupture avec toutes les sociétés traditionnelles, que Weber cherche à interpréter.

Débusquer la singularité de l'Occident moderne

Comme la plupart des sociologues allemands de son temps (Simmel, Sombart, Tönnies...), Max Weber s'interroge sur la nature des multiples transformations qui bouleversent les pays occidentaux ainsi que sur leurs relations. Dans *Économie et société,* paru deux ans après sa mort, Weber veut traiter de façon synthétique de l'organisation et des puissances de la société dans leur rapport avec l'économie. Sur le plan du pouvoir, la jeune nation allemande est marquée par deux tendances contradictoires. D'une part, elle connaît la tentation universelle des États modernes à la centralisation administrative, à la normalisation juridique et à l'installation d'une démocratie représentative. D'autre part, elle reste marquée par le pouvoir aristocratique, autoritaire et patriarcal du gouvernement de l'Empire ainsi que par l'existence de forts particularismes des États fédérés sous la houlette de la Prusse.

Au plan des mentalités, la déchristianisation qui progresse dans toute l'Europe n'épargne pas l'Allemagne même si elle prend des formes particulières du fait de l'importance du protestantisme. Le « Dieu est mort » de Nietzsche est l'expression philosophique d'une crise générale des valeurs religieuses. L'esprit rationnel et positif se substitue aux croyances traditionnelles. Aussi un des grands volets de l'œuvre weberienne porte-t-il sur l'analyse des attitudes religieuses, leurs rapports avec les comportements économiques, leur déclin au profit de « l'esprit rationnel ». Pour comprendre les formes d'organisation sociale particulières à ce monde occidental moderne, Weber les compare systématiquement à celles des civilisations qui les ont précédées. L'œuvre se présente donc en une série d'études de sociologie religieuse, de sociologie juridique ou de sociologie économique, autant d'angles d'attaque pour une méthodologie historique et comparative.

Science et art

« Ce n'est qu'en Occident qu'existe une *science* dont nous reconnaissons aujourd'hui le développement comme "valable". Certes, des connaissances empiriques, des réflexions sur l'u
et la vie, d
losophique
vu le jour a
pement co
matique, p
propre au
l'hellénism
sectes de
amorces).
leurs le tém
et d'observ
subtilité, s
Chine, à B
ce qui ma
Babylone c
la science c
est que plu
fondements
les Grecs or

« De même
ples ont eu
musicale p
nôtre ; à coup sûr, ils ne l'avaient pas moins délicate. Diverses sortes de polyphonies ont été largement répandues dans le monde. On trouve ailleurs que chez nous le déchant, le jeu simultané de plusieurs instruments. D'autres on connu et calculé nos intervalles rationnels musicaux. Mais la musique rationnellement harmonique – contrepoint et harmonie – ; la formation du matériel sonore à partir des accords parfaits ; notre chromatisme et notre enharmonie, non pas rapportés à un système de distances [*distanzmäßig*], mais, depuis la Renaissance, interprétés en termes d'harmonie rationnelle ; notre orchestre groupé autour du quatuor à cordes, avec son ensemble organisé d'instruments à vent et sa basse continue ; notre système de notation, qui a rendu possibles la composition et l'exécution de la musique moderne, et en assure l'e
rable ; nos
ras – bien
usicaux les
ogramme,
matisme –
r, c'est-à-
mentaux :
-, voilà qui
»

que protes-
sme (1905),

ie

ciété en
argement
ie fondée
le *rex et*
, n'a été
ation. De
par des
us pério-
diquement, gouvernements de démagogues, chefs de partis, "ministres" responsables devant le Parlement, tout cela appartient en propre à l'Occident, bien que naturellement les "partis" politiques au sens d'organisation cherchant à influencer et à conquérir le pouvoir, aient existé partout (...)

L'organisation rationnelle de l'entreprise, liée aux prévisions d'un marché régulier et non aux occasions irrationnelles ou politiques de spéculer, n'est pas la seule particularité du capitalisme occidental. Elle n'aurait pas été possible sans deux autres facteurs importants : *la séparation du ménage* [*Haushaltt*] *et de l'entreprise* [*Betrieb*],

L'ampleur et la diversité de ces travaux ne doivent pourtant pas faire oublier que ceux-ci sont guidés par une question majeure : comprendre la singularité de l'Occident. Le projet weberien apparaît d'autant plus original lorsque l'on sait qu'au moment où écrit Weber, l'ensemble des débats allemands relatifs à l'évolution sociétale se focalise autour d'une alternative : capitalisme ou socialisme ? Weber considère que cette opposition n'est pas pertinente. Ce qu'il cherche à dégager grâce au travail comparatif qu'il mène sur les formes d'organisation sociale propres à chaque civilisation, c'est en fait un trait spécifique au monde moderne occidental : la rationalisation croissante de celui-ci.

La rationalisation, principe des sociétés modernes

Quel est le moteur du dynamisme économique des sociétés industrielles ? Pourquoi le capitalisme est-il né en Occident ? Sur quels principes de légitimité sont nés le droit, le pouvoir, les croyances du monde moderne ? Telles sont les questions vers lesquelles convergent les multiples recherches comparatives du père de la sociologie allemande. La rationalisation de l'économie, du droit, de l'État, de la science (mathématisation et expérimentation), de l'art (institutionnalisation d'un marché, développement de la musique harmonique, de la perspective linéaire et aérienne en peinture), de l'architecture, de la société... constituent les caractéristiques fondamentales qui distinguent nos sociétés de celles qui les ont précédées. Dans *L'éthique protestante et l'esprit du capitalisme* et dans *Économie et société,* Max Weber montre comment, en s'hypertrophiant, le principe de rationalité régit, à notre époque, les différentes sphères de l'activité sociale en opposition aux principes qui gouvernent les sociétés traditionnelles. Calcul et choix stratégique, autonomisation des fonctions, universalisation et formalisation des activités sociales, tels sont les critères de la rationalisation.

La plupart des sphères de l'activité sociale sont concernées par ce processus. L'économie moderne est considérée comme rationnelle en ce qu'elle est commandée par la gestion et l'organisation la plus productive. À l'opposé, le mode de production des sociétés agraires est gouverné par des méthodes traditionnelles. De la même façon, la ville occidentale se caractérise par un mode de fonctionnement qui lui est propre : la franche rupture entre ville et

(suite de la page 216)

qui domine toute la vie économique moderne, la *comptabilité* rationnelle, qui lui est intimement liée. Nous trouvons ailleurs également la séparation dans l'espace du logis et de l'atelier (ou de la boutique) – exemples : le bazar oriental et les *ergasteria* de certaines civilisations. De même, au Levant, en Extrême-Orient, dans l'Antiquité, des associations capitalistes ont leur comptabilité indépendante. Mais, par rapport à l'indépendance moderne des entreprises, ce ne sont là que de modestes tentatives.»

Source : M. Weber, *ibid.*, p. 14, pp. 18-19.

La ville

« Ni les "villes", au sens économique du terme, ni les forteresses, dont les habitants étaient subordonnés à des structures politico-administratives exceptionnelles ne constituaient nécessairement des "communes". La communauté urbaine, au sens plein du terme, n'est apparue comme phénomène massif qu'en Occident. On peut trouver des exceptions dans une partie du Proche-Orient (Syrie, Phénicie, peut-être Mésopotamie), mais uniquement à certaines périodes et sous forme d'ébauches. En effet, pour constituer des "communes" les agglomérations devaient avoir un caractère industriel et commercial relativement prédominant, et présenter les caractéristiques suivantes :
– 1. des fortifications,
– 2. un marché,
– 3. un tribunal propre et, au moins partiellement, un droit propre,
– 4. des formes d'associations qui y correspondent,
– 5. une autonomie au moins partielle et l'autocéphalie, donc aussi une administration par des pouvoirs publics constitués avec la participation des citoyens.
Dans le passé, de tels droits étaient habituellement le privilège d'un ordre. Il s'ensuit que le trait caractéristique de la ville, au sens politique, fut un ordre séparé, porteur des privilèges de la ville : l'ordre des bourgeois [*Bürgerstand*].

Source : M. Weber, *Économie et société,* repris in *La ville,* Paris, © Aubier, 1982, pp. 37-38.

La rationalisation du droit

« Divisée en stades théoriques du développement, l'évolution générale du droit et de la procédure conduit de la révélation charismatique du droit, par des "prophètes du droit", à une création et à une découverte empiriques du droit, par des notables de la robe (création du droit par la jurisprudence de cautèle et les antécédents judiciaires), de là, à l'octroi du droit par l'*imperium* laïc et les pouvoirs théocratiques et, enfin, à une élaboration systématique et spécialisée du droit sur la base d'une juridiction se développant grâce à une formation littéraire et formellement logique en tant qu'œuvre de savants (les juristes professionnels). Les qualités formelles du droit ont évolué ainsi dans le cadre de la procédure primitive à partir d'une combinaison d'un formalisme conditionné par la magie et d'une irrationalité conditionnée par la révélation, en passant éventuellement par le détour d'une rationalité par finalité d'ordre matériel et non formel conditionnée par des éléments théocratiques et patrimoniaux vers une rationalisation et une systématisation logiques croissantes, grâce à la spécialisation juridique et par là – si l'on considère les choses de l'extérieur – vers une sublimation logique et une rigueur déductive croissantes du droit, et enfin vers une technique rationnelle croissante de la procédure. »

Source : M. Weber, *Sociologie du droit,* Paris, © P.U.F., 1986, p. 221 et p. 222.

campagne, l'autonomie militaire de l'entité urbaine en sont deux traits constitutifs. Autonome, libre et indépendante pour la gestion de son patrimoine et la bonne marche de la justice, la communauté urbaine, en tant qu'unité administrative de base, n'apparaît comme phénomène massif qu'en Occident. Le droit moderne, enfin, est jugé rationnel en ce qu'il énonce des règles déduites logiquement à partir de principes ; il se distingue en cela du droit charismatique, coutumier ou subjectif.

Quelle est la signification exacte de cette rationalisation ? L'idée selon laquelle la raison gouverne les sociétés modernes est une idée courante au XIXe siècle. Le principe général est que l'ensemble des activités sociales se dégagent de l'emprise de la tradition ou du sacré pour se définir en fonction d'une logique propre de l'efficacité et du calcul. Mais plutôt que d'en inférer à une raison, la prudence méthodologique exige de mener un examen spécifique des notions de rationalité et de rationalisation, notions qui véhiculent une multiplicité de sens.

La notion de rationalité, la première, est assise sur l'idée de calcul et d'efficacité. L'introduction de la comptabilité, des techniques de gestion dans l'activité économique (commerce ou industrie) signifie que les critères de choix sont fixés en fonction de méthodes précises et abstraites. En ce sens, elle s'émancipe du jugement. La rationalisation des activités suppose quant à elle l'autonomisation et la spécialisation des fonctions sociales : pour que l'économie ou la sphère culturelle puissent introduire des procédures rigoureuses dans le mode de gestion, il faut qu'elles se dégagent des contraintes religieuses pour suivre leur logique propre. L'émergence d'une science rationnelle, positive et empirique suppose ainsi une émancipation à l'égard de la théologie et de la philosophie. Pour que l'entreprise s'engage dans une gestion méthodique de ses activités, il lui faut se séparer complètement de la communauté familiale. Il y a, en résumé, une autonomisation croissante des sphères de la vie sociale.

L'universalisation et la formalisation des rapports sociaux constituent une autre condition de la rationalisation. Le passage d'une économie et d'un droit traditionnels à une économie et un droit modernes impliquent une « universalisation » ainsi qu'une « dépersonnalisation des rapports sociaux ». Dans la gestion

« COMMUNALISATION ET SOCIATION »

« Nous appelons "communalisation" [*Vergemeinschaftung*] une relation sociale lorsque, et tant que, la disposition de l'activité sociale se fonde – dans le cas particulier en moyenne ou dans le type pur – sur le sentiment subjectif (traditionnel ou affectif) des participants *d'appartenir à une même communauté* [*Zusammengehörigkeit*]. Nous appelons "sociation" [*Vergesellschaftung*] une relation sociale lorsque, et tant que, la disposition de l'activité sociale se fonde sur un *compromis* [*Ausgleich*] d'intérêts motivé rationnellement (en valeur ou en finalité) ou sur une *coordination* [*Verbindung*] d'intérêts motivée de la même manière. En particulier, la sociation peut (mais non uniquement) se fonder typiquement sur une *entente* [*Vereinbarung*] rationnelle par engagement mutuel [*gegenseitige Zusage*]. C'est alors que l'activité sociétisée s'oriente, dans le cas rationnel :
a) de façon rationnelle en valeur, d'après la croyance en son propre caractère obligatoire [*Verbindlichkeit*] ;
b) de façon rationnelle en finalité, par anticipation de la loyauté du *partenaire*.

1. Notre terminologie rappelle la distinction que F. Tönnies a établie dans son ouvrage fondamental, *Gemeinschaft und Gesellschaft.* Toutefois Tönnies lui a aussitôt donné, pour des fins qui lui sont propres, un contenu beaucoup plus spécifique qu'il n'est utile pour nos propre fins. Les types les plus purs de la *sociation* sont :
a) l'*échange* [*Tausch*], rigoureusement rationnel en finalité, sur la base d'un libre accord sur le marché – compromis actuel entre les intéressés à la fois opposés et complémentaires ;
b) *la pure association à but déterminé* [*Zweckverein*] établie par libre accord, par une entente concernant une activité continue qui, par son intention aussi bien que par ses moyens est instituée purement en vue de la poursuite des intérêts matériels (économiques ou autres) des membres ;
c) l'association à base de *convictions* [*Gesinnungsverein*] motivée de façon rationnelle en valeur, telle que la secte rationnelle, dans la mesure où elle se détourne du souci d'intérêts affectifs ou émotionnels et ne cherche qu'à servir la "cause" (ce qui, en vérité, ne se rencontre sous la forme d'un type tout à fait pur que dans des cas très particuliers).

2. Une *communalisation* peut se fonder sur n'importe quelle espèce de fondement affectif émotionnel ou encore traditionnel, par exemple une communauté spirituelle de frères, une relation érotique, une relation fondée sur la piété, une communauté "nationale" ou bien un groupe uni par la camaraderie. La communauté familiale en constitue le type le plus commode. Cependant la grande majorité des relations sociales ont *en partie* le caractère d'une communalisation, *en partie* celui d'une sociation. »

Source : M. Weber, *Économie et société, op.cit.*, p. 41.

rationnelle du travail de l'entreprise capitaliste, les rapports formels et impersonnels du capitaliste au salarié se substituent aux rapports d'homme à homme du travail artisanal. Un droit systématique, universel et formel prend le pas sur les coutumes locales et sur les rapports d'allégeance personnelle des sociétés précapitalistes. Remarquons d'ailleurs que, tout comme le précédent, le thème de l'objectivation des liens sociaux n'est pas propre à Weber. Qu'il s'agisse de Marx, de Tönnies ou de Simmel, les sociologues allemands sont tous frappés par cette réification du social qui accompagne le développement de l'économie marchande. Pour nommer ce phénomène et mettre en valeur son caractère dynamique, Weber utilise les termes de *communalisation* et de *sociation*.

Le processus de rationalisation qui s'empare des sociétés modernes s'exprime aussi dans les formes de pensée. Weber emploie la belle formule de « désenchantement du monde » pour traduire le bannissement des valeurs suprêmes les plus sublimes de la vie publique. Celles-ci ne trouvent plus refuge aujourd'hui que dans le royaume transcendant de la vie mystique ou dans les petits cercles communautaires qui reproduisent encore « quelque chose qui pourrait correspondre au *pneuma* prophétique qui embrasait autrefois les grandes communautés et les soudait ensemble » (*Le savant et le politique,* p. 96). Entendons-nous bien, Weber ne souhaite ni ne déplore ce mouvement de rationalisation. Il constate tout simplement un nivellement des valeurs et une égalisation des individus, il décrit un monde qui atrophie le sens mystique du sublime pour mieux hypertrophier la raison. Ce mouvement ne laisse pas présager pour autant la mort de la religion. Weber prend acte d'une autonomisation croissante de la sphère et de l'expérience religieuse en corrélation au développement de l'esprit scientifique moderne. Cela se traduit par un déclin de l'apologétisme chez les croyants et du goût de la polémique antireligieuse chez les incroyants.

La bureaucratie

Max Weber perçoit une autre manifestation du désenchantement du monde dans la façon dont s'organisent les hommes. Il est ainsi un des premiers sociologues à avoir saisi l'importance du phénomène bureaucratique dans les sociétés modernes. Pour lui, l'administration bureaucratique représente le type pur de la domination

DOMINATION LÉGALE ET BUREAUCRATIE

« Le type le plus pur de domination légale est la domination par le moyen de la *direction administrative bureaucratique.* Seul le chef du groupement occupe la position de détenteur du pouvoir soit en vertu d'une appropriation, soit en vertu d'une élection ou d'un successeur désigné. Mais ses attributions de détenteur du pouvoir elles-mêmes constituent des "compétences" légales. La totalité de la direction administrative se compose, dans le type le plus pur, de *fonctionnaires individuels* [*Einzelbeamte*] (monocratie, le contraire de la "collégialité", dont nous traiterons plus tard), lesquels :

1) personnellement libres, n'obéissent qu'aux devoirs objectifs de leur fonction ;

2) dans une *hiérarchie* de la fonction solidement établie ;

3) avec des *compétences* de la fonction solidement établies ;

4) en vertu d'un contrat, donc (en principe) sur le fondement d'une sélection ouverte [*frei*] selon ;

5) la *qualification professionnelle* : dans le cas le plus rationnel, ils sont nommés (non élus) selon une qualification professionnelle révélée par l'examen, attestée par le diplôme ;

6) sont payés par des appointements fixes en espèces, la plupart donnant droit à retraite, le cas échéant (en particulier dans les entreprises privées) résiliables de la part des patrons, mais toujours résiliables de la part des fonctionnaires ; ces appointements sont avant tout gradués suivant le rang hiérarchique en même temps que suivant les responsabilités assumées, au demeurant suivant le principe de la "conformité au rang" [*Standesgemäßheit*] (chap.IV) ;

7) traitent leur fonction comme unique ou principale profession ;

8) voient s'ouvrir à eux une carrière, un "avancement" selon l'ancienneté, ou selon les prestations de service, ou encore selon les deux, avancement dépendant du jugement de leurs supérieurs ;

9) travaillent totalement "séparés des moyens d'administration" et sans appropriation de leurs emplois ;

10) sont soumis à une discipline stricte et homogène de leur fonction et à un contrôle ;

En principe, cette organisation est également applicable – et aussi démontrable historiquement (en s'approchant plus ou moins du type pur) – aux entreprises économiques de profit, aux entreprises charitables ou à n'importe quelle autre entreprise poursuivant des but privés idéaux ou matériels. »

Source : M. Weber, *Économie et société, op.cit.*, p. 226.

« légale ». Elle est, à ce titre, la forme d'organisation la plus juste et la plus efficace. Ses caractéristiques sont les suivantes :

– le pouvoir y est fondé sur la « compétence » et non sur la coutume ou la force ;

– le fonctionnement bureaucratique s'inscrit dans le cadre d'une réglementation impersonnelle. Il ne peut donc y avoir d'arbitraire, de clientélisme ou de décisions non fondées en droit ;

– l'exécution des tâches est divisée en fonctions spécialisées aux contours méthodiquement définis ;

– la carrière est réglée par des critères objectifs : ancienneté, qualification, etc.

Weber sait pertinemment que le mode d'organisation bureaucratique n'est spécifique ni à l'Occident (que l'on songe à la bureaucratie indienne et chinoise) ni à l'administration publique. La bureaucratie est « également applicable – et démontrable historiquement – aux entreprises économiques de profit, aux entreprises charitables ou à n'importe quelle autre entreprise poursuivant des buts privés, idéaux et matériels » et Weber de citer en exemple d'administration bureaucratique les grandes entreprises capitalistes, les partis politiques et même certains ordres religieux. La conception weberienne de la bureaucratie correspond donc à une forme de gestion de production qui s'étend à toutes les formes d'organisation moderne et qui intègre la dimension de la rationalisation des tâches telle qu'elle commençait à être pratiquée (le taylorisme).

Après Weber, l'analyse du pouvoir bureaucratique est devenu un des grands thèmes de la sociologie politique et de la sociologie des organisations. Mais l'orientation des recherches s'est vite démarquée du point de vue weberien. Sous l'impulsion de travaux fondateurs de sociologues américains (comme Merton, Gouldner...), la recherche s'est attachée à l'examen du fonctionnement interne des organisations bureaucratiques. Elle s'est surtout efforcée, alors, de dépister les contradictions, effets pervers, dysfonctionnements et autres « irrationalités » propres à ce type de système.

POLITIQUE ET ÉTAT

« Qu'entendons-nous par politique ? Le concept est extraordinairement vaste et embrasse toutes les espèces d'activité directive [*leitende*] autonome. On parle de la politique de devises d'une banque, de la politique d'escompte de la *Reichsbank,* de la politique d'un syndicat au cours d'une grève ; on peut également parler de la politique scolaire d'une commune urbaine ou rurale, de la politique d'un comité qui dirige une association, et finalement de la politique d'une femme habile qui cherche à gouverner son mari. Nous ne donnerons évidemment pas une signification aussi vaste au concept qui servira de base aux réflexions que nous ferons ce soir. Nous entendrons uniquement par politique la direction du groupement politique que nous appelons aujourd'hui "État", ou l'influence que l'on exerce sur cette direction.

Mais qu'est-ce donc qu'un groupement "politique" du point de vue du sociologue ? Qu'est-ce qu'un État ? Lui non plus ne se laisse pas définir sociologiquement par le contenu de ce qu'il fait. Il n'existe en effet presque aucune tâche dont ne se soit pas occupé un jour un groupement politique quelconque ; d'un autre côté il n'existe pas non plus de tâches dont on puisse dire qu'elles aient de tout temps, du moins *exclusivement,* appartenu en propre aux groupements politiques que nous appelons aujourd'hui États ou qui ont été historiquement les précurseurs de l'État moderne. Celui-ci ne se laisse définir sociologiquement que par le *moyen* spécifique qui lui est propre, ainsi qu'à tout autre groupement politique, à savoir la violence physique. "Tout État est fondé sur la force", disait un jour Trotski à Brest-Litovsk. En effet, cela est vrai. S'il n'existait que des structures sociales d'où toute violence serait absente, le concept d'État aurait alors disparu et il ne subsisterait que ce qu'on appelle, au sens propre du terme, l'"anarchie". La violence n'est évidemment pas l'unique moyen normal de l'État – cela ne fait aucun doute – mais elle est son moyen spécifique. De nos jours la relation entre État et violence est tout particulièrement intime. Depuis toujours les groupements politiques les plus divers – à commencer par la parentèle – ont tous tenu la violence physique pour le moyen normal du pouvoir. Par contre il faut concevoir l'État contemporain comme une communauté humaine qui, dans les limites d'un territoire déterminé – la notion de territoire étant une de ses caractéristiques –, revendique avec succès pour son propre compte *le monopole de la violence physique légitime.* Ce qui est en effet le propre de notre époque, c'est qu'elle n'accorde à tous les autres groupements, ou aux individus, le droit de faire appel à la violence que dans la mesure ou l'État le tolère : celui-ci passe donc pour l'unique source du "droit" à la violence. Par conséquent, nous entendrons par politique l'ensemble des efforts que l'on fait en vue de participer au pouvoir ou d'influencer la répartition du pouvoir, soit entre les États, soit entre les divers groupes à l'intérieur d'un même État. »

Source : M. Weber, *Le savant et le politique,* Paris, © Plon, UGE 10/18, 1959, pp. 99-101.

Le processus de désenchantement du monde que discerne Weber est encore à l'œuvre dans un domaine qui passionne particulièrement le sociologue allemand : celui de la politique. Dans ce champ particulier, Weber recense deux types d'organisation : les structures à caractère directif au moyen desquels on exerce directement le pouvoir (l'État) et celles qui cherchent seulement à influencer la direction politique (les partis politiques, la presse).

Historiquement, l'État apparaît dans le mouvement global de rationalisation des sociétés modernes occidentales. Doté d'un droit rationnel, d'un trésor public (non d'une fortune propre au souverain), d'une assise bureaucratique qui aliène les employés, non à un employeur personnel mais à une entité juridique impersonnelle... l'État se différencie d'autres unités politiques comme le clan ou la cité. Alors qu'au sein de ces derniers, les personnes privées pouvaient faire usage de la violence physique à l'égard des enfants et des esclaves, l'État a acquis, lui, le *monopole de la violence physique légitime.* Cette légitimité, il la gère grâce aux élections et au travail de l'administration. Weber constate de surcroît que les modes de domination traditionnels et légaux caractérisent fréquemment des régimes stables. Le charisme surgit dans des sociétés en voie de transformation, souvent révolutionnaires. S'ensuit alors, bien souvent, une *routinisation du charisme,* institutionnalisation du mode de domination qui débouche sur un régime traditionnel ou légal.

Les partis politiques, quant à eux, émergent au carrefour d'un double phénomène historique : l'élargissement de la compétition électorale (développement du parlementarisme) et l'extension du corps électoral. Avec cette ouverture par le haut et par le bas, il devient possible de comparer l'activité politique à une entreprise sur un marché concurrentiel. Cela n'empêche pas les partis politiques d'échapper au processus de bureaucratisation. Nés *de* et *pour* la démocratisation, ces appareils se structurent vite en organisations hiérarchisées et clivées. Par ce que Michels nomme la loi d'airain des oligarchies, les intérêts des dirigeants se séparent des intérêts de masse que le parti doit représenter. Ainsi d'ailleurs que Max Weber peut le constater pour le SPD allemand, les partis politiques reproduisent, en leur sein même, une opposition dominants/dominés.

LA LOI D'AIRAIN DES PARTIS POLITIQUES

« Quand les chefs, qu'ils soient d'origine bourgeoise ou ouvrière, sont, en qualité d'employés, rattachés à l'organisme même du parti, leur intérêt économique coïncide en règle générale avec l'intérêt de celui-ci. Mais avec cela, ne se trouve éliminé qu'un seul aspect du danger. L'autre aspect, plus grave parce que général et inévitable, réside dans l'opposition qui se déclare entre la masse des adhérents et le groupe des chefs, à mesure que le parti grandit.

Le parti, en tant que formation extérieure, mécanisme, machine, ne s'identifie pas nécessairement avec l'ensemble des membres inscrits, et encore moins avec la classe. Devenant une fin en soi, se donnant des buts et des intérêts propres, il se sépare peu à peu de la classe qu'il représente. Dans un parti, les intérêts des masses organisées qui le composent sont loin de coïncider avec ceux de la bureaucratie qui le personnifie.

L'intérêt, toujours conservateur, du corps des employés peut exiger dans des situations politiques données une politique défensive, voire régressive, alors que les intérêts de la classe ouvrière exigeraient une politique audacieuse et agressive. Dans d'autres cas, assez rares il est vrai, c'est l'inverse qui peut se produire.

Or, c'est une loi sociale inéluctable que tout organe de la collectivité, né de la division du travail, se crée, dès qu'il est consolidé, un intérêt spécial, un intérêt qui existe en soi et pour soi. Mais des intérêts spéciaux ne peuvent exister au sein de l'organisme collectif, sans se trouver aussitôt en opposition avec l'intérêt général. Plus que cela : des couches sociales remplissant des fonctions différentes tendent à s'isoler, à se donner des organes aptes à défendre leurs intérêts particuliers et à se transformer finalement en classes distinctes.

Les phénomènes sociologiques, dont nous avons esquissé ici et dans les chapitres précédents les traits généraux, offrent donc aux attaques des adversaires de la démocratie de nombreux points vulnérables.

Ils semblent démontrer jusqu'à l'évidence que la société ne peut subsister sans une classe "dominante" que celle-ci est la condition nécessaire de celle-là et que la classe dirigeante, tout en étant sujette dans sa composition à un fréquent renouvellement partiel, n'en constitue pas moins l'unique facteur dont l'action se manifeste suffisamment durable dans l'histoire du développement humain.

Conformément à cette conception, le gouvernement ou, si l'on préfère, l'État ne saurait être autre chose que l'organisation d'une minorité. Et cette minorité impose au reste de la société l'"ordre juridique", lequel apparaît comme une justification, une légalisation de l'exploitation à laquelle elle soumet la masse des ilotes, au lieu d'être l'émanation de la représentation de la majorité. »

Source : R. Michels, *Les partis politiques* (1911), Paris, © Flammarion, 1971, pp. 289-290.

Mais qu'est-ce au fond que la politique ? Par politique, Weber entend « l'ensemble des efforts que l'on fait en vue de participer au pouvoir ou d'influencer la répartition du pouvoir soit entre les États, soit entre les divers groupes à l'intérieur d'un même État ». Dans un esprit toujours nietzschéen, le sociologue définit la politique comme une domination de l'homme par l'homme par tous les moyens : aspirer d'une manière ou d'une autre à exercer un pouvoir nécessite de manifester une puissance, de dominer autrui fût-ce par la force ou la violence et de se couvrir d'une forme quelconque de légitimité.

Dans sa conférence de 1918, Weber opère une distinction importante sur la façon d'exercer une telle activité. Vivre *pour* la politique, remarque-t-il, n'équivaut pas à vivre *de* la politique : ceux qui vivent pour la politique ne doivent retirer en principe aucun avantage de cette activité. Par contre, ceux qui vivent de la politique sont des professionnels. Leur nombre ne cesse d'ailleurs d'augmenter. L'apparition, sur longue période, d'une armée de réserve (clercs, lettrés...) disponible pour exercer professionnellement ce type d'activité, la démocratisation, l'autonomie accrue du politique vis-à-vis de l'administration sont autant de facteurs qui jouent en ce sens.

La croissance du nombre d'individus prédisposés à faire métier de la chose publique ne préjuge en rien de ce que Weber considère, quant à lui, comme les qualités indispensables à tout homme politique. Weber en recense trois : passion, responsabilité et coup d'œil. Le débat sur la responsabilité de l'homme politique qu'amorce ici le sociologue est, plus que jamais, un thème d'actualité. Weber se plaisait à l'aborder à partir d'une double interprétation du terme « morale » : morale pure (l'action obéit aux principes en leur subordonnant tout le reste) ou morale concrète (l'action prend en compte les réalités concrètes de la vie). Cette opposition correspond, dans le langage weberien, à la dichotomie éthique de la conviction/éthique de la responsabilité.

On peut, pour illustrer la portée de cette dualité, faire référence à l'action des pacifistes qui, par conviction, refusent tout compromis contre la paix. Au nom de leurs principes, ils produisent parfois des effets pervers (violence) en contradiction avec le but recherché dans l'action. À l'inverse, celui qui agit par éthique de la

Vivre *pour*, vivre *de* la politique

« Il y a deux façons de faire de la politique. Ou bien on vit "pour" la politique, ou bien "de" la politique. Cette opposition n'a absolument rien d'exclusif. Bien plutôt on fait en règle générale les deux à la fois, idéalement certes, mais aussi la plupart du temps matériellement.

Celui qui vit "pour" la politique fait d'elle, dans le sens le plus profond du terme, le "but de sa vie" soit qu'il trouve un moyen de jouissance dans la simple possession du pouvoir, soit parce que cette activité lui permet de trouver son équilibre interne et d'exprimer sa valeur personnelle en se mettant au service d'une "cause" qui donne un sens à sa vie. C'est en ce sens profond que tout homme sérieux qui vit pour une cause vit également d'elle. Notre distinction a donc pour base un aspect extrêmement important de la condition de l'homme politique, à savoir l'aspect économique. Nous dirons donc que celui qui voit dans la politique une source permanente de revenus "vit de la politique" et que, dans le cas contraire, il vit "pour" elle. »

Source : M. Weber, *Le savant et le politique, op.cit.*, pp. 111-112.

Les qualités de l'homme politique

« On peut dire qu'il y a trois qualités déterminantes qui font l'homme politique : la passion – le sentiment de la responsabilité – le coup d'œil. Passion au sens d'"objet à réaliser" [*Sachlichkeit*], c'est-à-dire dévouement passionné à une "cause", au dieu ou au démon qui en est le maître. Cela n'a rien à voir avec cette conduite purement intérieure que mon regretté ami Georg Simmel avait l'habitude d'appeler une "excitation stérile", conduite particulière à une certaine sorte d'intellectuels, de préférence russes (pas tous, il est vrai), et qui fait actuellement fureur dans nos milieux d'intellectuels obnubilés par ce carnaval que l'on décore du nom pompeux de "révolution". Tout cela n'est que "romantisme de ce qui est intellectuellement intéressant", d'où le sentiment objectif de la responsabilité est absent. Ce n'est qu'un sentiment qui tourne à vide. En effet la passion seule, si sincère soit-elle, ne suffit pas. Lorsqu'elle est au service d'une cause sans que nous fassions de la responsabilité correspondante l'étoile polaire qui oriente d'une façon déterminante notre activité, elle ne fait pas d'un homme un chef politique. Il faut enfin le coup d'œil qui est la qualité psychologique déterminante de l'homme politique. Cela veut dire qu'il doit posséder la faculté de laisser les faits agir sur lui dans le recueillement et le calme intérieur de l'âme et par conséquent savoir maintenir à distance les hommes et les choses. »

Source : M. Weber, *ibid*, pp. 162-163.

responsabilité ne prend pas uniquement en compte une fin désirée. Non seulement il reconnaît la pluralité conflictuelle des fins mais il intégre fin, moyens, conséquences et situation dans ses critères de décision pratique. Pour Weber, l'homme politique doit privilégier cette seconde forme de morale mais ne saurait pour autant manquer de conviction, souffle indispensable à son activité. Cette distinction célèbre (qui a autant de sens dans les domaines économiques, religieux, sociaux...) relève donc davantage de la complémentarité que de l'opposition pure et simple.

3. Économie et religion

Économie et religion sont les deux thèmes qui ont le plus préoccupé Max Weber. L'expression de ce double intérêt a pris notamment la forme d'un travail, *L'éthique protestante et l'esprit du capitalisme* (1905), qui fait figure aujourd'hui de grand classique de la sociologie. Cette étude s'inscrit dans un programme plus vaste qui a conduit Weber à rédiger, de 1905 à 1918, de nombreux articles de sociologie des religions (parus dans *Archiv für Sozialwissenschaft und Sozialpolitik* et réunis aujourd'hui dans les *Gesammelte Aufsätze zur Religionssoziologie*). Pour mieux cerner la singularité de l'Occident chrétien, Weber a ainsi étudié les grandes religions du monde : confucianisme, hindouisme, bouddhisme, christianisme, judaïsme et islamisme.

Ce qui occupe Weber dans ses travaux de sociologie religieuse, ce n'est pas tant la compréhension des religions pour elles-mêmes que leur rapport avec le reste du monde et leur influence sur les pratiques économiques. Le confucianisme, montre-t-il par exemple, pousse ses disciples à reconnaître et respecter le monde d'ici-bas tel qu'il est. Le confucianisme devient, ce faisant, un obstacle au capitalisme.

Dans les États-Unis du début du XXe siècle, société multi-ethnique, Weber constate que l'appartenance aux sectes protestantes puritaines facilite au contraire les échanges et la réussite économiques dans la mesure où une telle adhésion fournit un certificat de qualification ethique et témoigne de la moralité en affaires. Mais l'étude la plus achevée en la matière, celle qui a pris aujourd'hui une

CONFESSION ET STRATIFICATION SOCIALE

« Si l'on consulte les statistiques professionnelles d'un pays où coexistent plusieurs confessions religieuses, on constate avec une fréquence digne de remarque un fait qui a provoqué à plusieurs reprises de vives discussions dans la presse, la littérature et les congrès catholiques en Allemagne : que les chefs d'entreprise et les détenteurs de capitaux, aussi bien que les représentants des couches supérieures qualifiées de la main-d'œuvre et, plus encore, le personnel technique et commercial hautement éduqué des entreprises modernes, sont en grande majorité protestants. Cela sans doute est vrai là où la différence de religion coïncide avec une nationalité différente, donc avec une différence de niveau culturel, comme c'est le cas dans l'est de l'Allemagne entre Allemands et Polonais ; mais le même phénomène apparaît dans les chiffres des statistiques confessionnelles, presque partout où le capitalisme a eu, à l'époque de son épanouissement, les mains libres pour modifier suivant ses besoins la stratification de la population et en déterminer la structure professionnelle. Et le fait est d'autant plus net que le capitalisme a été plus libre. Il est vrai qu'on peut en partie expliquer par des circonstances historiques cette participation relativement plus forte des protestants à la possession du capital, à la direction et aux emplois supérieurs dans les grandes entreprises industrielles et commerciales modernes. Ces circonstances remontent loin dans le passé et font apparaître l'appartenance confessionnelle non comme la cause première des conditions économiques, mais plutôt, dans une certaine mesure, comme leur *conséquence.* Participer à ces fonctions économiques présuppose d'une part la possession de capitaux, d'autre part une éducation coûteuse, en général les deux à la fois – ce qui est lié, de nos jours encore, à un certain bien-être matériel. Un grand nombre de régions du Reich, les plus riches et plus développées économiquement, les plus favorisées par leur situation ou leurs ressources naturelles, en particulier la majorité des villes riches, étaient passées au protestantisme dès le XVIe siècle. Fait qui a des répercussions aujourd'hui encore et favorise les protestants dans la lutte pour l'existence économique. Se pose alors la question historique : pourquoi les régions économiquement les plus avancées se montraient-elles en même temps particulièrement favorables à une révolution dans l'Église ? La réponse est beaucoup moins simple qu'on pourrait le penser. »

Source : M. Weber, *L'éthique protestante et l'esprit du capitalisme, op. cit.*, pp. 31-33.

valeur quasi paradigmatique, est indéniablement celle que mène Weber afin de montrer et d'expliquer le rôle déterminant de l'éthique protestante dans la genèse du capitalisme moderne.

L'éthique protestante et l'esprit du capitalisme

Lorsqu'il réalise son étude, Weber part d'un constat fort banal à son époque : le capitalisme moderne prend naissance au XVIe siècle dans les pays occidentaux et principalement dans les pays et milieux de confession protestante. Weber vérifie également, en cette fin de XIXe siècle, que dans les régions allemandes où se côtoient catholiques et protestants, ce sont ces derniers qui, en majorité, détiennent les rênes du pouvoir industriel et commercial.

À l'époque où écrit Weber, cette double congruence relève de l'évidence. L'explicitation d'une telle relation ne fait pas, par contre, l'objet d'une démonstration très étayée. En s'engouffrant dans cette voie de recherche, Weber tente d'expliquer non seulement le lien entre éthique puritaine et esprit du capitalisme mais bien plus généralement, on l'aura compris, de rendre compte du processus de rationalisation qui, en Occident, transforme des champs aussi divers que ceux de l'art, de la politique, de la science ou encore du droit.

Si le capitalisme moderne n'est pas apparu plus tôt, c'est que le catholicisme verrouillait cette possibilité. Le salut, dans cette religion, passe en effet par la seule fidélité à l'Église et non par une intense activité dans le monde terrestre. À l'inverse, remarque Weber, il existe une relation étroite entre protestantisme (sous l'étiquette duquel il faut ranger, outre le calvinisme, le piétisme, le méthodisme et d'autres sectes issues du mouvement baptiste) et essor du capitalisme. Ainsi, au XVIIIe siècle, c'est plus qu'une évidence de noter le calvinisme des entrepreneurs et financiers les plus dynamiques en Europe.

Pourquoi un tel état de fait ? Parce qu'à la suite de Luther, le protestantisme ascétique et puritain que développe Calvin encourage un comportement économique particulier. La profession devient un devoir, une vocation, une épreuve de la foi. Tel est le sens du terme *Beruf*. Ces comportements nouveaux sont marqués par un ensemble de valeurs comme le goût de l'épargne, l'abstinence et le refus du

QU'EST-CE QU'UNE ACTION CAPITALISTE ?

« Nous appellerons action économique "capitaliste" celle qui repose sur l'espoir d'un profit par l'exploitation des possibilités d'*échange,* c'est-à-dire sur des chances (formellement) pacifiques de profit. L'acquisition par la force (formelle et réelle) suit ses propres lois et il n'est pas opportun (mais comment l'interdire à quiconque ?) de la placer dans la même catégorie que l'action orientée (en dernière analyse) vers le profit provenant de l'échange. Si l'acquisition capitaliste est recherchée rationnellement, l'action correspondante s'analysera en un calcul effectué en termes de capital (...)
L'important pour notre concept, ce qui détermine ici l'action économique de façon décisive, c'est la tendance [*Orientierung*] *effective* à comparer un résultat exprimé en argent avec un investissement évalué en argent [*Geldschätzungseinsatz*], si primitive soit cette comparaison. »

Source : M. Weber, *L'éthique ..., op. cit.*, pp. 15-17.

ASCÈSE ET INVESTISSEMENT INTRAMONDAIN

« Les rapports entre le calviniste et son Dieu se déroulent dans une profonde solitude intérieure, en dépit du fait qu'appartenir à la véritable Église soit nécessaire au salut. Pour se rendre compte des effets spécifiques de cette atmosphère particulière, il suffit de lire le *Pilgrim's Progress* de Bunyan, de loin le livre le plus lu de toute la littérature puritaine. On y voit "Chrétien" prenant conscience de vivre dans "la ville de perdition" et entendant l'appel d'avoir à entreprendre son pèlerinage vers la cité céleste. Sa femme et ses enfants veulent le retenir, mais lui, enfonçant ses doigts dans ses oreilles, s'écrie : "Life, eternal life !" et part à travers champs (...)
Comment cette tendance à libérer intérieurement l'individu des liens étroits dans lesquels l'enserre le monde a-t-elle pu s'allier à la supériorité indubitable du calvinisme en matière d'organisation sociale ? pour étrange que cela paraisse, elle est la conséquence de la forme spécifique que l'amour chrétien du prochain finit par prendre sous la pression de l'isolement intérieur où la foi calviniste plaçait l'individu. Tout d'abord, elle en découle dogmatiquement. Le monde existe pour servir la gloire de Dieu, et cela seulement. L'élu chrétien est ici-bas pour augmenter, dans la mesure de ses moyens, la gloire de Dieu dans le monde en accomplissant les commandements divins, et pour cela seul. Mais Dieu veut l'efficacité social du chrétien, car il entend que la vie sociale soit conforme à ses commandements et qu'elle soit organisée à cette fin. L'activité sociale du calviniste se déroule purement *in majorem dei gloriam.* »

Source : M. Weber, *ibid..*, pp. 125-126 et p. 128.

luxe, la discipline du travail et la conscience professionnelle. Cette façon de vivre et de penser, qui enjoint au croyant de se comporter comme un moine toute sa vie durant, se propage en Europe et au États-Unis, mais ne prend une ampleur conséquente qu'au bout de deux ou trois générations.

Voilà donc tout un corps de valeurs, de règles et de comportements, bref un *ethos* nouveau qui conduit, sur le mode de l'impératif moral, une élite protestante à s'investir dans le travail et l'industrie. Cette idée particulière que le devoir s'accomplit dans l'exercice d'un métier, d'une profession, c'est l'idée caractéristique de l'éthique sociale de la civilisation capitaliste. En un certain sens, elle en est même le fondement.

Mais pourquoi le puritain se voulait-il économe ? quelle est la motivation profonde qui anime son action au point d'en faire un capitaliste ? Avant de répondre à cette question, Weber s'empresse d'abord de remarquer que le capitalisme n'est pas une spécificité de l'Occident moderne. D'autres civilisations connaissaient l'appât du gain, le goût du commerce, des formes d'accumulation. La spécificité du capitalisme moderne réside moins, en fait, dans la recherche d'un profit que dans la façon, pacifique et rationnelle, de l'acquérir.

Cette précision donnée, la réponse que livre Weber en appelle aux fondements religieux de la pratique ascétique des protestants. Dans la logique de la Réforme, et contrairement à la doctrine catholique, l'individu n'a plus à répondre de ses actes devant une autorité terrestre (l'Église). Il se retrouve seul face à Dieu. Qui plus est, la Réforme – en cela héritière du dogme augustinien de la prédestination – énonce que l'homme a un devenir qui lui préexiste et dont il ne peut, quoi qu'il réalise en ce monde, modifier la trajectoire. Parce qu'il en a lui-même pris le décret, Dieu seul connaît les élus et les réprouvés. Chez le croyant naît alors une interrogation permanente et angoissée : celle de son devenir *post mortem*.

Que faire dans ces conditions ? subir avec fatalisme une histoire déjà écrite ou jouir éperdument de ce monde terrestre ? Calvin pensait, à l'inverse de Luther, que la vie du chrétien doit être tendue vers un fort investissement intramondain (engagement dans le monde). En vertu de cette doctrine, la réussite terrestre dans une activité professionnelle est d'abord un moyen de glorifier Dieu. Mais

LA CONTROVERSE POST-WEBERIENNE

L'ouvrage de Weber relatif aux conditions de la genèse du capitalisme moderne a suscité moult critiques et commentaires. Afin de les recenser, P. Besnard a publié en 1970 un livre (*Protestantisme et capitalisme,* A. Colin) entièrement consacré à la controverse qui a suivi, de longues années durant, la publication de *L'éthique protestante et l'esprit du capitalisme.* Les positions qu'il recense sont extrêmement variées. Elles peuvent s'ordonner sur un éventail thématique dont on ne retiendra ici que quelques points forts. Certains ont d'abord contesté la solidité de la corrélation entre affiliation religieuse et choix professionnel, corrélation établie par Offenbacher, un élève de Max Weber, et sur laquelle s'appuie ce dernier pour introduire son étude. Aux yeux de K. Samuelsson, par exemple, la relation entre capitalisme et protestantisme tient simplement au fait que la proportion de protestants est plus forte dans les villes allemandes qu'ailleurs. Nombre d'auteurs n'ont pas manqué, en second lieu, d'opposer une kyrielle de contre-exemples historiques afin de montrer que la thèse weberienne ne pouvait se vérifier en tous lieux : l'Écosse presbytérienne n'aurait-elle pas dû, en vertu même de la forte emprise calviniste, connaître une croissance capitaliste plus soutenue ? Un troisième type de critique engage à reconnaître que le puritanisme ne saurait être tenu pour la condition *sine qua non* de l'émergence du capitalisme moderne. Weber aurait ainsi surestimé le facteur religieux et négligé les contextes historiques (l'afflux de l'or et la hausse des prix consécutifs aux grandes découvertes notamment). R.T. Tawney va jusqu'à inverser les termes de l'imputation causale. Il argue de la pré-existence du capitalisme sur le protestantisme et montre que le nouvel idéal religieux a pu se diffuser en Angleterre pour de simple raisons géographiques. L'île se situait sur les routes des nouveaux courants commerciaux qui ont accompagné le basculement du centre de gravité économique de la Méditerranée vers la mer du Nord.

L'esprit du capitalisme procéderait ainsi moins du puritanisme que du renouveau et de l'impulsion de pratiques commerciales inédites. H. Lüthy explique quant à lui l'émergence capitaliste en Europe septentrionale grâce au gel brutal de l'économie catholique, paralysie consécutive à la crispation des sociétés lors de la Contre-Réforme. L'idéologie des autodafés aurait donc entraîné la fuite des entrepreneurs libéraux vers les nouveaux pôles commerciaux par ailleurs plus accueillants. Le flottement sémantique qu'entretient le terme « esprit du capitalisme » constitue, enfin, une dernière pierre d'achoppement. Pour certains auteurs (comme Fontani), cet esprit est immanent à chaque société quant il ne s'inscrit pas, fût-ce à l'état embryonnaire, dans l'éternelle nature de l'homme. Il est donc vain d'aller en chercher la genèse dans un principe religieux. Ce fâcheux malentendu sur une définition que Weber donne pourtant explicitement prend peut-être son ampleur la plus significative avec la controverse que ce dernier entretient avec Sombart, lequel restait prisonnier d'une définition pour le moins extensive de ce que Weber appelait, de façon fort précise, l'activité capitaliste.

surtout, parce que Dieu n'agit qu'à travers ceux qu'il a élus, cette réussite a valeur de signe d'élection. Aussi, explique Weber, le travail, le sens de l'épargne... sont-ils survalorisés par les protestants, non pour eux-mêmes, mais comme moyen de confirmer par la réussite sur terre un salut tant espéré.

La portée de la thèse weberienne

Une lecture rapide de *L'éthique* consisterait à attribuer à Weber une thèse idéaliste, contrepoint implicite à la conception matérialiste de l'histoire : celle d'un capitalisme né de la morale protestante. Il est vrai que, contre les lectures marxistes, Weber s'attache clairement à montrer que les idées peuvent jouer un rôle moteur dans l'histoire et devenir des forces sociales efficaces. Mais sa position est en réalité plus nuancée. Son propos n'est pas de nier la force d'éléments matériels, économiques, techniques... qui ont contribué à l'expansion du capitalisme. Weber se contente d'isoler un facteur culturel et d'en souligner l'efficacité. L'ascétisme n'a donc été, de son point de vue, qu'un moteur permissif parmi d'autres du développement du capitalisme. Ce système une fois mis en place a ensuite pris son essor indépendamment de l'éthique puritaine. Mieux encore, il est devenu un carcan qui gouverne et oriente en grande partie nos pratiques quotidiennes. Dans *L'éthique...*, Weber résume en une courte formule cette intuition : « Le puritain voulait être besogneux et nous sommes forcés de l'être » .

De nombreux chercheurs ont régulièrement contesté la thèse weberienne. Ernst Troeltsch (*Protestantisme et modernité*), par exemple, tempère les thèses de Max Weber en distinguant deux époques fort différentes dans le développement du protestantisme. Le débat engagé par Werner Sombart illustre bien, lui aussi, la teneur de ce qu'il est convenu de nommer aujourd'hui la controverse post-weberienne. Sombart enregistre et critique tout en même temps l'apport weberien. Pour cet économiste allemand, le puritanisme n'aurait eu qu'une influence mineure sur le développement du capitalisme, à l'inverse exact de deux autres religions : le catholicisme et, surtout, le judaïsme. Sombart insiste sur le rôle de la morale thomiste (qui valorise la rationalisation de la vie) et sur la priorité chronologique du judaïsme dans l'émergence de l'esprit capitaliste. Le judaïsme procède, à ses yeux, d'une rationalisation des

« Le confucianisme était l'éthique sociale de prébendiers possédant une culture littéraire empreinte de rationalisme. Celui qui n'appartenait pas à cette couche *cultivée* n'était rien. L'éthique sociale religieuse (ou, si l'on veut, irreligieuse) de cette strate a influencé le mode de vie chinois, dépassant de loin cette strate elle-même.
En revanche, l'hindouisme ancien fut véhiculé par une caste héréditaire de lettrés, libres de toute charge, et remplissant le rôle de pasteurs ritualistes auprès des individus et des communautés. Cette caste qui représentait le centre fixe autour duquel s'articulait la structure des divers ordres, marquait ainsi le système social de son caractère particulier. Seuls les brahmanes ayant une *formation* védique constituaient, en tant que représentants de la tradition, le véritable ordre religieux. Ce n'est que plus tard qu'une classe concurrente d'ascètes non-brahmanes apparut à leur côté. Plus tard encore, pendant le Moyen Âge indien, surgit au sein de l'hindouisme l'ardente religiosité sacramentale du Sauveur, répandue dans les couches inférieures animées par des mystagogues plébéiens.
Le bouddhisme fut propagé par des moines mendiants et vagabonds, résolument contemplatifs et contempteurs du monde. Eux seuls étaient membres de la communauté, au sens plein du terme, tous les autres restant des laïcs, des inférieurs au sens religieux : objets, et nullement sujets de la religiosité.
À ses débuts, l'islam était la religion des guerriers conquérants, un ordre chevaleresque de croisés disciplinés, exempts toutefois de l'ascétisme sexuel de leurs homologues chrétiens de l'époque des croisades. Cependant, au Moyen Âge islamique, le soufisme contemplatif et mystique a joué un rôle pour le moins aussi important, sous la conduite de techniciens plébéiens de l'état orgiastique. Par la même similitude, les confréries de la petite bourgeoisie sont issues du soufisme à la manière des tertiaires chrétiens, mais avec un développement plus universel.
Depuis l'exil, le judaïsme était la religion d'un "peuple de parias" bourgeois – nous verrons en temps utile la signification précise de ce terme. Au cours du Moyen Âge, le judaïsme passa sous la direction d'une couche d'intellectuels à formation littéraire et ritualiste particulière. Cette couche représentait une *intelligentsia* de petits-bourgeois rationalistes en constante prolétarisation.
Le christianisme, enfin, a commencé sa carrière comme doctrine d'artisans itinérants. À toutes les périodes de son essor extérieur et intérieur, dans l'Antiquité aussi bien qu'au Moyen Âge et aux temps du puritanisme, il a été une religion spécifiquement urbaine et avant tout bourgeoise. La cité de l'Occident, unique parmi toutes les autres cités – et la bourgeoisie, sous la forme particulière qu'elle n'a trouvée que dans l'Occident – fut le théâtre principal du christianisme. Cela vaut autant pour la piété pneumatique de la communauté antique que pour les ordres mendiants du haut Moyen Âge et pour les sectes de la Réforme jusqu'au piétisme et au méthodisme. »

Source : M. Weber, « La morale économique des grandes religions », *Archives de sociologie des religions*, n°9, janvier-juin 1960, p. 9.

pratiques économiques en vue de la spéculation, pratiques qui auraient été pour le moins déterminantes dans l'émergence du capitalisme.

Église et religion

Par-delà le protestantisme, c'est à une exploration systématique du fait religieux que nous convie Weber. Si l'on veut suivre le cheminement de sa réflexion en ce domaine, il convient, au risque de la répétition, de rappeler que pour lui domination et représentation (croyance en la légitimité de la domination) constituent l'ultime fondement de toute relation sociale. L'activité politique en est une illustration pertinente. Il en est de même pour la religion, ensemble des représentations qui justifient l'action, l'organisation et la position sociale des individus.

Comme les autres types d'activité, la religion permet d'ordonner, de rendre cohérent et de justifier le monde qui nous entoure. Poussant plus avant l'homologie, Weber définit une Église (à l'instar de l'État) comme « une communauté humaine qui revendique avec succès le monopole de la contrainte psychique légitime, en tant qu'elle dispense ou refuse les biens de salut ». Le clergé est alors logiquement à l'Église ce que le parti politique est à l'État. Tous deux sont au service d'un groupe dominant (l'Église, l'État) qui a pour caractéristique majeure de manipuler de la contrainte (respectivement, psychique et matérielle).

Ces définitions posées, Weber ne s'intéresse pas tant aux fonctions sociales, à l'analyse des croyances ou aux lithurgies qu'aux pratiques et attitudes globales face au monde que la conception religieuse peut induire. Pour en favoriser l'appréhension empirique, il consacre toute une partie d'*Économie et société* à la production de types idéaux du comportement religieux. Max Weber montre par ailleurs que, pour résoudre le problème de la théodicée, les religions proposent aux croyants toute une gamme de compensations afin de justifier les situations du monde d'ici-bas. Ces compensations peuvent être liées à des promesses de transformations ultérieures de la société (eschatologies messianiques), de renaissance ou encore de rédemption dans l'au-delà (logique du salut). Deux grandes catégories de « voies du salut » s'opposent : celles qui dépendent de l'œuvre personnelle de l'individu et celles qui dépendent d'un salut extérieur.

L'*œuvre personnelle* de l'individu, d'abord, peut prendre les formes suivantes :

1. Le ritualisme (exécution de rites sacrés). La pratique du sorcier qui exorcise un mal par le recours à la magie appartient à cette catégorie. La méthode de la confession, prescrite par les Églises chrétiennes, est liée au même principe.

2. Les prestations sociales : toutes les « bonnes œuvres » destinées à racheter des péchés sont à ranger dans ce cadre.

3. L'autoperfectionnement : tel est le cas des « méthodes de salut » qui exigent le passage dans un état second, le dépassement ou la négation de soi, ou encore la maîtrise de ses pulsions. L'ascète « hors du monde qui, comme saint Antoine, part dans le désert, l'ascète dans le monde qui, comme saint Vincent de Paul, se dévoue entièrement à une cause noble, le mystique contemplatif » sont quelques figures emblématiques de ce type d'œuvre.

Dans le cas du *salut extérieur,* l'individu ne doit plus son salut à lui-même, à ses actions et comportements mais à l'intervention d'une force étrangère. Weber recense alors :

1. Le prophétisme. C'est le cas lorsqu'un prophète ou un Dieu incarné comme Jésus-Christ vient sur terre pour obtenir une rédemption universelle. L'humanité doit son salut à un « sauveur », obtenu par les exploits d'un héros ou d'un Dieu dont les hommes se font les adeptes.

2. La grâce institutionnelle. Weber utilise ce terme afin de désigner le fait qu'une Église, par le biais des sacrements, s'octroie la possibilité de sauver les âmes.

3. La grâce par prédestination suppose qu'un certain nombre d'individus ne devront leur salut qu'à un choix opéré par Dieu(x). Le calvinisme est l'expression la plus achevée de cette grâce mais on la retrouve également en Chine impériale où seule une élite mandarinale est promise à la Providence.

À l'aide de ces types idéaux, Weber montre que la plupart des attitudes ne sont pas spécifiques à une religion. Chacune des grandes religions peut véhiculer – avec plus ou moins de présence –

les différentes figures du salut. Les mystiques ou les contemplatifs se rencontrent autant en Orient qu'en Occident. D'autre part, chaque type de comportement social se définit par son attitude générale face au monde (attitude compréhensive). Parmi les différentes éthiques religieuses, Weber s'attarde pourtant longuement, on le sait, sur l'ascétisme intramondain (dont le protestantisme est le meilleur représentant) car il est le seul à proposer une voie de salut personnel reposant sur l'acceptation des valeurs économiques.

Le judaïsme antique est, au même titre, l'objet d'une longue étude. Ce détour n'est pas innocent. Aux yeux de Weber, en effet, les prophéties du judaïsme ancien marquent une vraie rupture dans l'histoire des religions. « L'importance du développement religieux du judaïsme pour l'histoire mondiale est fondée avant tout sur la création de l'Ancien Testament. Car l'un des apports spirituels les plus importants de la mission paulinienne a été d'avoir préservé ce livre sacré des juifs et de l'avoir transmis au christianisme en tant que livre sacré (...). Sans l'adoption de l'Ancien Testament comme livre sacré par la chrétienté, il y aurait bien eu sur le sol de l'hellénisme des sectes "pneumatiques" et des communautés célébrant les mystères de *Kyrios Christos,* mais en aucun cas une Église chrétienne ni une éthique chrétienne de la vie quotidienne, car celles-ci n'auraient eu alors aucun fondement » (*Le judaïsme antique,* Plon, pp. 20-21). Les prophéties du judaïsme ancien constituent en quelque sorte le point de départ du « désenchantement du monde » et aboutissent avec le calvinisme, après maints méandres historiques, à rejeter tous les moyens magiques comme autant de superstitions et de sacrilèges inaptes à assurer le salut des individus (*L'éthique...,* p. 122).

Bibliographie

La présente bibliographie ne recense pas l'ensemble des références citées dans le corps de l'ouvrage mais n'indique, de façon systématique, que les livres ayant servi de base pour les encadrés. Il est par contre signalé, en références complémentaires, quelques ouvrages et revues qui ont constitué pour l'auteur un guide précieux.

THÉORIE ET HISTOIRE DE LA SOCIOLOGIE (Références générales)

R. ARON, *Les étapes de la pensée sociologique,* Paris, Gallimard, 1967.

J. M. BERTHELOT, *La construction de la sociologie,* Paris, P.U.F., Que sais-je ?, n° 2602, 1991.

P. BIRNBAUM, F. CHAZEL, *Théorie sociologique,* Paris, P.U.F., Thémis, 1975.

T. BOTTOMORE, R. NISBET, eds, *A History of Sociological Analysis,* New York, Basic Books, 1978.

R. BOUDON, F. BOURRICAUD, *Dictionnaire critique de sociologie,* Paris, P.U.F., 1982.

G. BOUTHOUL, *Histoire de la sociologie,* Paris, P.U.F., Que sais-je ?, n° 423, 1958.

L. A. COSER, *Masters of Sociological Thought. Ideas in Historical and Social Context,* New York, Harcourt Brace Jovanovich, 2nd ed., 1977.

Les Cahiers français, « Découverte de la sociologie », n° 247, juillet-septembre 1990.

C. H. CUIN, F. GRESLE, *Histoire de la sociologie,* Paris, La Découverte, Repères, 2 t., 1992.

J.C. FILLOUX, J. MAISONNEUVE, *Anthologie des sciences de l'homme - 1. Des précurseurs aux fondateurs,* Paris, Dunod, 1991.

J. FREUND, *Philosophie et sociologie,* Cabay, Louvain-la-Neuve, Perspectives sur l'homme 6, 1984.

F. JONAS, *Histoire de la sociologie,* Paris, Larousse, 1991.

R. NISBET, *La Tradition sociologique* (1966), Paris, P.U.F., 1984.

W. LEPENIES,

Les trois cultures. Entre science et littérature, l'avènement de la sociologie (1985), Paris, Éd. de la Maison des sciences de l'homme, 1991.

Geschichte der Soziologie, 4 t., Francfort, Suhrkamp, 1981.

G. RITZER, *Sociological Theory,* Mc Graw Hill, 1983.

P. J. SIMON, *Histoire de la sociologie,* Paris, P.U.F., 1991.

K. M. VAN METER, *La sociologie,* Paris, Larousse, *Textes essentiels,* 1992.

INTRODUCTION

P. BOURDIEU, J.-C. CHAMBOREDON, J.-C. PASSERON, *Le métier de sociologue,* Paris-La Haye, Mouton, 1968.

M. CALLON, B. LATOUR, eds, *La science telle qu'elle se fait,* Paris, La Découverte, 1991.

A.-F. CHALMERS, *Qu'est-ce que la science ?,* Paris, La Découverte, 1987.

M. FOUCAULT, *Les mots et les choses,* Paris, Gallimard, 1966.

T. S. KUHN, *La structure des révolutions scientifiques,* Paris, Champs-Flammarion, 1983.

C. W. MILLS, *L'imagination sociologique,* Paris, Maspéro, 1983.

J.-C. PASSERON, *Le raisonnement sociologique,* Paris, Nathan, 1991.

K. POPPER, *La logique de la découverte scientifique,* Paris, Payot, 1973.

CHAPITRE I

ARISTOTE, *Politique,* Paris, Vrin, 1989.

F. BACON, *Novum Organum* (1620), Paris, P.U.F., 1986.

P. CHAUNU, *Le temps des Réformes - La Réforme protestante,* Bruxelles, Complexe, 1984.

M. I. FINLEY, *Démocratie antique et démocratie moderne,* Paris, Payot, 1976.

T. HOBBES, *Léviathan* (1650), Paris, Sirey, 1971.

E. DE LA BOÉTIE, *Discours de la servitude volontaire* (1549), Paris, Payot, 1985.

J. LE GOFF, *Pour un autre Moyen Âge,* Paris, Gallimard, 1977.

T. MORE, *Utopie* (1516), Paris, Éd. Sociales, 1982.

PLATON, *La République,* Paris, Flammarion, 1966.

Références complémentaires

E. BRÉHIER, *Histoire de la philosophie,* 3 t., Paris, P.U.F., Quadrige, 1983.

F. CHATELET, O. DUHAMEL, E. PISIER-KOUCHNER, *Histoire des idées politiques,* Paris, P.U.F., 1982.

H. DENIS, *Histoire des idées économiques,* Paris, P.U.F., Thémis, 1966.

S. GOYARD-FABRE, *Philosophie politique (XVIe-XXe siècle),* Paris, P.U.F., 1987.

J. LOCKE, *Traité du gouvernement civil* (1728), Paris, Flammarion, 1984.

P. ROSANVALLON, *Le capitalisme utopique,* Paris, Seuil, 1979.

J. SCHUMPETER, *Histoire de l'analyse économique* (1954), Paris, Gallimard, 1983.

CHAPITRE II

L. A. DE BONALD, *Démonstration philosophique du principe constitutif de la société,* Paris, Leclère, 1830.

E. CASSIRER, *La philosophie des Lumières,* Paris, Fayard, Agora, 1966.

L. CHEVALIER, *Classes laborieuses et classes dangereuses,* Paris, Plon, 1958.

A. COMTE,

La science sociale (1819-1829), Paris, Gallimard, 1970.
Catéchisme positiviste (1852), Paris, Garnier.
Sociologie– Textes choisis, Paris, P.U.F., coll. Sup., 1957.

J. DE MAISTRE, *Considérations sur la France* (1797), Bruxelles, Complexe, 1988.

C. DE MONTESQUIEU, *De l'esprit des lois* (1748) in *Œuvres complètes,* Paris, Seuil, 1964.

J.-J. ROUSSEAU, *Du contrat social* (1762) in *Œuvres politiques,* Paris, Bordas, 1973.

A. DE TOCQUEVILLE, *De la démocratie en Amérique* (1835), Paris, Gallimard, Folio, 2 t., 1961.

J.-B. VICO, *Principes d'une science nouvelle relative à la nature commune des nations* (1725), Paris, Nagel, 1986.

M. PERROT, « Premières mesures des faits sociaux : les débuts de la statistique criminelle en France (1780-1830) » in F. Bédarida et al., *Pour une histoire de la statistique,* t. 1, INSEE, 1977.

Références complémentaires

L. ALTHUSSER, *Montesquieu, la politique et l'histoire,* Paris, P.U.F., 1959.

P. BÉNICHOU, *Le temps des prophètes,* Paris, Gallimard, 1977.

A. COMTE,
Philosophie première – cours de philosophie positive, t. 1, Paris, Hermann, 1975.
Physique sociale –cours de philosophie positive, t. 2, Paris, Hermann, 1975.

R. DERATHÉ, *J.-J. Rousseau et la science politique de son temps,* Paris, Vrin, 1979.

J.-J. ROUSSEAU, *Discours sur l'origine et le fondement de l'inégalité parmi les hommes* (1754) in *Œuvres politiques,* Paris, Bordas, 1973.

A. DE TOCQUEVILLE, *L'Ancien Régime et la Révolution* (1856), Paris, Gallimard, Idées, 1967.

VARII AUCTORES, *Auguste Comte, qui êtes-vous ?,* Lyon, La Manufacture, 1988.

CHAPITRE III

E. BERNSTEIN, *Les présupposés du socialisme* (1899), Paris, Seuil, 1974.

J. DROZ, *Histoire générale du socialisme,* t.1, Paris, P.U.F., 1972.

E. DURKHEIM, *Le socialisme,* Paris, Alcan, 1928.

C. FOURIER, *Théorie des quatre mouvements et des destinées générales* (1808), Paris, J.-J. Pauvert, 1967.

G.W. H. HEGEL, *Principes de philosophie du droit* (1821), Paris, Vrin, 1986.

K. MARX,
Œuvres, 3 t., Bibliothèque de la Pléiade, Paris, 1965, 1968, 1982.
Le 18 Brumaire de L. N. Bonaparte (1852), Paris, Costes, 1928.
Le manifeste du parti communiste (1848) (avec F. Engels), Paris, U.G.E., coll. « 10-18 », 1962.

K. POLANYI, *La grande transformation* (1944), Paris, Gallimard, 1973.

P.-J. PROUDHON, *Qu'est-ce que la propriété ?* (1840), A. Lacroix, Verboeckhoven & Cie éd., 1867.

H. DE SAINT-SIMON, *Le nouveau christianisme,* Paris, Seuil, 1969.

Références complémentaires

P. ANSART,

Sociologie de Proudhon, Paris, P.U.F., 1967.

Sociologie de Saint-Simon, Paris, P.U.F., 1970.

S. DEBOUT, *L'utopie de Charles Fourier,* Paris, Payot, 1978.

F. ENGELS, *La situation des classes laborieuses en Angleterre* (1845), Paris, Éd. Sociales, 1975.

L. KOLAKOWSKI, *Histoire du marxisme,* Paris, Fayard, 1987.

M. RUBEL, *Marx, critique du marxisme,* Paris, Payot, 1974.

CHAPITRE IV

P. FAVRE, « Gabriel Tarde et la mauvaise fortune d'un “baptême sociologique” de la science politique », *Revue française de sociologie* n° XXIV-1, janv.-mars 1983.

R. E. PARK, « La ville. Propositions de recherche sur le comportement humain en milieu urbain » in Park, Burgess, McKenzie, *The City,* University of Chicago Press, 1925. Traduit in Y. Grafmeyer, I. Joseph, éd., *L'école de Chicago,* Paris, Aubier, 1984.

V. PARETO, *Traité de sociologie générale* (1916), Genève, Droz, 1968.

G. SIMMEL,

Les problèmes de la philosophie de l'histoire (1892), Paris, P.U.F., 1984.

Philosophie de l'argent (1900), Paris, P.U.F., 1987.

La tragédie de la culture, Paris, Rivages, 1988.

H. SPENCER, *Principes de sociologie* (1874-75), Paris, Alcan, 2e éd., 1891.

G. TARDE, *Les lois de l'imitation* (1890), Paris-Genève, Slatkine-Ressources, 1979.

W. THOMAS et F. ZNANIECKI, *The Polish Peasant in Europe and America* (1918-1921), New York, Dover Publications, 1958, 2 t.

F. TÖNNIES, *Communauté et société* (1887), Paris, Retz, 1977.

Références complémentaires

R. ARON,

La philosophie critique de l'histoire, Paris, Vrin, 3e éd. 1964.

La sociologie allemande contemporaine (1935), Paris, P.U.F., 1981.

G. BUSINO, *Introduction à une histoire de la sociologie de Pareto,* Genève-Paris, Droz, 1967.

Critique, « Aux sources de la sociologie » (Durkheim, Tarde et Mauss), n° 445-446, juin-juillet 1984.

N. ELIAS, *Norbert Elias par lui-même,* Paris, Fayard, 1991.

E. GOBLOT, *La barrière et le niveau* (1925), G. Monfort, 1984.

F. LE PLAY,

Les ouvriers européens (1855), Tours, Mame, 1877.

La réforme sociale en France (1864), Tours, Mame, 1878.

Revue française de sociologie : n° XXII-3, juill.-sept. 1981 (sociologies françaises au tournant du siècle - les concurrents du groupe durkheimien) et XXVI-2, avril-juin 1985 (la sociologie française dans l'entre-deux-guerres).

A. SAVOYE, B. KALAORA, *Les inventeurs oubliés*, Seyssel, Champ Vallon, 1989.

W. SOMBART, *Le Bourgeois* (1913), Paris, Payot, 1966.

E. TROELTSCH, *Protestantisme et modernité*, Paris, Gallimard, 1991.

B. VALADE, *Pareto, la naissance d'une autre sociologie*, Paris, P.U.F., 1990.

T. VEBLEN, *Théorie de la classe de loisir* (1899), Paris, Gallimard, 1970.

P. WATIER, éd., *G. Simmel, la sociologie et l'expérience du monde moderne,* Paris, Méridiens-Klincksieck, 1986.

R. WORMS, *Organisme et société,* Paris, Giard & Brière, 1896.

CHAPITRE V

P. BESNARD, « La formation de l'équipe de *L'Année sociologique* », *Revue française de sociologie,* XX-1, janv.-mars 1979.

C. BOUGLÉ, *Essai sur le régime des castes,* Paris, Alcan, 1908.

D. DUCLOS, « Projet éthique et positivisme dans la démarche sociologique de Durkheim », *Cahiers internationaux de sociologie,* vol. LXX, 1981.

E. DURKHEIM,

Les formes élémentaires de la vie religieuse (1912), Paris, P.U.F., 1985.

L'éducation morale (cours de 1902-1903), Paris, P.U.F., 1974.

De la division du travail social (1893), Paris, P.U.F., 1973.

Les règles de la méthode sociologique (1895), Paris, P.U.F., 1983.

Le suicide (1897), Paris, P.U.F., 1983.

Textes, 3 volumes, Paris, Ed. de Minuit, 1975. Ouvrages parus sous la responsabilité de V. Karady.

E. DURKHEIM, M. MAUSS, « De quelques formes de classification » (1903) in M. Mauss, *Essais de sociologie,* Paris, Minuit-Seuil, 1968.

R. HERTZ, *Sociologie religieuse et folklore,* Paris, P.U.F., 1928.

M. HALBWACHS,

Esquisse d'une psychologie des classes sociales (1938), Paris, M. Rivières, 1964.

Les cadres sociaux de la mémoire, Paris, Alcan, 1925.

J.C. MARCEL, I. SEKULIC, « Les durkheimiens », *Les Cahiers français,* « Découverte de la sociologie », n° 247, juillet-septembre 1990.

M. MAUSS, « Essai sur le don » (1923-24), *Sociologie et anthropologie,* Paris, P.U.F., 1960.

A. PROST, *Histoire de l'enseignement en France 1800-1967,* Paris, A. Colin, 1968.

Références complémentaires

Archives de sciences sociales des religions, n° 69, 1990 (n° spécial « Durkheim »)

C. BAUDELOT, R. ESTABLET, *Durkheim et le suicide,* Paris, P.U.F., 1984.

P. BESNARD,

« L'anomie dans la biographie intellectuelle de Durkheim », *Sociologie et sociétés*, vol. XIV, n° 2, oct. 1982.

L'anomie, Paris, P.U.F., 1987.

P. BESNARD, D. BORLANDI, P. VOGT, eds, *Division du travail et lien social - Durkheim, un siècle après*, Paris, PUF, 1993.

E. DURKHEIM

Éducation et sociologie (1922), Paris, P.U.F., 1968.

Sociologie et philosophie (1924), Paris, P.U.F., 1974.

L'évolution pédagogique en France (1938), Paris, P.U.F., 1969.

Leçons de sociologie. Physique des mœurs et du droit (1950), Paris, P.U.F., 1969.

Montesquieu et Rousseau, précurseurs de la sociologie (1953), M. Rivières, 1966.

Pragmatisme et sociologie, Paris, Vrin, 1955.

Journal sociologique, Paris, P.U.F., 1969.

La science sociale et l'action, Paris, P.U.F., 1970.

J. DUVIGNAUD, *Durkheim,* Paris, P.U.F., 1965.

J.-C. FILLIOUX, *Durkheim et le socialisme,* Paris-Genève, Droz, 1971.

V. KARADY, « Stratégies de réussite et modes de faire-valoir de la sociologie chez les durkheimiens », *Revue française de sociologie,* XX-1, 1979.

B. LACROIX, *Durkheim et le politique,* Paris, F.N.S.P., 1981.

S. LUKES, *E. Durkheim : his Life and Work,* Harper & Row, 1972.

M. MAUSS, *Œuvres,* 3 volumes, Paris, Éd. de Minuit, 1968-1969.

J. PRADÉS,

Durkheim, Paris, P.U.F., Que sais-je ?, n° 2533, 1990.

Persistance et métamorphose du sacré. Actualiser Durkheim et repenser la modernité, Paris, P.U.F., 1987.

Revue française de sociologie, n° XVII-2, avril-juin 1976 (à propos de Durkheim) ; XX-1, janv.-mars 1979 (les durkheimiens), n° XXVIII-1, janv.-mars 1987 (sur Durkheim).

P. STEINER, *La sociologie de Durkheim,* Paris, La Découverte, 1994.

S. TAYLOR, *Durkheim and the Study of Suicide,* New York, St Martin's Press, 1982.

CHAPITRE VI

E. FLEISCHMANN, « De Weber à Nietzsche », *Archives européennes de sociologie,* t. V, 1964, n° 2.

R. MICHELS, *Les partis politiques* (1911), Paris, Flammarion, 1971.

M. WEBER,

Le savant et le politique, Paris, Plon, U.G.E. coll. « 10/18 », 1959.
L'éthique protestante et l'esprit du capitalisme (1905), Paris, Plon, 1964.
Économie et société (1922), Paris, Plon, 1971.
Sociologie du droit, Paris, P.U.F., 1986.
La ville, Paris, Aubier, 1982.
Essais sur la théorie de la science, Paris, Plon, 1959.
« La morale économique des grandes religions », *Archiv für Sozialwissenschaft,* vol. 41-46, 1915-1919. Traduit en français dans les *Archives de sociologie des religions,* n° 9, janv.-juin 1960.

Références complémentaires

Archives de sciences sociales des religions, « Autour de M. Weber », janvier-mars 1986, n° 61-1.

P. BESNARD, *Protestantisme et capitalisme - La controverse post-weberienne,* Paris, A. Colin, coll. U2, 1970.

C. COLLIOT-THÉLENE, *Max Weber et l'histoire,* Paris, P.U.F., 1990.

H.H. GERTH, C.W. MILLS, *From Max Weber - essays in sociology,* New-York, Oxford University Press, 1958.

J. FREUND, *Sociologie de M. Weber,* Paris, P.U.F,. 1966.

J. HABERMAS, *Théorie de l'agir communicationnel,* t.I (1981), Paris, Fayard, 1987.

M. HIRSCHHORN, J. COENEN - HUTHER, *Durkheim - Weber, vers la fin des malentendus,* Paris, L'Harmattan, 1994.

M. ISTAS, *Les morales selon M. Weber,* Paris, Cerf, 1986.

D. KÄSLER, *Einführung in das Studium Max Webers,* München, C.H. Beck, 1979.

W. J. MOMMSEN, *Max Weber et la politique allemande 1890-1920,* Paris, P.U.F., 1985. Édition originale : Tübingen, Mohr, 1959.

F. RAPHAEL, *Judaïsme et capitalisme,* Paris, P.U.F,. 1982.

P. RAYNAUD, *Max Weber et les dilemmes de la raison moderne,* Paris, P.U.F., 1987.

J. SEGUY, *Christianisme et société. Introduction à la sociologie d'E. Troeltsch,* Paris, Cerf, 1980.

Marianne WEBER, *Max Weber - Ein Lebensbild,* Tübingen, J.C.B. Mohr, 1926.

Max WEBER,

Le judaïsme antique, Paris, Plon, 1970.

Gesammelte Aufsätze zur Religionsoziologie, Tübingen, J.C.B. Mohr (Paul Siebeck), 3 t., 1988.

Histoire économique. Esquisse d'une histoire universelle de l'économie et de la société, Paris, Gallimard, 1991.

Index des noms et des principaux concepts

F

G

H

T

U

V

W

Z

Édition : Élisabeth Delajot
Composition, mise en pages, schémas : Sylvine Bouvry
Couverture : Noémi Adda

N° d'éditeur : 10026156 - (IV) - (10,5) - OSBT - 80 — Janvier 1995
Imprimé en France par Pollina, 85400 Luçon - n° 66896